HAIYANG ZIYUAN ZICHAN
ZEREN SHENJI PINGJIA YANJIU

海洋资源资产
责任审计评价研究

俞雅乖　著

中国财经出版传媒集团
经济科学出版社
Economic Science Press
北京

图书在版编目（CIP）数据

海洋资源资产责任审计评价研究/俞雅乖著．--北京：经济科学出版社，2024.5

ISBN 978－7－5218－5131－1

Ⅰ.①海…　Ⅱ.①俞…　Ⅲ.①海洋资源－经济责任审计－研究　Ⅳ.①F239.47

中国国家版本馆 CIP 数据核字（2023）第 175680 号

责任编辑：胡成洁
责任校对：郑淑艳
责任印制：范　艳

海洋资源资产责任审计评价研究
HAIYANG ZIYUAN ZICHAN ZEREN SHENJI PINGJIA YANJIU
俞雅乖　著
经济科学出版社出版、发行　新华书店经销
社址：北京市海淀区阜成路甲 28 号　邮编：100142
经管中心电话：010－88191335　发行部电话：010－88191522
网址：www.esp.com.cn
电子邮箱：esp@esp.com.cn
天猫网店：经济科学出版社旗舰店
网址：http：//jjkxcbs.tmall.com
北京季蜂印刷有限公司印装
710×1000　16 开　23 印张　380000 字
2024 年 5 月第 1 版　2024 年 5 月第 1 次印刷
ISBN 978－7－5218－5131－1　定价：79.00 元
（图书出现印装问题，本社负责调换。电话：010－88191545）

前　言

本书的研究成果源自浙江省新型重点专业智库——宁波大学东海研究院自设课题“2023年东海海洋资源资产评估白皮书”（编号DHJJ2023YB02）及“社科赋能山区（海岛）县高质量发展行动”等研究。同时本书出版受到了宁波大学哲学社会科学著作出版经费资助和宁波大学商学院精品学术著作项目资助。

一、本书的研究目的

（1）构建海洋资源资产责任审计制度的概念框架。本书研究了海洋资源资产责任审计制度，包括审计主体、审计客体、审计内容、审计程序、审计方法以及结果报告等。首先，从要素构成、审计主体、审计客体、审计内容和审计方法等方面，对海洋资源资产责任审计制度进行了由总到分的阐述。其次，对海洋资源资产责任审计模式以及各种模式下的海洋资源资产责任审计实施程序进行了系统的阐述。再次，按照审计工作的各步骤详细分析了海洋资源资产责任审计实施程序。最后，分析了海洋资源资产责任审计报告的出具、内容和结果的公开等。

（2）实施基于资产负债表的海洋资源资产责任审计评价。海洋资源资产负债表作为自然资源资产负债表的重要组成部分之一，其会计核算与报表的编制将有助于提高海洋资源的利用效率以及产权责任的落实。不同于陆地资源，海洋资源的高复合性与高流动性决定了其会计核算和报表编制的高难度性。为此，本书结合已有的自然资源资产核算研究成果和自然资源资产负债表研究成果，从海洋资源资产的确认、分类、价值评估、报表编制等角度，完善海洋资源资产负债表的编制，并实施基于资产负债表的海洋资源资产责任审计。最终，结合海洋资源资产负债表以及城市的实例，对海洋资源资产责任审计的实施进行分析与评价。

(3) 实施指标体系基础的海洋资源资产责任审计评价。目前我国的海洋资源资产责任审计进展较缓、相关理论框架不成熟、审计方法不健全，为拓展自然资源资产离任审计的审计领域、建立责任型政府、发挥海洋资源优势，建立一个可靠的海洋资源资产责任审计指标体系迫在眉睫。本书从审计内容、资产类别着手构建科学的审计评价指标体系，并基于保护利用、价值评估、平衡计分卡和PSR框架等，结合多个城市的实践，进行了海洋资源资产责任审计评价探索，以期为我国海洋资源资产责任审计评价提供可靠的指标体系。

二、本书的研究内容

第一篇，海洋资源资产责任审计制度，共7章。

第1～3章　详细阐述海洋资源资产责任审计的研究意义、理论基础和概念。首先，基于习近平生态文明思想，详细阐述了海洋资源资产责任审计的政策需求和现实意义。其次，从绿色发展和生态治理两个方面的相关理论对海洋资源资产责任审计的理论基础进行阐述。最后，对海洋资源、海洋资源资产、领导干部海洋资产离任审计等概念进行了翔实阐述，初步构建了海洋资源资产责任审计的制度框架。

第4～7章　设计海洋资源资产责任审计制度，包括审计主体、审计客体、审计内容、审计程序、审计方法以及结果报告等。首先，从要素构成、审计主体、审计客体、审计内容和审计方法等方面，对海洋资源资产责任审计制度进行了由总到分的阐述。其次，对海洋资源资产责任审计模式以及各种模式下的海洋资源资产责任审计实施程序进行了系统的阐述，并按照审计工作的步骤详细分析了海洋资源资产责任审计实施程序。最后，分析了海洋资源资产责任审计报告的出具、内容和结果公开等。结合现代信息技术，本部分又从分类说明、技术流程和实例应用三个部分分析了遥感技术、地理信息系统技术和全球导航定位技术等地理信息技术在海洋资源资产责任审计中的应用。

第二篇　基于资产负债表的海洋资源资产责任审计评价，共8章。

第8～12章　详细阐述了海域资源资产会计核算的主要内容，包括“确认”所需的概念、特征和分类，“计量”涉及的实物量和价值量核算，“记录”依据的总账户和分类账户，以及“报告”最后出具的资产负债表。

承接上文海洋资源资产责任审计评价的有关研究，将研究进一步聚焦于审计评价所需的基础资料“海洋资源资产负债表”及其编制，从研究背景、研究现状、研究内容和研究方法等方面阐述了海洋资源资产负债表编制的意义和重点。后续从海域资源资产核算的基础出发，选取了最具代表性的海域资源资产，详细论述了海域资源资产确认密切相关的概念、特征和分类，以及具体的会计要素及其确认条件。选取海域资源资产最能体现其特点和内涵的分类依据——空间属性，对其空间属性进行明细分类，结合分类结果进行了详细的论证，为后续会计核算和报表编制提供分析基础。在对海域资源资产核算基础上，进一步设置了海域资源资产核算的会计账户，从实物量核算和价值量核算两个方面对其核算进行详细的解读，最终进行了基于海域资源资产明细分类的资产负债表编制，并从核算范围、分类标准、核算表和计算方法等内容，对前文每一明细类别的海域资源资产账户进行了详细阐述。

第 13 ~ 15 章　基于报表基础的海洋资源资产责任审计评价。涉及海域资源资产的各种价值评估方法、明细分类的海域资源资产核算以及最终报表的编制，并以典型海域为案例地，编制了基于价值评估的海域资源资产负债表。海域资源资产分为总海域资源资产以及明细类别的海域资源资产，包括实物量核算和价值量核算。其中价值量核算是基于价值评估基础并选取适宜的价值评估方法，所进行的明细类别海域资源资产价值量核算。以较有代表性的海域为例，结合详细数据进行了具体的海域资源资产负债表报表编制。最后，基于海域资源资产负债表进行责任审计评价。上述相关章节进行的海域资源资产负债表编制及其案例的应用，提高了海域资源资产责任审计评价的可行性和可信度。本章运用海域资源资产负债表的编制及其所提供的时点数据及历年可比数据，进行了基于资产负债表的海域资源资产责任审计评价。

第三篇　基于评价指标的海洋资源资产责任审计评价，共 8 章。

第 16 ~ 17 章　构建海洋资源资产责任审计评价的研究框架及指标的构成。继第二篇“基于资产负债表的海洋资源资产责任审计评价”的研究之后，本章开始论证“基于评价指标的海洋资源资产责任审计评价”。主要从研究意义、研究现状、研究内容和研究方法等角度，阐述了海洋资源资产负债表编制的意义和重点，并根据指标体系构建原则和指导原则，分别对审计内容和资产类别进行了指标选取。

第18~20章　基于保护利用、价值评估及平衡计分卡进行了海洋资源资产责任审计评价指标选取和体系构建。在前文的指标选取基础上，进一步结合各章的逻辑选取了相应的评价指标，构建指标体系和评价模型，然后结合多地案例进行了具体的海洋资源资产责任审计评价的具体应用。

第21~23章　运用PSR框架，分别基于海洋资源、海洋环境和综合的海洋资源环境，进行了海洋资源资产责任审计评价的模型构建和案例探讨。选取了海洋资源、海洋环境及综合的海洋资源环境三个层面，深入研究PSR框架下的“海洋资源资产责任审计评价”，各章均进行了翔实的案例分析和数据分析。总结海洋资源资产责任审计评价的经验，得出海洋资源资产责任审计评价的启示。

三、本书的研究观点

（一）研究设计上的主要观点

(1) 海洋资源资产责任审计研究的开展，有助于从海洋资源资产责任审计出发，总结海洋资源资产离任审计的试点经验，全面推进海洋资源资产离任审计，发挥国家审计在党和国家监督体系中的重要作用。

(2) 海洋资源资产责任审计研究的开展，有助于从海洋资源资产责任审计出发，执行十八届三中全会提出的“探索编制自然资源资产负债表，对领导干部实行自然资源资产离任审计”，贯彻落实生态文明理念。党的十九大以来，生态文明建设成为“五位一体”总体布局的重要组成部分，基于自然资源资产负债表对领导干部实行海洋资源资产责任审计，有利于落实绿色发展观念，建设生态文明，推进生态治理，实现国家生态治理战略。

(3) 海洋资源资产责任审计研究的开展，有助于从海洋资源资产保护出发，建立生态环境损害责任终身追究制，将海洋资源离任审计纳入领导干部政绩考核，引导地方政府将生态建设和环境保护纳入工作职责。设计具体的激励机制和问责制度，有利于保障公共资源专项资金公开透明、合理合法地运作和使用，加大对海洋资产管理过程中腐败行为的惩罚力度，更好地节约海洋资源，保护生态环境，实现社会经济的可持续发展。

（二）研究内容上的主要观点

(1) 海洋资源资产责任审计的研究，首先应该进行海洋资源资产责任审计的概念框架构建。海洋资源资产责任审计制度框架的构建，引领和指导着海洋资源资产责任审计，并直接影响了海洋资源资产审计评价后激励机制和问责制度的设计。本书首先通过相关理论基础，对“海洋资源资产责任审计”等概念进行界定，详细分析了海洋资源资产责任审计的构成要素。在此基础上，阐述了海洋资源资产责任审计的实际实施步骤，从审计领导小组组建到审计报告出具，共包括审计准备、审计开展和审计完成三个环节，从理论和实务两个角度开展分析研究，构建出海洋资源资产责任审计的框架，加速海洋资源资产责任审计的实施和推进。

（2）海洋资源资产责任审计的实施基础，重点应是海洋资源资产的方法体系。本书根据海洋资源资产责任审计的特点，在综合传统离任审计、财政资金审计以及自然资源资产离任审计等相关方法的基础上，构建了海洋资源资产责任审计的方法体系。本书将传统审计方法和数据的趋势与综合分析相结合，对数字化的新型审计方法进行了讨论，从而为海洋资源资产责任审计的具体实施提供了方法基础。

（3）海洋资源资产责任审计评价的实施路径，重点应是海洋资源资产的责任审计和评价。本书设计的审计评价，包括资产负债表基础的审计和指标体系基础的审计。根据海洋资源资产负债表开展的海洋资源资产责任审计，通过对自然资源资产负债表中量化指标的比对和分析，考核领导干部在任期内资源和生态环境的破坏状态或修复程度；构建指标体系基础的海洋资源资产责任审计，基于合适的评价方法、结合审计数据，考察海洋资源资产状况以及领导干部的海洋环境责任，完成海洋资源资产责任审计评价确定；通过“报表审计”和“评价审计”两条路径，探索海洋资源资产责任审计的具体实施路径。

本书第1章至第4章由宁波大学商学院会计学2023级硕士研究生包寅孜撰写。侯玉晴对海洋资源资产责任审计制度框架相关内容有贡献，骆映竹和刘玲燕对海洋资源资产负债表编制相关内容有贡献，杨航和张露对海洋资源资产审计评价及其地区应用相关内容有贡献，高楚茗、徐肇成和倪韬涵对本书的文字图表、版式以及修订等相关工作有贡献。

俞雅乖

2023年8月26日

目　录

第一篇　海洋资源资产责任审计制度

第三篇　基于评价指标的海洋资源资产责任审计评价

第一篇

海洋资源资产责任审计制度

1

海洋资源资产责任审计的研究意义

1.1 研究背景

1.1.1 国际背景

资源环境审计起源于20世纪70年代，西方发达国家的企业为了规避环境事项引发的经营、法律风险，在企业内部审计中增加了对资源环境事项的审计。政府资源环境审计可以追溯到20世纪七八十年代，西方国家开展了形式多样的资源环境审计，以促进节能减排，降低经济运行成本，保护生态环境。至20世纪90年代初期，尤以1992年世界审计组织成立了环境审计工作组为标志，资源环境审计正式进入大多数国家政府审计的业务范畴。世界审计组织于1995年的《开罗宣言》中正式提出资源环境审计概念框架，极大地促进了资源环境审计的理论研究和实务探索。①

海洋作为在经济全球化的背景下人类生存与发展空间拓展的主要领域，对国家安全和世界政治经济秩序的影响越来越大。早在20世纪70年代，联合国经济社会理事会鉴于海岸带对沿岸经济社会的重要性及海岸带的特殊性，提醒各沿岸国家注意海岸带资源是“宝贵的国家财富”。② 在19世纪80年代，西方学界提出保护有限且非常宝贵的海岸带资源以及重视海岸

① 杨元丰．海洋资源环境审计研究［D］．北京：中国财政科学研究院，2016.

② United Nations Economic and Social Council Marine Economic and Technical Office. Coastal zone management and development［M］. Beijing：China Ocean Press，1988.

带资源价值，如艾伦·科特雷尔指出："无论什么样的社会制度都必须承认有限的、会枯竭的资源都具有价值，因此必须给资源制定价格以便限制消耗和给予保护"。① 随着资源环境审计理论的成熟和实务探索的不断深入以及世界各国对海洋资源环境的日益重视，资源环境审计的重点转移到了海洋资源上。

1.1.2 国内背景

我国资源环境审计的实践与研究具有起步较晚、发展较快的特点。② 资源环境审计理念自20世纪80年代传入我国后，审计署就以资源环保资金审计为切入点展开探索，并专门设立资源环保审计司负责和推广我国资源环境审计工作。党的十八届三中全会以来，党中央不止一次提出"对领导干部实行自然资源资产离任审计，建立生态环境损害责任终身追究制。"而海洋资源作为自然资源的重要组成之一，日益受到关注。我国海洋资源条件优越、储量丰富，海洋资源的开发利用逐渐成为解决我国自然资源短缺的重要途径。③ 习近平同志在党的十九大报告中也指出要坚持陆海统筹，加快建设海洋强国，加快水污染防治，实施流域环境和近岸海域综合治理。④ 海洋环境保护和海洋资源合理开发利用是海洋强国建设，尤其是海洋经济强国建设的重要基础。没有美丽海洋就没有美丽中国。⑤ 但是近年来，海洋资源开发利用过度与海洋环境污染造成海洋资源枯竭；大型围填海工程使得自然海岸线急剧减少，海湾资源环境破坏加剧；海上船舶运输、海洋石油勘探开发等引起的突发性溢油事故频繁发生，对海洋保护区造成巨大的生态损害。为了改变当前我国海洋资源的开发利用低效无序、海洋生态环境急剧破坏的现

---

① Alan Cottrell. Environmental economics [M]. Beijing: The Commercial Press, 1981.

② 潘旺明，丁美玲，于军，严铁斐．领导干部自然资源资产离任审计实务模型初构——基于绍兴市的试点探索［J］．审计研究，2018（03）：53－62.

③ 张小凡，葛佳敏．海洋资源资产负债表编制及框架设计初探［J］．中国渔业经济，2018，36（02）：30－38.

④ 习近平．决胜全面建成小康社会 夺取新时代中国特色社会主义伟大胜利［N］．人民日报，2017－10－28（001）.

⑤ 沈满洪．海洋环境保护的公共治理创新［J］．中国地质大学学报（社会科学版），2018，18（02）：84－91.

状，开展对领导干部海洋资源资产离任审计是十分有必要的。

1.1.3 现实背景

2017年我国GDP总量为82.7万亿元，增长速度为6.9%，其中海洋生产总值7.8万亿元，比上年增长6.9%，海洋经济总量持续增长，相比2010年翻了几乎一倍；占国内生产总值的9.4%，占比连续8年超过9%。海洋经济对我国经济发展的贡献度不言而喻，但目前海洋经济的发展具有资源依赖性，出现了海洋资源负荷接近超载、海洋污染严重和海洋灾害事件频发的现象。2017年全国近岸海域水质中劣Ⅳ类水质面积占比为15.6%，相较于2016年上升了2.4个百分点；入海河流监测的195个入海河流断面中，劣Ⅴ类水质断面41个，占比为21%；90%以上的入海排污口邻近海域环境质量状况无法达到海洋功能区的环境保护要求，总体表现较差。2018年11月4日福建泉港海域发生的碳九泄漏事件，造成近海水体大面积污染，以及水产养殖严重受损，再次向公众敲响了海洋环境保护的警钟。与此同时，2017年我国管辖海域共发生赤潮68次，累计面积约3 678平方公里，与近五年平均值相比，发生次数增加了13次；海水入侵与土壤盐渍化、咸潮入侵事件也有不同程度的发生，海洋灾害共造成直接经济损失55.77亿元。[①]

以自然资源和环境问题为代表的环境问题日益严重，受到了党中央的高度重视。中共十八届三中全会审议通过《中共中央关于全面深化改革若干重大问题的决定》（2013），提出了“探索编制自然资源资产负债表，对领导干部实行自然资源资产离任审计”，将环境问题与领导干部考核晋升置于同等位置。以2015年出台《开展领导干部自然资源资产离任审计试点方案》为起点，内蒙古呼伦贝尔市、浙江湖州市、湖南娄底市等五个地区作为首批试点城市开始进行领导干部自然资源资产离任审计，至2017年全国审计机关已实施827个试点项目，审计领导干部1 210人。[②] 其中，海洋资源作为沿海省份的重要资源，也在本次审计实践中成为重点审计领域。

---

① 资料来源：《2017年中国近岸海域环境质量公报》，中华人民共和国生态环境部，2018年8月6日，https：//www.mee.gov.cn/hjzl/sthjzk/jagb/。

② 资料来源：https：//www.gov.cn/zhengce/2017－11/28/content_5242968.htm。

1.2 政策需求

1.2.1 党的十八大报告中生态文明制度建设的要求

党的十八大报告提出“生态文明制度建设”，明确了保护生态环境必须依靠制度。同时要求“要把资源消耗、环境损害、生态效益纳入经济社会发展评价体系，建立体现生态文明要求的目标体系、考核办法、奖惩机制”，以及“加强环境监管，健全生态环境保护责任追究制度和环境损害赔偿制度”。

这一要求的提出将自然资源与经济社会发展评价体系结合起来，为加强领导干部自然资源资产离任审计的提出奠定了基础。同时，党的十八大报告提出的生态文明理念，也是领导干部海洋资源资产离任审计的指导理论。

1.2.2 党的十八届三中全会的“领导干部自然资源资产离任审计”

党的十八届三中全会《中共中央关于全面深化改革若干重大问题的决定》提出，要对领导干部实行自然资源资产离任审计，建立生态环境损害责任终身追究制，干部任职不再只是以 GDP 论政绩，而是要考核其所管理的自然资源是否保护，首次将自然资源资产纳入领导干部离任审计。

1.2.3 党的十九大报告提出加快生态文明体制改革

党的十九大报告提出“加强对生态文明建设的总体设计和组织领导，设立国有自然资源资产管理和自然生态监管机构，完善生态环境管理制度”，像对待生命一样对待生态环境，统筹山水林田湖草系统治理，实行最严格的生态环境保护制度。

领导干部海洋资源资产离任审计是当代中国生态环境治理的需要，是基于中国特色政府环境的制度创新，是国家审计在党和国家监督体系中发挥作用的重要方式。

1.2.4 自然资源资产离任审计的具体规定

（1）《自然资源资产离任审计试点方案》印发。2015 年 11 月 11 日，中办、国办印发的《自然资源资产离任审计试点方案》，明确了“以各级地方政府及自然资源资产管理部门行政领导干部为审计对象”，审计涉及土地、森林、水资源以及矿山生态环境治理和大气污染防治等方面。该方案的颁布意味着自然资源离任审计的试点工作正式开展。

（2）《关于实行审计全覆盖的实施意见》印发。2015 年，中共中央办公厅、国务院办公厅印发《关于实行审计全覆盖的实施意见》，提出要求审计机关对土地、矿藏、水域、森林、草原、海域等国有自然资源，特许经营权、排污权等国有无形资产，以及法律法规规定属于国家所有的其他资源进行审计。同时审计机关要依法对地方各级党委、政府、审判机关、检察机关，中央和地方各级党政工作部门、事业单位、人民团体等单位的党委（党组、党工委）和行政正职领导干部（包括主持工作 1 年以上的副职领导干部），国有企业法定代表人，以及实际行使相应职权的企业领导人员履行经济责任情况进行审计。该实施意见的提出，首次提出加强海洋资源资产的审计，同时对审计对象做出了明确的规定，为海洋资源资产离任审计指明了方向。

（3）《领导干部自然资源资产离任审计规定（试行）》印发。2017 年 6 月，中央全面深化改革工作领导小组会议审议通过了《领导干部自然资源资产离任审计规定（试行）》，对领导干部自然资源资产离任审计工作提出具体要求，明确从 2018 年起，领导干部自然资源资产离任审计由试点阶段进入全面推开阶段，这标志着一项全新的、经常性的审计制度正式建立。

1.3 现实意义

1.3.1 有利于落实绿色发展理念

从实质上讲，作为一种特殊的制度安排，海洋资源资产离任审计是生态文明制度建设的重要内容。领导干部作为关键的人员，其工作中的决策和思想在很大意义上影响着其管辖区域的生态安全。厘清领导干部海洋资源资产离任审计与生态治理之间的关系，有利于建设生态文明、推进生态治理的发展以及实现绿色中国梦。同时，将领导干部海洋资源资产离任审计嵌入生态文明建设与生态治理中，符合我国的基本国策、党和国家的执政方针，有利于顺利推进“五位一体”进程，有利于实现国家生态治理战略，指引中华民族迈向“平衡式”的健康发展之路。

1.3.2 有利于建设美丽中国

人与自然是生命共同体，只有遵循自然规律，才能有效防止在开发利用自然上走弯路。对领导干部实行自然资源资产离任审计，是党的十八届三中全会确定的重大改革事项，是习近平生态文明思想的伟大实践。审计署从2015年开展试点审计，到2017年中办、国办印发《领导干部自然资源资产离任审计规定（试行）》全国推开，在严格生态文明制度执行方面形成强有力的制度约束。对领导干部实行自然资源资产离任审计，有利于全党牢固树立社会主义生态文明观，自觉践行绿色发展理念，同心同德建设美丽中国，开创社会主义生态文明新时代。

1.3.3 有利于满足人民对美好生活的需要

建设生态文明，关系人民福祉，关系民族未来。良好的生态环境是最公平的公共产品，是最普惠的民生福祉。随着人民生活水平的提高，人民群众对干净的水、绿色的食品、优美的环境的需求日益增长。当前，海洋生态环境已经影响了人民的健康和生活。所以，坚持海洋资源资产离任审计，有利于进一步加强对海洋生态环境与资源的保护，进一步满足人民对美好生活需要。

同时，对领导干部海洋资源资产离任审计有助于治理主体的制衡性。对领导干部海洋资源资产离任审计需要面向政府、企业、公众、中介组织等开展广泛的访谈、调研、问卷等工作。在这个过程中，领导干部是否坚持绿色发展观一目了然。通过离任审计，也可以让企业和公众充分了解到自己在治理结构中拥有的“权力”，这样就可以进一步激励各个主体在推进海洋资源绿色发展中形成“政府引领、企业自觉、公众参与”的治理格局，提升全民环保、生态意识。

1.3.4 有利于当地政府合理利用海洋资源

海洋资源资产离任审计制度可以引导领导干部集约开发海洋资源、高效和循环利用海洋资源、努力提高海洋资源生产率，建设资源节约型社会；海洋资源资产离任审计制度可以引导领导干部尊重自然、敬畏自然、保护自然，把生态建设和环境保护纳入自己的工作职责，建设环境友好型社会；海洋资源资产离任审计制度是领导干部政绩考核制度的重要组成部分。如果说传统的领导干部离任审计制度重点关注 GDP 的增长，那么，海洋资源资产离任审计制度则关注海洋 GDP 的增长，关注绿色发展。海洋资源资产离任审计制度可以使得领导干部更好地回答“发展为了谁、发展依靠谁、发展的成果为谁所有”等基本问题，同时有利于保障公共资源专项资金的合法、合理运作，加大对海洋资源资产管理过程中腐败行为的惩罚力度，保障公共资源专项资金的安全管理和使用。

2

海洋资源资产责任审计的理论基础

2.1 绿色发展相关理论

2.1.1 绿色发展理念

绿色发展理念是把马克思主义生态理论与当今时代发展特征相结合，并融汇了东方文明而形成的新的发展理念；是将生态文明建设融入经济、政治、文化、社会建设各方面和全过程的全新发展理念。绿色发展理念主要包括绿色经济理念，绿色环境发展理念，绿色政治生态理念，绿色文化发展理念以及绿色社会发展理念。

在绿色发展理念的指引下，审计机关认真贯彻落实党的十九大精神，进一步加强自然资源资产离任审计，在揭示问题、分析原因的基础上从健全法治、完善体制、促进发展等方面推动生态文明建设。

2.1.2 习近平生态文明思想

习近平生态文明思想是习近平新时代中国特色社会主义思想的重要组成部分。习近平生态文明思想的鲜明主题是努力实现人与自然和谐共生。人与自然是生命共同体，生态兴则文明兴，人与自然和谐共生是人类文明发展的基本问题。通过阐释人与自然和谐共生的内在规律和本质要求，深刻揭示并系统回答生态文明建设中的重大理论和实践问题。党的十八大以来，在习近平生态文明思想指引下，我国生态文明建设发生历史性、转折性、全局性变化，美丽中国建设迈出重大步伐。

改革开放40多年来，我国经济社会发展取得了举世瞩目的成就，同时也在快速发展中积累了大量生态环境问题，成为明显的短板和人民群众反映强烈的突出问题。其中，海洋资源利用过度与海洋环境破坏；海洋资源性资产开发不合理；大规模进行围海养殖造成缩短滨海湿地面积，导致海洋资源性资产流失严重；在历年审计中也发现了海域使用权审批、海域使用金使用、海洋综合协调与管理等方面的问题。因此，开展海洋资源资产离任审计，推动保护海洋生态环境、海洋自然资源资产工作，是加强生态文明建设的必然要求也是坚持贯彻生态文明建设理论的具体体现。

2.1.3 “两山”理念

从发展观角度看，“两山”理念要求大力倡导绿色发展。“两山”理念本质上是发展观问题。领导干部海洋资源资产离任审计是对领导干部领导区域发展状况的综合评判，不仅要审计经济发展的成绩，而且要审计经济发展的资源环境代价；不仅要审计经济发展的绩效状况，而且要审计生态发展和社会发展的绩效状况。领导干部海洋资源资产离任审计是落实绿色发展观的重要抓手。

从系统观角度看，“两山”理念要求养成系统思维习惯。系统论强调系统的整体性、关联性、时序性、等级结构性、动态平衡性等。从领导干部离任审计角度看，传统的审计工作侧重于经济发展、经济绩效、经济运行的审计，海洋资源资产离任审计则是在重视经济责任审计内容的同时，更加注重系统思维，运用系统方法统筹审计领导干部在自然资源资产管理和生态环境保护等方面的绩效，以系统的审计替代片面的审计，以全面的审计替代局部的审计。

从政绩观角度看，“两山”理念要求牢固树立民本思想。“两山”理念不仅体现了党和政府为人民服务的民生关切，而且展现了生态公平论和环境正义论。以“两山”理念为指导的海洋资源资产离任审计，就是强调经济增长是政绩，保护海洋生态也是政绩；以海洋生态保护为前提的经济增长是政绩，以破坏海洋生态为代价的经济增长不是政绩。

2.1.4 可持续发展理论

可持续发展（sustainable development）是指既满足当代人的需求，又不损害后代人满足需要的能力的发展。① 换句话说，就是指经济、社会、资源和环境保护协调发展。既要实现经济发展的目标，又要保护好人类赖以生存的大气、淡水、海洋、土地和森林等自然资源和环境，使子孙后代能够永续发展和安居乐业。

可持续发展的核心是发展，但不是无所顾忌的发展，而是科学发展，是在资源永续利用的前提下进行经济和社会的发展。我国沿海地区现处于高速发展状态，长期的开发和利用致使海洋资源资产越来越稀缺，若继续开发，甚至超出海洋生态环境可承受的范围，将会造成当代人对下一代人的负债。沿海地区领导干部应注重保护海洋资源资产，造福后代。这是我国走可持续发展道路的一项重要举措。

实现社会经济可持续发展是领导干部海洋资源资产离任审计的出发点和落脚点。理所当然，政府及相关部门在开发、利用海洋资源时要合理开发，科学开发，保护好海洋资源资产生态环境，从而实现经济社会的可持续发展。实行领导干部海洋资源资产离任审计，充分发挥该审计的作用和功能，监督领导干部及相关部门合理开发海洋资源，使其发展经济时注重对资源环境的保护，最终实现绿水青山，维护几代人的利益。

2.2 生态治理相关理论

2.2.1 马克思主义产权理论

马克思运用唯物史观和唯物辩证法的科学方法探究产权的本质，强调产

---

① 王静，刘伟京，张新华，颜芬芬，黄有夔，李闯．领导干部资源环境离任审计评估指标体系研究［J］．审计月刊，2016（03）：11－13.

权关系是所有制关系的表现形式，产权的本质就是所有制。产权关系是在经济发展的基础上发展起来的，产权发展过程必须尊重客观规律，适应生产力发展的需要，发挥法律法规对产权关系的约束作用，合理界定产权关系是社会经济关系平稳发展的基础。

正如马克思主义产权理论强调，领导干部海洋资源资产离任审计是在经济发展的基础上发展起来的，其发展过程必须尊重客观规律，适应生产力发展的需要，发挥法律法规对其的约束作用，合理界定领导干部对海洋资源资产的关系，是社会经济关系平稳发展的基础。对领导干部海洋资源资产的离任审计，是贯彻落实马克思主义产权理论的重要体现。

2.2.2 国家治理体系论

我国国家治理体系最为重要的特征是坚持中国共产党的主导地位，在党的领导下治理国家。[①] 而治理是以信息为基础的，获取可靠信息的一种基础方式就是审计，因此，审计和治理必然存在着内在联系。领导干部海洋资源资产离任审计所得的评价结果及相关信息可以监督各沿海地区党和政府管理海洋资源资产及保护海洋生态环境的履责情况，是国家海洋资源资产治理体系的一部分。

2.2.3 公共受托责任论

公共受托责任，是管理公共资源的政府、机构和人员有义务妥善管理和利用公共资源，履行社会公共事务管理职责，并公开向公众报告，可以概括为政府与公众之间的委托－代理关系。[②] 公共受托责任是国家审计的起源和国家审计工作的目的。领导十部海洋资源资产离任审计，作为 ·种具有中国特色的、结合了国家和环境审计的新型审计模式，其研究必须以公共受托责任论为理论基础。

---

① 姚念璞．领导干部自然资源资产离任审计与国家生态环境治理体系的关系及其作用［J］．产业与科技论坛，2019，18（01）：98－99.

② 商思争．自然资源资产离任审计：相关理论及启示［J］．财会月刊，2016（10）：67－70.

受托经济责任是指对受托经济资源进行经营和管理，并按照具体要求或原则报告其经营状况。现代社会也是受托责任的社会。社会大众作为委托人，赋予政府、政府官员和公务员制定、履行社会公共政策以及使用社会公共资金的职责权限，同时对这种公共受托产生一定的要求，希望政府能够公示权力的使用方式，解释说明社会公共资金的用途、流向和效益。

受托经济责任是现代经济审计存在发展的重要理论基础，领导干部海洋资源资产离任审计是将经济责任审计和环境审计相结合的一种新型审计制度，此项审计制度的建立也应以“受托经济责任理论”为依托。在我国，社会资源财富归人民所有，各级人民代表大会代表人民行使权力，各级政府按照人民代表大会的授权管理公共资源资产。各级人民代表大会（代表人民）是委托方，同级政府是受托方。当自然资源资产受到损害，其委托方就会要求受托方承担起管理、保护的职责。为了对政府及相关部门直接进行监督，国家审计部门对领导干部的资源资产离任审计应运而生。

2.2.4 自然资源价值论

通过编制海洋资源资产负债表，可以核算海洋资源资产价值。①

运用效用价值理论很容易得出环境具有价值的结论，因为资源环境是人类生产和生活所必需的，例如水资源、大气、森林，无疑对人类具有巨大的效用。随着经济的快速发展，世界人口的不断增加，资源环境已经遭到人类的损害，并且众多资源是不可再生的，这就意味着资源环境对于我们持续发展的需求来说是稀缺的，因此资源环境是具有价值的。

在领导干部资源资产离任审计过程中，资源环境价值计量是必不可少的重要步骤。通过资源环境价值计量可以让资源环境变化这一较为抽象的内容转化为具体的数据，通过数据可以发现资源环境的微小变化，同时运用数据能方便地进行对比分析。因此，在领导干部海洋资源资产离任审计过程中，要以治理环境、恢复生态环境功能为出发点，选择恰当的计量方法，分析该区域经济变化和资源环境变化，界定领导干部的环境责任。

综上所述，领导干部海洋资源资产离任审计的理论基础如图 2 - 1 所示。

---

① 王洋，聂建华. 自然资源价值论新解 [J]. 中国集体经济，2011 (30)：93 - 95.

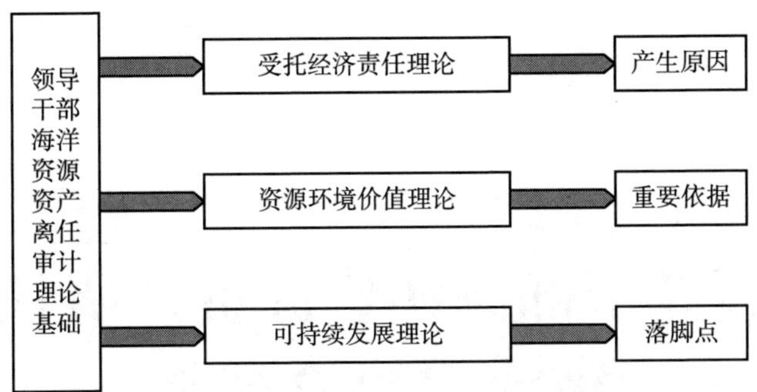

图 2-1　领导干部海洋资源资产离任审计理论基础

3

领导干部海洋资源资产离任审计的相关概念

3.1 海洋资源资产的概念

3.1.1 海洋资源

在人类社会发展史中，海洋一直被称为生命的摇篮，同时也是蕴含着丰富资源的宝库。地球表面的总面积约5.1亿平方千米，其中海洋面积为3.6亿平方千米，占地球表面总面积的71%。海洋资源是海洋中所蕴藏的各种物质资源的总称，通常指在海洋内外应力的作用下形成并分布在海洋地理区域内的、可供人类开发利用的自然资源（孙悦民，2009）。同时，结合自然资源的定义，[①] 海洋资源还存在一项限定因素，即在一定的经济技术条件下进行开发利用。可理解为，若海洋中的某种自然物质和能量在当前社会阶段社会不需要或者因科技水平限制不能加以利用，就不成为海洋资源。

海洋资源种类繁多，从形态而言，分为有形资源和无形资源；从生命性质而言，分为有生命资源和无生命资源；从循环利用而言，有可再生性资源和不可再生性资源等。目前较为普遍的海洋资源分类，是在综合分析海洋资源自身的属性及现实的分类状况下，分为5个基本部类，即海洋生物资源、

---

① 中国自然资源研究会教育工作委员会. 自然资源简明词典［M］. 北京：中国科学技术出版社，1993：1.

海洋矿产资源、海洋化学资源、海洋空间资源和海洋能量资源，该分类方法又称“五分法”（宁凌，2009）。

3.1.2 海洋生态环境

在我国1989年颁布实施的《中华人民共和国环境保护法》（简称《环保法》）中，“环境”被界定为“影响人类生存和发展的各种天然的和经过人工改造的自然因素的总体，包括大气、水、海洋、土地、矿藏、森林、草原、野生动物、自然遗迹、自然保护区、风景名胜区、城市和乡村等”。由此延伸出来的“海洋环境”，则可理解为以海洋为核心要素的自然环境，包括对人类生活、生产中各个环节都产生重要影响的海洋天然和经过人工改造的自然因素。

进一步探讨“生态环境”，虽在通常理解中常与“自然环境”等同，但严格而言生态环境并不等同于自然环境。生态环境更加突出生态关系的作用，也就是说生态环境中不仅包含大气、水、海洋、土地、生物等自然因素，而且这些自然因素相互联系相互作用，具有生态关系并构成一个复杂的生态系统。据此，“海洋生态环境”可理解为是由海洋生物、矿产、化学、空间等天然和经人工改造过的海洋自然因素相互联系和作用形成的海洋生态系统。海洋生态环境虽远离陆地，但也与人类生产、生活息息相关，不论是人类活动集中的沿海地带，还是人类远洋生产活动，都对海洋生态环境影响重大。因此，人类是海洋生态环境的重要影响因素，海洋生态环境也约束人类的生产、生活。

3.1.3 海洋资源资产

海洋资源是自然资源分类之一。包括海水中的生物、溶解在海水中的化学元素、海浪、潮汐和水流产生的能量以及储存的热量，沿海、大陆架和深海海底所含的矿物资源，以及海水形成的压力差和浓度差异。从广义上讲，它还包括海洋为生产、生活和娱乐提供的所有空间和设施。具体来说，海洋资源包括水资源、矿产资源、食物资源、海水能源、海洋药物、石油和天然气资源、海洋运输和沿海旅游。

在会计学上，资产是指由过去的交易或者事项形成的、由企业拥有或者控制的、预期会给企业带来经济利益的资源，同时其价值能够可靠地计量。根据海洋资源和资产的相关定义，本书界定海洋资源资产是指由国家所有，预期会带来经济利益效益，能够提高未来以及现有社会福利的海洋自然因素，并且其价值可以计量，具体包括海洋矿产、海洋渔业、海岸线、海域资源等。

海洋资源与海洋资源资产之间存在着本质区别，并非所有的海洋资源均是海洋资源资产。资源转化为资源资产必须具有一定的资产属性，即能产生效益并且具有明确的所有者（赵梦、梁湘波，2018；陶玉侠、谢玉华，2014）。海洋资源资产相对于海洋资源而言需要具备稀缺性、权属性和收益性三个特点。本书基于海洋资源的“五分法”分类标准，突出资产特性，将海洋资源资产划分为海洋生物资源资产、海洋矿产资源资产、海洋化学资源资产、海洋空间资源资产和海洋能量资源资产五大类。

其中，海洋生物资源资产可分为海洋植物资源、海洋动物资源、海洋微生物资源等资产；海洋矿物资源资产可分为海底石油、煤炭、天然气等资产；海洋化学资源资产又可分为海水本身、海水溶解物等资产；海洋空间资源资产又分为海岸带、海岛、滩涂等资产；海洋能量资源资产又分为潮汐能、风能、波浪能等资产。

3.2 海洋资源资产领导干部离任审计的概念

3.2.1 离任审计

离任审计，或称任期终结审计，是指对领导干部任职期间所承担经济责任履行情况所进行的审查、鉴证和总体评价活动。该项审计活动的开展能够有效监督和规范领导干部的经营理念和业务实践，维护法定代表人的合法权益，揭露违法违规行为。同时，通过离任审计，对其任期内经济责任履行情况的客观评价，可以为人事部门正确、科学地评估和任命干部提供重要而具体的依据。

由此可知，领导干部海洋资源资产离任审计，是针对领导干部任职期间履行海洋资源资产利用、开发和海洋生态环境保护情况进行审查和评价，监督领导干部在所管辖的区域内对海洋资源资产和生态环境的建设管理情况，揭露违法违规行为，界定领导干部应承担的责任。

3.2.2 领导干部

《中国共产党地方委员会工作条例》规定，各地区的领导核心是党的地方各级委员会。各地区县级以上地方各级人民政府行使的职权为执行国家经济和社会发展计划、预算，管理本行政区域内的经济发展，以及执行环境和资源利用、管理、保护、监督等行政工作。[①] 各级领导干部对一个地区的经济发展状况和资源环境利用开发具有重大的决定作用，因此将领导干部界定为地方各级党委以及政府主要领导干部，且其对地方的生态环境负有受托管理责任。

就本成果具体来说，接受海洋资源资产离任审计的领导干部为地方各级党委和政府主要领导干部，以及其履职范围内涉及的海洋资源资产管理。

3.2.3 领导干部海洋资源资产离任审计

领导干部海洋资源资产离任审计极具地域特性和政治特性，是我国审计理论的创新。《领导干部自然资源资产离任审计规定（试行）》中明确提出，“主要审计领导干部贯彻执行中央生态文明建设方针政策和决策部署情况，遵守自然资源资产管理和生态环境保护法律法规情况，自然资源资产管理和生态环境保护重大决策情况，完成自然资源资产管理和生态环境保护目标情况，履行自然资源资产管理和生态环境保护监督责任情况，组织自然资源资产和生态环境保护相关资金征管用和项目建设运行情况，以及履行其他相关责任情况。”而海洋资源资产又在自然资源资产中具有一定的必要性和重要性，同时海洋生态环境也是自然生态环境的重要体现。因此，领导干部海洋资源资产离任审计，主要是对领导干部任职期间在其履职地区内履行海洋资

① 《中国共产党地方委员会工作条例》，人民网，2016 年 1 月 5 日，http：//dangjian. people. com. cn/n1/2016/0105/c117092 – 28012181. html.

源资产管理和海洋生态环境保护责任的情况进行审计。

3.3 海洋资源资产领导干部离任审计的理论框架

领导干部海洋资源资产离任审计的理论框架（见图3-1），可从理论基础、概念界定及基本要素三个方面进行分析，其中的基本要素在下一章进行详细分析。

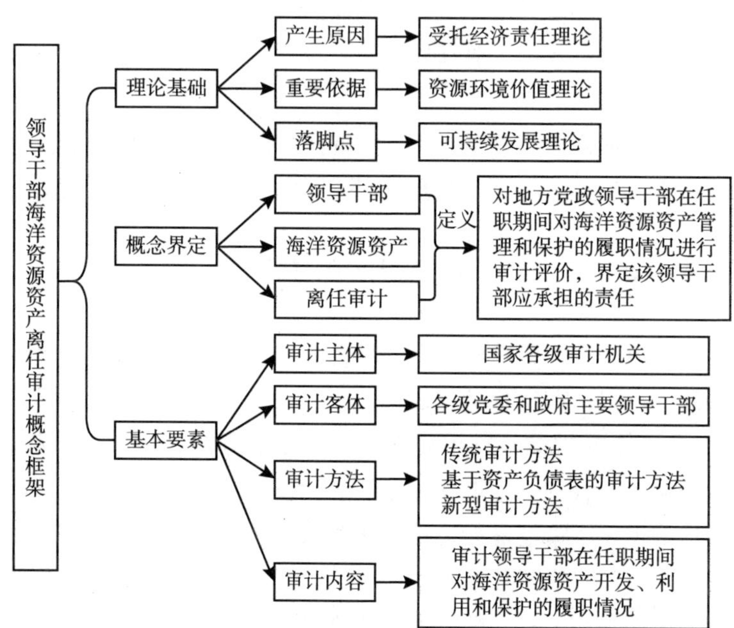

图3-1　领导干部海洋资源资产离任审计的理论框架

4

领导干部海洋资源资产离任审计的基本要素

4.1 领导干部海洋资源资产离任审计的要素构成

领导干部海洋资源资产离任审计由审计主体、审计客体、审计方法、审计内容、审计步骤、审计报告构成。该项制度包括谁来审、审谁、审什么、怎样审及审计结果，形成了一个完整的审计制度。

4.1.1 审计主体

领导干部海洋资源资产离任审计的审计主体为国家各级审计机关。由于该项审计内容复杂，审计范围广，审计数据繁多，涉及部门众多，因此实施该项审计工作时还需要内部审计机构从旁协助、社会审计人员积极参与。

4.1.2 审计客体

领导干部海洋资源资产离任审计的审计客体为地方各级党委和政府主要领导干部，这是由我国的政治体制和行政体制所决定的。在我国，海洋资源资产归国家所有，该项资源的利用、开发等权力也统一由国家占有，为了便于管理各个区域的海洋资源资产，国家会下放权力，将权力集中于各级政府，各级党委和政府主要领导干部为海洋资源资产的受托人，对海洋资源资产的管理和保护履行责任。

4.1.3 审计方法

领导干部海洋资源资产离任审计在审计过程中为获得审计证据和审计资料，不能仅采用一种单一的审计方法，而应根据审计的目标、范围、内容选择合适的审计方法。具体的审计方法包括检查法、询问法、实地检查法，基于资产负债表数据的分析法、比较法以及新型审计方法如 GPS 定位手段、水体排污监测系统、GIS 地理信息系统等。

4.1.4 审计内容

领导干部海洋资源资产离任审计的内容是审计领导干部在任职期间对海洋资源资产开发、利用和保护的履职情况，从而界定领导干部责任。具体来说，主要审计内容是领导干部海洋资源资产生态环境重大决策情况、领导干部对海洋资源资产相关政策法规落实情况、领导干部对海洋资源资产开发利用情况、领导干部对海洋资源资产保护监督情况这四方面。根据这四个方面的审计情况，进行审计评价，区分责任类型，界定领导干部责任。

4.1.5 审计过程

领导干部海洋资源资产离任审计的具体实施步骤为：组建审计领导小组—审计人员审前培训—下达审计任务通知—收集审计数据信息、与相关人员沟通、实地调查情况—分析数据评价指标、界定领导责任。

4.1.6 审计报告

审计报告是整个审计工作的最终成果，也是呈现给上级部门和社会公众的最终内容。审计报告主要由三个方面构成：一是该项审计工作的基本情况，具体包括审计实施的基本情况、被审计领导干部的任职分工情况、被审计领导干部所在地区海洋资源资产概况、被审计领导干部任职期间的相关职责履行情况；二是审计人员根据审计内容，结合实际情况出具的审计意见，即该领导干部是否未履行海洋资源资产管理、保护职责，海洋资源资产的前后变化情况等；三是审计人员根据审计过程中发现的问题，提出合理的审计建议。审计模板详见本书5.2。

领导干部海洋资源资产离任审计制度如图4－1所示。

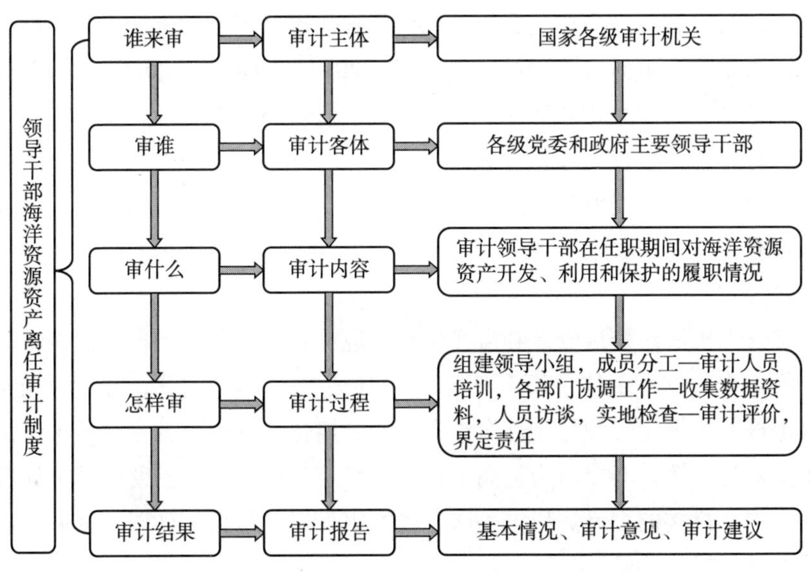

图4－1　领导干部海洋资源资产离任审计制度

4.2　审计主体

4.2.1　审计主体的范畴

审计主体，是指在一项审计活动中主动实施审计行为、拥有审计监督权的审计机构及其审计人员。审计主体在审计信息产生过程中贯穿始终，决定着审计信息质量，是影响审计信息质量的首要因素。审计主体即“谁来审计”，关注的是领导干部海洋资源资产离任审计将由“谁”审计。此处

“谁”具有两个维度，一是审计组织，二是审计人员（郑石桥，2016）。本书在此将领导干部海洋资源资产离任审计的审计主体界定为审计组织进一步讨论。

在马克思主义产权理论下，包含水、土、海洋等资源在内的自然资源产权归国家所有。因此，我们审计的海洋资源资产具有国家公共产权下的资源属性，领导干部是国家产权下管理海洋资源资产的代理人。同时，海洋生态环境的保护工作目前也主要是国家指定的地方政府及相关部门负责。因此，国家审计机关理所应当成为领导干部海洋资产离任审计的审计主体，甚至有学者认为是唯一主体（张宏亮、刘恋等，2014；钱水祥，2016）。但海洋资源资产管理和海洋生态环境保护具有的自然属性和社会属性，使其既存在一定的审计难度，也获得了较多的社会关注度。审计主体“多元论”也提出了在领导干部海洋资源资产离任审计中可以存在国家审计机关、内部审计机构和社会中介组织等多种主体（陈献东，2014），以满足审计难度需求和社会监督需求。

综合考虑海洋资源资产和海洋生态环境的特性和各方需求，仅仅将国家审计机关作为唯一主体并不利于审计主体发挥作用。因此，在“多元论”基础上进一步界定，领导干部海洋资源资产离任审计应以国家审计主体机关为主要审计主体，必要时为提高审计效率和审计质量可以借助内部审计机构和社会中介机构的力量。依据宪法，国家审计机关包括审计署及其派出机构和地方审计机关。

4.2.2 审计主体的构成

审计主体，是指在一项审计活动中主动实施审计行为，拥有审计监督权的审计机构及其审计人员。审计主体在审计信息产生过程中贯穿始终，决定着审计信息质量，是影响审计信息质量的首要因素。海洋资源资产是社会公共财富，人民群众是其所有者，这就决定了国家审计机关应成为海洋资源资产审计活动中的审计主体。

第一，国家各级审计机关是领导干部海洋资源资产离任审计的审计主体。海洋资源资产是社会公共财富，人民群众是其所有者，这就决定了国家审计机关应成为该项审计活动中的审计主体。国家各级审计机关是主体，由海洋资源所有权和领导干部的行政隶属关系决定。海洋资源资产是社会公共资源，由国家所有。此外，领导干部海洋资源资产离任审计是一项国家政策性的审计项目，国家审计机关是义不容辞的。同时针对领导干部，国家要进行监管和审查。因此，领导干部海洋资源离任审计的主体是国家各级审计机关。

第二，内部审计机构为领导干部海洋资源资产离任审计提供辅助。由于该项审计内容复杂，工作范围广，审计对象庞大，涉及部门众多，仅有国家审计机关完成该项工作显然是不充分的，还需要内部审计机构从旁协助，日常工作中对领导干部加强监督审查，将工作成果运用到国家审计过程中，从而减轻国家审计机关在海洋资源资产离任审计期间的负担，使该项审计工作更好更快地完成。

第三，社会审计机构积极参与领导干部海洋资源资产离任审计。社会审计机构相对于国家审计机关和内部审计机构具有更可靠的独立性，同时拥有与海洋资源资产离任审计相关的专业人才，能够更好地为该项审计工作服务，增强国家审计主体的力量。

4.3 审计客体

4.3.1 审计客体的构成

审计客体是指接受审计主体审计的经济责任承担者和履行者，即被审计单位，包括国务院各部门、各级地方政府及其下属部门、金融机构和企事业单位。

领导干部海洋资源资产离任审计的审计客体回答的是领导干部海洋资源资产离任审计活动中“审计谁”的问题。领导干部海洋资源资产离任审计源于海洋资源资产管理和海洋生态环境保护下的委托代理关系，审计客体即资产管理和环境保护委托代理关系中的代理人或责任承担者（郑石桥，2016）。

领导干部海洋资源资产离任审计的客体为地方各级党委和政府主要领导

干部。[1] 这是由我国的政治体制和行政体制所决定的。一个地方的海洋资源资产怎样进行开发建设和保护，该地党委和政府主要领导干部具有重要决定地位。

在有关海洋的委托代理关系中，国家拥有海洋的真正所有权，中央政府为行使这项所有权将其下放，委托地方政府（此处特指沿海地区）对各区域的海洋资源资产进行管理并对海洋生态环境进行保护，形成第一层委托代理关系。同时，设有省、市、县（区）等多层级结构的地方政府，也会进一步将管理权和使用权下放，形成多层次委托代理关系。在这种多层次海洋资源委托代理关系下，对领导干部进行海洋资源资产离任审计也将出现多层次审计客体。第一层次是中央政府对省级政府的委托，省级政府党政主要领导干部作为代理人或责任承担者，即本层次的审计客体；第二层次是省级政府对市级政府的委托，市级政府党政主要领导干部作为代理人，即本层次的审计客体；以此类推，多层次委托代理关系下，审计客体即各级地方政府党政主要领导干部。

同时，将审计定位为直接报告业务时，也有学者提出主要责任方不仅包括地方政府主要领导干部，还应包括海洋主管部门主要领导干部（陈波、卜璠琦，2014）。可以理解为，本级地方政府为提高对海洋资源资产的管理效率和海洋生态环境的保护效果，又委托了海洋主管部门进行直接管辖，形成了本级地方政府与本级海洋主管部门间的委托代理关系。在此，领导干部海洋资源资产离任审计的审计客体也可以是承担海洋资源资产管理和海洋生态环境保护的主管部门主要领导干部。

综上，对领导干部海洋资源资产离任审计的审计客体界定如下：一是各级地方政府党政主要领导干部，一般是乡镇政府及以上；二是各级地方政府下海洋主管部门，如海洋行政管理部门、海事行政部门、渔业行政管理部门等部门的主要领导干部。

---

① 薛芬，李欣．自然资源资产离任审计实施框架研究——以创新驱动发展为导向［J］．审计与经济研究，2016，31（06）：20－27.

4.3.2 审计对象

领导干部海洋资源资产离任审计的审计主体和审计客体界定了由“谁审计”和“审计谁”的问题，审计对象则要进一步回答审计主体将对审计客体审计什么的问题。现有研究中对审计对象的表述并不统一，易出现审计客体和审计对象混淆的情况。从审计实质而言，审计客体是外延上的审计实体，而审计对象则是内涵的审计内容（刘明辉，2015）。如，在财务审计中，审计客体是被审计单位，而审计对象是被审计单位财务状况、经营成果及现金流量。领导干部海洋资源资产离任审计在众多研究中被认为是环境审计和经济责任审计的结合，意味着领导干部的海洋环境责任是审计的重点。因此，在领导干部海洋资源资产离任审计中，审计对象则是被审计客体的海洋环境责任履行情况。

领导干部在海洋环境方面的责任，具体而言主要有两方面：一方面是海洋资源资产管理、开发与利用的责任，另一方面是海洋生态环境保护与治理的责任。结合审计客体的界定，领导干部海洋资源资产离任审计的审计对象具体可确定为：各级地方政府党政主要领导干部以及各级地方政府下设海洋主管部门主要领导干部，在海洋资源资产管理、开发与利用以及海洋生态环境保护与治理方面的责任履行情况。

4.4 审计内容

领导干部海洋资源资产离任审计的审计内容是在审计对象的基础上，对“审计什么”进一步明晰。部分学者认为经济责任审计也是领导干部海洋资源资产离任审计的组成要素，而在经济责任审计中国有企业负责人也是审计客体，提出了不同审计客体承担不同责任也对应不同审计内容，将审计内容细分为了财务审计、合规审计、绩效审计等不同内容（曲婧，2012；陈波，2014）。然而本书的审计客体并未包含国有企业负责人，同时财务审计、合规审计等不同审计内容在领导干部海洋资源资产离任审计领域存在一定的交义，如此划分和规定审计内容不太科学。因此，审计内容仍应结合审计客体和审计对象，在海洋资源资产的管理、开发与利用以及海洋生态环境保护与治理两个方面进一步展开。

参考《领导干部自然资源资产离任审计规定》中审计内容，考虑海洋资源资产和海洋生态环境的特性，将领导干部海洋资源资产离任审计的具体审计内容明确为以下几个方面，见图4－2。

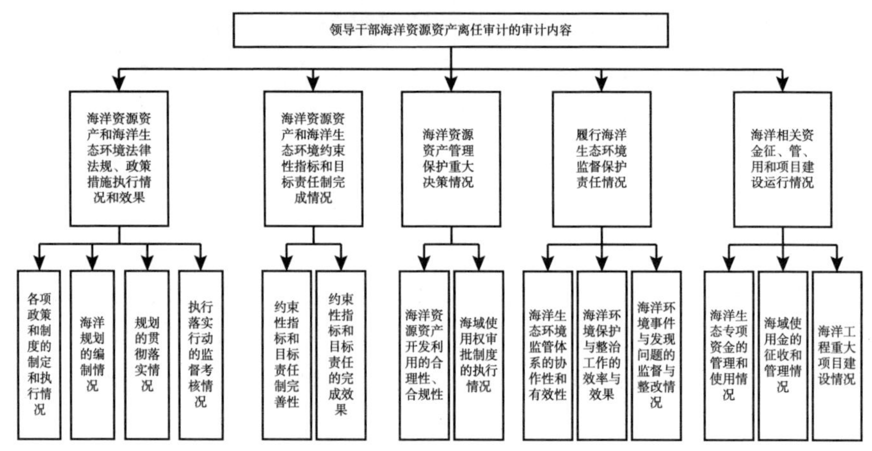

图4－2　领导干部海洋资源资产离任审计的审计内容

4.4.1　海洋资源资产和海洋生态环境法律法规、政策措施执行情况

地方政府受中央政府委托对地区海洋资源资产和海洋生态环境进行代理，代理权限的实施离不开相关法律法规的制定与颁布以及政策条例的要求与执行。目前，我国涉海法律、法规主要有《中华人民共和国海岛保护法》《中华人民共和国海洋环境保护法》《中华人民共和国海域使用管理法》、国家海洋事业发展“十二五”规划等（庄晓萌，2015）及各地特色海洋法规。地方政府是否尽职尽责地履行了中央政府的受托管理责任，主要体现在上述法律法规、政策措施是否有得到良好执行，是否产生了较好的效果。具体而言，审计内容主要是以下几个方面：一是各项政策和制度的制定和执行情况；二是海洋规划的编制情况；三是规划的贯彻落实情况；四是执行落实行

动的监督考核情况。

4.4.2 海洋资源资产和海洋生态环境的约束性指标和目标责任完成情况

约束性指标和目标责任的制定是海洋相关法律法规和政策规划进一步落实的重要举措，也是考核领导干部海洋环境责任履行情况重要标准。主要审计内容有两个。一是海洋资源资产和海洋生态环境约束性指标和目标责任制完善性。针对地区海洋资源资产和海洋生态环境状况，是否已经设置了重点海洋生态环境如围填海总量、大陆自然岸线保有率、近岸海域水质等约束性指标值，是否已逐级落实责任，实现层层压实指标和责任。二是海洋资源资产和海洋生态环境约束性指标和目标责任的完成效果。审查是否存在忽视约束性指标，突破约束底线的破坏情况，针对各级领导的目标责任制是否落实，是否有追责情况。

4.4.3 海洋资源资产管理保护重大决策情况

领导干部海洋资源资产离任审计主要审计地方政府领导干部海洋环境责任的履行情况，其中就包括了海洋资源资产的管理与保护。是否有做出合理合规的海洋资源资产管理保护重大决策，可由以下两个内容进行评判。一是海洋资源资产开发利用的合理性、合规性。检查海洋资源资产开发上是否突破划定的生态保护红线，或超越海洋资源承载限制；以及海洋资源资产使用的合法合规性，是否存在非法利用、处置和出让等情况。二是海域使用权审批制度的执行情况。检查海域使用权的申请、受理和审查是否符合规定程序和要求，是否符合海洋功能区划分和相关规划，是否存在越权审批，是否有严格的用途管制等。

4.4.4 履行海洋生态环境监督保护责任情况

领导干部在海洋环境责任除了管理海洋资源资产，还应严格监督保护海洋生态环境。针对海洋生态环境监督保护责任，主要审计内容有三个。一是海洋生态环境监管体系的协作性和有效性。审查海洋、渔政、环保等相关部门间是否自成监管体系，是否职责明确、协同合作，日常巡查执法工作是否到位。二是海洋环境保护与整治工作的效率与效果。审查是否完善海洋环境监测预报体系，是否执行了规定的海洋功能区环境质量标准，是否实行了积极有效的海洋污染防治。三是海洋环境事件与发现问题的监督与整改情况。审查海洋环境突发事件处置效果与后续防范情况，以前年度发现的问题是否得到了督促和整改。

4.4.5 海洋相关资金征、管、用和项目建设运行情况

海洋经济已日益成为国民经济中的重要组成，海洋相关资金的征管用以及海洋工程项目的建设运行也将是领导干部海洋资源资产离任审计的重点审计内容。一是检查海洋生态专项资金的管理和使用情况。相关支出是否合规使用，是否存在挤占挪用资金、扩大支出范围等情况。二是检查海域使用金的征收和管理情况。海域使用权人是否均按规定标准足额缴纳海域使用金，是否存在拖欠，使用金收入是否已纳入预算。三是检查海洋工程重大项目建设情况。新建、改建、扩建的海岸工程项目、渔港工程项目等重大项目建设是否遵守国家有关建设项目环境保护管理规定。

4.5 领导干部海洋资源资产离任审计的传统方法

审计方法是指审计主体为了执行审计职能、完成审计任务和实现审计目标所采取的方式、手段和技术的总称。领导干部海洋资源资产离任审计不仅仅是一项简单的海洋资源资产财务信息审计，更是全面、系统地对领导干部对海洋资源资产管理和保护情况的审计。除此之外，海洋资源资产离任审计的数据繁多，范围广阔，内容复杂，单纯依靠传统审计方法是完全不够的，根据不同的审计对象，也需要更加具有针对性的、新型的审计方法。随着科技的进步和环境监测技术的发展，越来越多的方法可以被运用到海洋资源资

产离任审计活动中，比如卫星遥感接收技术、GPS 定位手段、水体排污监测系统、GIS 地理信息系统，实现资源与环境的实时监测，提高审计人员工作效率。经上述分析，领导干部海洋资源资产离任审计方法如图 4-3 所示。

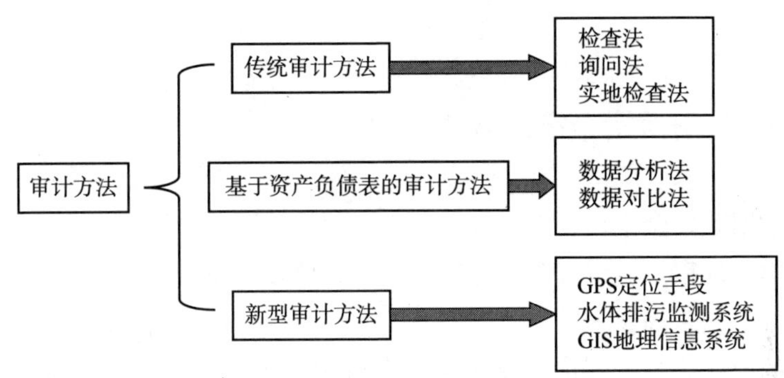

图 4-3　领导干部海洋资源资产离任审计方法

4.5.1　常规审计方法

（1）检查法。检查法是指审计人员在领导干部海洋资源资产离任审计过程对相关书面文献资料进行翻阅审查。具体包括领导干部在任职期间有关海洋资源资产的工作报告、政策文件、会议记录等资料，检查其发布的相关政策文件是否遵守国家相关政策法规，决策程序是否合规，有关海洋资源资产开发利用等重大问题是否通过决策，重点关注海洋资源资产工程建设项目的立项审批文件、工程进度单、工程专项资金拨付审批文件等。

（2）询问法。询问法是审计人员向相关人员进行访谈、问卷调查或举行座谈会的一种调查方式。审计人员可以对被审计领导干部所在单位的有关成员进行一对一访谈或者召开座谈会，询问领导干部在任职期间是否已经把国家有关海洋资源资产的政策落实到行动、是否按照相关程序进行表决决策、是否在任职期间做出损害海洋资源资产的相关决定等；询问海洋资源相关部门人员管辖区域的海洋资源资产基本情况、政策落实情况等；询问当地居民，或进行问卷调查，当地海洋资源资产是否得到实际的管理和改善、是否了解政府出台的相关政策法规等。

（3）实地检查法。实地检查法就是审计人员在确定的地点进行实地考察的方法。针对海洋资源资产这一对象，审计人员有必要去到现场实际查看海洋资源资产的真实情况。即审计人员根据海洋资产资源的审计范围和审计内容，到达海洋资源资产所在地现场取证检查，例如拍照、实地选取样本检测等，判断海洋资源资产的损害程度，并与相关记录进行对比，对比分析是否有重大差异。

4.5.2 财政资金审计方法

所谓财政资金审计，即对预算资金和预算外资金的筹集、分配、使用活动及其效果的审计，审查监督财政机关、财政收入监缴机关、财政支出监督执行机关，是否确保国家财政资金的安全和节约有效使用，是否正确执行国家有关的财政法规、制度，是否贯彻了国家的财政收支政策（张庆龙、沈征，2015）。就领导干部海洋资源资产离任审计的审计内容而言，涉及海洋相关资金征、管、用和项目建设运行情况，因此实施领导干部海洋资源资产离任审计需要运用财政资金审计方法。主要方法如下。

（1）现场或实地调查法。在财政资金审计方法下，审计人员一般需要进驻被审计单位，通过问询、观察、检查、监盘等方式实施现场审计，以获取足够且可靠的审计证据。在进行领导干部海洋资源资产离任审计时，由于需要调查海洋工程建设项目情况，因此也需要运用实地调查法实施现场勘查。审计人员在现场可以通过询问工程现场人员或沿海、海岛居民了解海洋工程项目实施现状。

（2）账表调查法。一方面，可以通过调取相关财务和非财务资料以及听取相关工作人员的意见，了解海洋相关工程建设和资金运用的规范程度和合理程度；另一方面，针对获取的账务资料，可以具体使用审计抽样方法进行细节审计，以及运用一定分析程序进行横纵向比对和趋势分析，获取定量分析的审计结果。

（3）账表分析法。基于现场或实地调查法、账表调查法获取的审计数据和审计证据，应进一步借助账表分析法，对其进行解构或统计分析。通过公式和表格反映期初、期中、期末预算资金的收支运用和期末结存情况，在具有可比性可理解性明确性的数据账表模式下，审查海洋资源专项资金是否按照国家财政政策收支利用。

4.5.3　责任审计方法

一般而言责任审计被认为是经济责任审计，又称离任审计。而在领导干部海洋资源资产离任审计中，责任审计不仅仅包括经济责任，还包括环境责任。因此，领导干部海洋资源资产离任审计中运用的责任审计方法，可理解为对地方政府在任期内应负的经济和环境责任的履行情况所进行的审计。不同于常规审计出于维护财经法纪秩序的目的，责任审计的主要目的是分清责任人任职期间在本单位经济和环境活动中应负担的责任，为组织人事部门和纪检监察机关及其他有关部门考核使用干部提供参考依据。

一方面，在经济责任审计中，运用资料调阅、问询、座谈、实地调查等多种方式，考核领导干部在海洋资源资产开发项目、海洋工程建设项目、海洋专项资金“征、管、用”等方面的经济责任，是否存在不合规、越权审批、资金挪用、占用、监管不力等不负责任的问题，为后续领导干部离任考核提供经济责任方面的参考依据。

另一方面，在环境责任审计中，通过实地考察、问卷调查、问询、数据收集等方式，考核领导干部在海洋资源资产管理、海洋环境保护方面的环境责任，是否存在盲目开发和管理、消极治理海洋环境污染、忽视海洋环境保护等不负责任的问题，为后续领导干部离任考核提供环境责任方面的参考依据。

4.6　领导干部海洋资源资产离任审计的新型方法

4.6.1　绩效审计方法

政府绩效审计始于20世纪40年代的美国，目前政府绩效审计的主要内容一般被定义为“3E”审计，即经济性、效率性和效果性。我国领导干部海洋资源资产离任审计对地区领导干部在海洋资源资产管理、海洋环境保护方面的责任履行态度和效果进行评价，也是地方政府绩效审计的一部分。考虑到财政资金审计方法已经对经济性这一审计内容有所涉及，此处的绩效审计主要评价效率性和效果性。结合领导干部离任审计的试点经验和审计需求，一般运用评价指标体系对其进行绩效评价。

一方面，可以针对海洋资源资产和海洋生态环境的特性，通过构建评价指标体系对海洋资源资产、海洋生态环境现状进行评价，以多维度评价和定量打分的形式了解地区海洋资源资产和海洋生态环境的具体状态。根据评价指标体系的总体得分与不同地区和不同时间的评价结果进行横向和纵向比较，反映区域差异和期间变化，形成更加全面和丰富的审计评价结果。此项评价结果可作为领导干部绩效评价的一部分。此外，评价指标体系中的单项得分也可以反映地区海洋资源资产和海洋生态环境审计中存在的相对弱项，为后续管理和保护提供针对性视角。

另一方面，针对领导干部在任期间的履责行为，可以围绕审计内容构建评价指标体系对领导干部任期内履行海洋资源资产管理和海洋生态环境保护责任的行为进行考核，尽量以更加清晰明确的数据反映领导干部任期内的履责行为，通过前后期评价结果的比较等方式反映领导干部任期内行为是否对海洋资源资产管理和海洋生态环境保护有促进作用。基于评价指标体系得出的审计结果也是领导干部在任期间履责行为的绩效结果，针对评价结果中的弱项和明显疏忽，应结合审计结果运用进行后续整改以及追责。

4.6.2 基于资产负债表的审计方法

海洋资源资产负债表它反映被评估区域部门在某时间点所占有的可测量、可报告、可核查的海洋资源资产状况，以及某时点被评估区域的海洋资源负债状况。[①] 编制海洋资源资产负债表，就是以核算账户的形式对全国或某个地区主要海洋资源资产的存量及增减变化进行分类核算，可以评估当期海洋资源资产实物量和价值的变化，摸清某一时点某一地区海洋资源资产的

---

① 陶建格，吕媛琦，何利，沈镭．基于复式记账的土地资源资产核算与报表编制研究［J］．中国人口·资源与环境，2020，30（01）：22-29.

“家底”，准确把握经济主体对海洋资源资产的占有、开发、消耗、恢复和增值情况。

对海洋资源资产负债表连续审计，将有关数据进行纵向比较，检查海洋资源资产存量变化，对变化较大的数据进行原因查明。结合传统的审计方法，将获取的数据通过趋势分析和综合分析，从而对该区域内的经济和海洋资源资产生态环境的变化进行综合分析评价，最终得出相关领导干部在任职期间对海洋资源资产管理、开发和保护的执行情况。海洋资源资产负债表如表4－1所示。

表4－1　　海洋资源资产负债表

海洋资源资产	期末余额		期初余额		海洋资源负债和所有者权益	期末余额		期初余额	
	实物计量	价值计量	实物计量	价值计量		实物计量	价值计量	实物计量	价值计量
海洋资源资产					海洋资源负债				
海洋生物资源资产：					海洋生物资源负债：				
海洋植物资产					应付污染治理成本				
海洋动物资产					应付生态补偿成本				
海洋微生物资产					应付使用者成本				
合计					合计				
海洋空间资源资产：					海洋空间资源负债：				
海岸线资产					应付污染治理成本				
海岛资产					应付生态补偿成本				
海域资产					应付使用者成本				
合计					合计				
海洋旅游资源资产：					海洋旅游资源负债：				
海滨度假旅游区资产					应付污染治理成本				
海滨浴场资产					应付生态补偿成本				
海洋公园资产					应付使用者成本				
海上运动场资产					合计				
海上娱乐场资产					海洋资源负债合计				

续表

海洋资源资产	期末余额		期初余额		海洋资源负债和所有者权益	期末余额		期初余额	
	实物计量	价值计量	实物计量	价值计量		实物计量	价值计量	实物计量	价值计量
合计					海洋资源所有者权益				
					海洋生物资源权益				
					海洋空间资源权益				
					海洋旅游资源权益				
					海洋资源所有者权益合计				
海洋资源资产合计					海洋资源负债和所有者权益总计				

4.6.3 现代信息技术审计方法

由于海洋资源资产具有范围广阔、变动性大以及难以测量数量和衡量价值等特征，以摸清我国海洋资源资产家底为目的之一的领导干部海洋资源资产离任审计还需要借助现代信息技术的帮助，包括且不限于以下几种方法。

一是现代地理信息技术审计法。虽然在进行领导干部海洋资源资产离任审计时会采用实地调查法，但是我国各沿海地区所辖海域辽阔，并且存在大量无人居住小岛，仅仅通过实地调查了解地区海洋资源资产状况不够全面。借助现代地理信息技术审计方法，一方面，可以通过无人机勘探对难以实现实地调查取证的无人岛等地进行拍照和录像调查，掌握更全面的审计证据，突破海洋资源资产离任审计的地域限制；另一方面，可以通过卫星遥感技术等对难以获取数据资料的海洋资源现状进行监测和统计分析，获取更加可信和准确的审计数据，提高海洋资源资产离任审计的真实性和准确性。

二是现代大数据信息技术审计法。由于海洋资源资产的管理与开发存在部门交叉性，以及海洋资源资产又具有跨区流动性，在对领导干部进行海洋资源资产离任审计时，获取相关审计所需数据、材料等可能不仅需要被审计单位的配合，还要其他相关部门的合作。因此，大数据平台的构建是必要的，通过大数据平台审计人员随时调取领导干部海洋资源资产离任审计所需的各项数据资料，既可以提高审计效率，省去审计人员沟通和联系各相关部门的过程，又可以提高审计数据的准确性，更便捷地进行审计数据比对和分析。

4.6.4 领导干部海洋资源资产离任审计的流程

本书从领导干部海洋资源资产离任审计的审计要素、审计方法、审计步骤三个方面构建了领导干部海洋资源资产离任审计的理论框架（见图4－4）。其中，审计要素主要界定了领导干部海洋资源资产离任审计的审计主体、客体、对象和具体内容。审计方法则从财政资金审计、责任审计、绩效审计和大数据审计四个方法为领导干部海洋资源资产离任审计实施提供了方向。审计步骤则从审计模式和审计业务流程、对领导干部海洋资源资产离任审计的具体实施过程提供了理论依据。

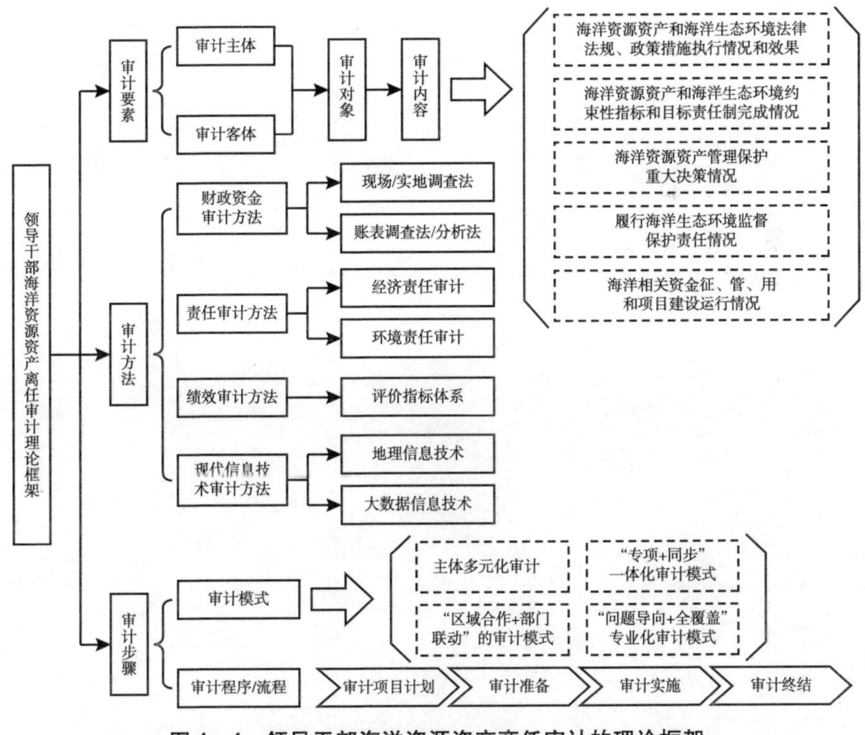

图4－4 领导干部海洋资源资产离任审计的理论框架

在分析领导干部海洋资源资产离任审计的要素、方法和步骤的基础上，本书对领导干部海洋资源资产离任审计理论进行了完善。在领导干部海洋资源资产离任审计的审计要素中，本书界定了审计主体、审计客体和审计对象，并以此丰富和完善了审计的五大内容。在领导干部海洋资源资产离任审计的审计方法中，本书提出了财政资金审计、责任审计、绩效审计、大数据审计四种方法，既突出了海洋资源资产审计特性，又满足离任审计的需求。在领导干部海洋资源资产离任审计的审计步骤中，本书首先归纳整理了四种常用审计模式，随后从审计工作开展的始和终构建了完整的审计程序，并以流程图的形式作出清晰展现。

5

领导干部海洋资源资产离任审计的实施程序

5.1 领导干部海洋资源资产离任审计的模式

对领导干部进行海洋资源资产离任审计，相对于经济责任审计存在的最大不同点在于海洋资源资产和海洋生态环境的特性。海洋资源资产的流动性、空间性、难以衡量性，以及海洋生态环境的复杂性等特性均对领导干部海洋资源资产离任审计提出了较大的挑战。为了保障领导干部海洋资源资产离任审计的顺利实施，必须完善和创新审计模式，形成领导干部海洋资源资产离任审计的特色审计模式。

5.1.1 主体多元化审计模式

由于海洋资源资产离任审计主要考量领导干部履行海洋环境责任情况，实施审计的主体主要是国家及各地审计机关，然而仅仅依靠政府审计机关，对于全面开展领导干部海洋资源资产离任审计而言仍有一定难度。一方面，政府审计机关的数量及相关人员配置有限，其审计项目有多种，仅依靠政府审计机关进行海洋资源资产离任审计可能影响审计实践的效率和效果；另一方面，由政府统揽海洋资源资产离任审计，可能会出现审计范围过窄、审计视角单一等情况。为进一步提升海洋资源资产离任审计的实施效率和效果，可将会计师事务所、高校审计团队等其他社会组织纳入审计主体，最大程度利用专业审计人员的审计特长，为领导干部海洋资源资产离任审计实践注入新鲜血液。

5.1.2 “区域合作+部门联动”的审计模式

开展领导干部海洋资源资产离任审计，对海洋资源资产的状态以及海洋生态环境污染情况进行调查、考核与评价是必要的。由于存在海洋陆源污染的外部性、跨区性以及相关责任界定的复杂性等特殊性质，单独对特定区域海洋环境和海洋资源资产进行审计，一方面存在一定难度，另一方面也缺少一定的审计科学性，最终都会影响审计结果的可靠性。故而，实施领导干部海洋资源资产离任审计时，除了政府审计机关间实行并行审计外，还应该加强各区域间的交流与合作，建立各区域相关部门间的协调机制。审计机关应主动加强与海洋资源资产管理、海洋生态环境保护等相关部门间的联系与交流，着力提升审计的准确性。当前，专业信息技术的支持对于海洋资源资产离任审计弥足重要，更应该实现审计业务与海洋相关信息技术的联动合作，将审计技术与专业技术相结合，为审计实施提供强有力的技术支撑。

5.1.3 “专项+同步”一体化审计模式

领导干部海洋资源资产离任审计与经济责任审计、任中审计等，虽然存在较大差异，但是也有一定范围的交叉。在一体化审计模式下，海洋资源资产离任审计不应是与之割裂，而应结合经济责任审计、任中审计等进行。一方面，海洋资源资产离任审计与经济责任审计的同步进行，将有利于改变目前领导干部追求“GDP 绩效”，不顾包括海洋在内的生态环境资源状态的政绩观。另一方面，在审计机关及相关审计人员数量有限的情况下，一体化审计能解决人员不足的问题，同时经济责任审计和任中审计等还可以为离任审计提供相关或互有需求的审计数据和审计依据。在一体化审计模式下，“专项+同步”结合形式提出了“三同步，二分开”的操作方式，即海洋资源资产离任审计与经济责任审计等同步进行、同步实施、同步结束，但分开立项，分别出具审计报告和审计意见。此种操作方式下，既满足了海洋资源资产离任审计的针对性、专项性审计需求，又解决了专项审计人员需求多、审计时间长的问题。

5.1.4 “问题导向+全覆盖”专业化审计模式

对领导干部进行海洋资源资产离任审计，作为政府审计领域的新型审计形式，审计实施存在较高难度，因此专业审计人员与专业化审计模式是审计实施不可或缺的一部分。借鉴财务报表审计中的风险导向审计模式，我们对海洋资源资产离任审计提出了“问题导向”审计模式。此模式凸显了问题导向的原则，也对海洋资源资产审计中分清主次矛盾问题提出了更高要求，并将对海洋资源资产管理和海洋生态环境保护中存在的突出违规和污染问题进行重点揭示。只有抓住审计重点和主要矛盾，才能实现审计功能，实现海洋资源资产合理开发利用和海洋生态环境质量提升。与此同时，为满足审计内容的要求，实施海洋资源资产审计时还应实行“全覆盖”审计模式：一是审计过程满足审计内容“全覆盖”，即将海洋资源资产离任审计的五项审计内容全部纳入审计范围和审计过程；二是审计区域“全覆盖”，即覆盖审计对象的全部海洋区域；三是审计疑点落实“全覆盖”，即针对审计疑点实现全面核查。

5.2 审计程序

领导干部海洋资源资产离任审计的审计程序是审计工作从开始到结束的整个过程，根据政府审计理论，审计程序一般由审计项目计划阶段、审计准备阶段、实施审计阶段和审计终结阶段四个阶段构成。在此，依据领导干部海洋资源资产离任审计的相关特性和审计需求，对审计程序的四个阶段进一步细化。

5.2.1 审计项目计划阶段

审计项目计划是指审计机关对审计项目和专项审计调查项目预先做出的

统一安排。例如，领导干部海洋资源资产离任审计项目在此作为专项审计调查项目，由审计机关或同级人民政府审核批准后再执行该项目计划，并将其作为检查考核审计工作的主要依据。

第一步，下达审计任务书。政府审计项目存在多种构成形式，如上级审计机关统一组织项目、授权审计项目、政府交办项目等。地方审计机关既是上级审计机关的下属机构，应听从统一安排；又是地方政府的组成机构，也应接受本级地方政府的领导。领导干部海洋资源资产离任审计的开展，是上级审计机关的统一要求，也是地方政府的领导任务。故而，领导干部海洋资源资产离任审计的项目计划之初，首先要由上级审计机关或本级地方政府下达审计任务书，将本次离任审计项目交由本次主管审计机关接管和负责。

第二步，编制审计项目计划书。负责领导干部海洋资源资产离任审计的审计机关，在实施审计前为保证审计项目能够科学合理有序进行，应编制审计项目计划书。审计项目计划书可以文字和表格结合的形式，列明本次审计项目的名称、类别，安排本次审计项目的依据和指导、审计目的、完成审计计划的措施、完成的时间要求、主要负责人等内容。审计项目计划书编制完成后应上交上级机关审批。经审批后的审计项目计划一般不得再做调整或变更。

第三步，编制审计工作方案。审计工作方案是对审计项目计划的进一步明确。基于经审批后的审计项目计划书，实施领导干部海洋资源资产离任审计的审计机关应及时编制初步审计工作方案，方案中应体现审计目标、审计范围、审计内容和重点、审计工作组织安排、审计工作要求等内容。同样，审计工作方案编制完成后，也应交由上级机关审核批准。

5.2.2 审计准备阶段

第一步，成立审计小组，进行调查了解。领导干部海洋资源资产离任审计作为专项审计项目，应在审计计划和初步审计工作方案的基础上，进一步在主管审计机关中组建专项审计小组。考虑到海洋资源资产离任审计项目的专业性和复杂性，成立专项审计小组，尤其应重视人员素质的匹配度，实行合理的人员工作分配和责任制。同时，审计小组成立后，为保证审计工作的顺利展开，应及时对拟审计单位进行初步了解，评估存在重要问题的可能性。

第二步，编制审计工作的具体实施方案，开展审前培训。审计计划和初步的审计工作方案仅规定了大致的审计方向。为提高本次海洋资源资产离任审计项目的可操作性，审计小组还应结合进一步调查情况，编制审计工作的具体实施方案，对审计内容、审计目标、审计人员的职责与分工进行详细的界定。此外，还可以邀请海洋资源领域的相关专家以及其他试点地区审计人员进行审计前培训，交流经验，取长补短，提升审计能力。

第三步，下达审计通知书，实施审计前协调工作。审计准备阶段的最后一项任务即向被审计单位下达审计通知书，主要内容包括被审计单位的名称、审计的依据范围、内容和方式、审计起始和终结日期、审计小组成员介绍以及对被审计单位配合审计工作提出的要求等。审计通知书是对被审计单位和审计机关的审计责任的一种书面确认。由于领导干部海洋资源资产离任审计涉及多个部门或科室，在正式审计开始前，还需要对区域间相关部门进行审计前协调，争取更多的配合与支持。

5.2.3 审计实施阶段

经过审计项目计划阶段和审计准备阶段的前期工作，本阶段将正式进行领导干部海洋资源资产离任审计。

第一步，召开审计进点会，进驻被审计单位。审计进点会宣告审计实施工作正式展开，首先由审计小组组长介绍本次离任审计工作开展的背景和要求，以及审计小组成员。然后由被审计单位主要领导干部就任期内在海洋资源资产管理、海洋生态环境保护方面的履责情况进行述职报告，并承诺积极配合审计小组的审计工作。在审计进点会召开后，审计小组随即可进入被审计单位实施审计工作。

第二步，收集审计资料，取得审计证据。审计小组实施现场审计工作最重要的环节即收集审计资料取证的过程。而领导干部海洋资源资产离任审计重点需探明海洋资源资产、海洋生态环境，仅仅依靠账表数据可能不够全面可靠。因此，审计小组可兵分两路：一组深入被审计单位，采用检查、询问、观察等方式，收集纸质、电子或其他介质的财务或非财务数据，取得二手资料作为审计证据；另一组则采取实地调查、问卷访谈等方式进入滨海地区或海岛，收集直接数据或图像作为一手审计证据。

第三步，审查审计证据，编制审计工作日志和审计工作底稿。基于取得的审计证据，审计小组应进一步采用统计与分析等方法，审查被审计单位主要领导干部在海洋资源资产管理、海洋生态环境保护方面项目建设、资金“征、管、用”等活动的合法合规性、合理性和科学性，并得出适当的审计结论。在此过程中，审计小组应同时填写审计工作日志和审计工作底稿作为审计分析和审计结论的记录。

5.2.4 审计终结阶段

经过审计实施阶段，领导干部海洋资源资产离任审计工作已经获取了大量审计资料和证据，形成了初步审计结论，本阶段将对审计工作进一步完善与总结。

第一步，编写审计报告，征求被审计单位意见。基于汇总的审计工作日志、审计工作底稿及后附的审计证据，审计小组应得出最终审计结论，并发表正式审计意见。同时，出具一份规范的审计报告，详细阐述被审计单位所辖地区海洋资源资产管理和海洋生态环境保护情况。审计小组在向审计机关提交审计报告前，应当先征求被审计单位意见，针对反馈意见进一步核实，必要时可修改审计报告。

第二步，复核审定审计报告，做出审计处理。修订后的审计报告将提交至审计机关复核和审定，主要审定与审计事项相关事实是否清楚，证据是否确凿，评价意见是否恰当等。经审定后的审计报告，依据不同审计意见或决定采取不同的最终审计处理。自行纠正事项和改进意见，将出具审计意见书；处理或处罚决定，将出具审计决定书或审计建议书；涉嫌犯罪的，将出具移送处理书。对于上述不涉及国家机密的审计最终结果，应及时做出审计公告或结果公开。

第三步，整理审计文件，建立审计档案。审计机关在审定审计报告，进行最终审计处理后，还应进行审计文件的整理工作。一是归还现场审计过程中向被审计单位借阅的各种审计资料，办理归还手续；二是针对自身的审计文件，按结论类、证明类、立项类、备查类四个单元进行审计文件归档，建立审计档案。

以上四个阶段即为领导干部海洋资源资产离任审计的全部审计程序。

5.2.5 审计程序的流程图

基于上述领导干部海洋资源资产离任审计的审计程序，本小节以业务流程图（见图5－1）的形式进一步明晰，将审计程序分为审计步骤和审计所需的材料、文件两大部分，以审计业务流程的方式展现审计项目计划、审计准备等四大阶段。

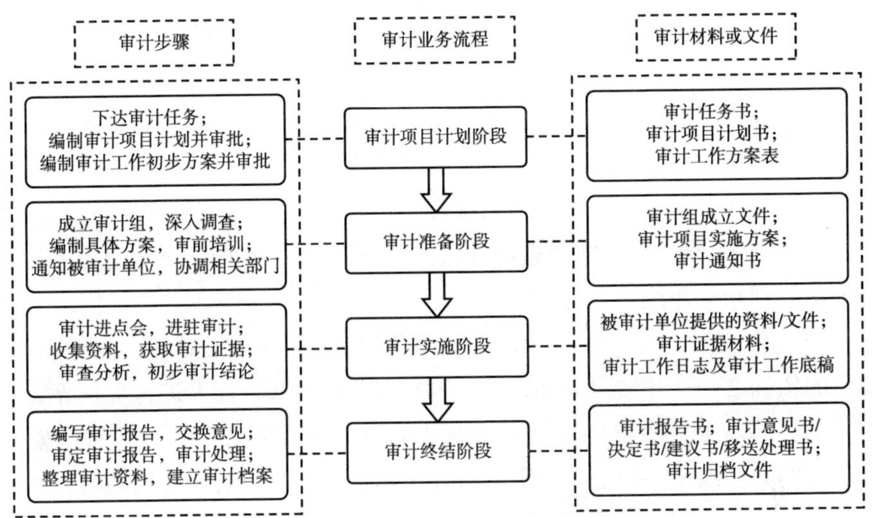

图5－1 领导干部海洋资源资产离任审计的审计流程

5.3 组建领导干部海洋资源资产离任审计工作组

5.3.1 组建审计工作小组

加强组织领导，扎实开展审计工作，必须设立领导干部海洋资源资产离职审计领导小组。审计机关、纪检委员会、组织部门、政法委员会、政府检察机关、财政局、统计局等单位相关负责人以及抽调的其他相关专业人才、外部专家为成员。领导小组负责研究和制定相关政策体系，监督、检查、沟通、通知审计工作的进度和审计结果的使用，研究和解决工作中出现的问题。其中，审计机关相关负责人为组长，主管审计实施工作，其他成员积极配合。

5.3.2 审计成员职能分工

审计小组成员职能分工如下。

（1）审计机关。负责组织实施审计工作，依法作出审计决定并出具审计意见，总结和综合分析审计发现的问题，并要求有关部门协助实施审计整改工作。负责跟踪和审核整改情况，总结整改结果并向领导小组汇报；及时报告被审计单位拒绝执行审计决定，并将整改工作推迟的行为。同时，根据干部的管理权限，及时向组织部门报告。

（2）纪委。负责及时调查审计过程中发现和转移的线索和违法行为，并依法处理相关违纪违规行为。

（3）组织部。负责将审计结果作为评估领导干部个人业绩、任免职务、奖惩的依据之一，并按照干部管理权限对有关问题和责任人进行责任界定。

（4）政法委。负责协调所有市级法律机关调查和驳回审计过程中发现和转移的案件线索，依法打击阻拦审计工作正常开展和对审计人员的报复的行为。

（5）政府检察机关。负责监督审计意见和审计决策的执行情况以及对被审计单位的整改，并及时向市委、市政府和领导小组提交检查报告。

（6）财政局。负责暂停支付违反国家财政收支和被审计单位财务收支的资金。各种非税收入项目，如罚款和没收，应收集并归集到国库，负责及时督促整改对审计依法作出的关于被审计单位损害国有资产行为。

（7）市统计局。负责向领导小组办公室提供相关统计数据。

5.4 进行审前准备工作

5.4.1 对审计人员进行培训

领导干部海洋资源资产的离任审计是我国新型的审计制度，不同于传统的经济审计模式，因此更加有必要对审计人员进行专业业务培训，提高审计人员素质，做好审计工作准备，确保审计质量。具体培训内容有：保持审计人员的独立性；学习新型的审计方法；了解被审计领导干部的工作范围以及所在单位的部门构成和职权分布；了解相关海洋资源资产法律法规、政策规定等内容；了解该区域海洋资源资产的基本情况，具体包括海洋资源资产的分布、数量、种类等；查看以前年度该区域海洋资源资产的审计资料，了解以前年度审计情况等。

5.4.2 下达审计通知书

实施审计前，审计小组可以组织会议，听取纪检监察机关和组织部等有关部门对被审计单位及其领导干部的意见，对被审计领导干部有一定的认识和了解，同时纪检监察机关和组织部等有关部门应积极向审计部门提供相关情况。

审计部门应当在审计实施 3 日前，向被审计领导干部所在部门、单位送达审计通知书，同时抄送被审计领导干部；遇有特殊情况，审计部门可以经市人民政府批准，直接持通知书前往开展审计工作。

审计通知发出后，审计部门将审计小组派往被审计领导干部所在的部门或单位。经审计的领导干部及其所在部门、单位和其他与海洋资源资产管理有关的部门应当及时准备向审计组提交全面、真实的海洋资源资产相关信息资料。

审计通知书模板如下所示。

领导干部海洋资源资产离任审计通知书

××单位××部门：

根据年度工作计划，××××决定派出审计组，兹订于20××年×月×日起，对你单位×××部门xx同志××年××月××日至××年××月××日任期内有关海洋资源资产进行审计，预计审计×天。请做好有关资料的准备工作，对审计组的工作予以积极配合。

审计组组长：××

审计组副组长：××

审计组成员：××　××　××　××　××

附件一：审计承诺书

附件二：所需资料清单

××审计局（印章）

××年××月××日

5.5 实地开展审计工作

5.5.1 审计组收集数据资料

审计小组成员应从被审计领导干部所在单位或部门收集与海洋资源资产离任审计有关的信息。包括海洋资源资产相关政策规定、文件报告、会议纪要；海洋资源资产工程在建项目立项文件、建设指标文件、开工报告；若项目完工，该项目的竣工验收报告、工程量单以及专项资金拨付审批单等，检查其内容的完整性、真实性和合法性。根据海洋资源资产负债表，和相关海洋资源资产管理部门、渔业管理局、统计局进行联系，取得海洋资源资产数据资料。对数据进行横向、纵向比较和综合分析，重点关注变化严重的数据资料，并查明变化原因，同时相应地记录在工作底稿中。

5.5.2 审计组与各方沟通交流

审计人员与被审计领导干部所在单位的相关成员进行访谈，确定领导干部在任职期间是否已经把国家有关海洋资源资产的政策落实到行动，是否就保护相关海洋资源资产作出重大决定。咨询与会人员，确定政府出台的相关政策规定是否符合决策流程。同海洋资源资产管理部门、渔业局、环保局等相关负责人员举行座谈会，询问该地区海洋资源资产开发、利用和保护的具体情况，具体包括海洋资源资产的数量、规模等，相关工程建设项目的进展、效益，与掌握的文件资料作对比，评价是否有出入。

5.5.3 审计组实地调查

审计人员到海洋资源资产区域，实地查看海洋资源资产的种类、数量、分布和规模，同书面文件记录进行对比。重点关注违反海洋功能区划、是否违法用海、严重影响海洋环境；观察拍照海洋资源生态环境是否污染严重，海洋资源资产生态环境经过整治保护是否得到改善；查看有关海洋资源资产生态环境保护的建设项目、设施是否如期实施；检查是否存在无证用海、先建后批等情况；检查海洋资源管理部门履行海域管理职责时，有无案件查处率低、处罚标准低、处罚结果执行不到位等现象。

5.6 实施审计评价、界定责任

5.6.1 根据评价指标体系，实施审计评价

审计工作开展后，如何利用获得的数据资料评价、判断领导干部海洋资源资产的离任审计是一个亟待解决的重大问题。本书根据各地的审计试点经验，决定采用审计评价指标体系，对领导干部任期前后各指标变动情况及趋势变动情况对比分析，客观反映和评价领导干部海洋资源资产环境责任的落

实情况。①

对于海水质量、生物多样性种类、近岸海域一二类沉积物比重、赤潮发生频率等数据进行趋势分析；对专项开发资金和污染治理资金的收支情况和管理情况进行合法合规性审计；对海面漂浮垃圾、海滩垃圾等难以做精确定量分析的指标，估计其大概数据，进行定性描述；对当地政府相关法律法规的制定情况和管控力度，入海排污口的设置管理状况等进行描述性分析。综合运用多种方法对收集的数据进行分析，多角度分析审计数据偏离正常的金额和程度，而更好地做出审计评价。

具体评价指标如表 5－1 所示。

表 5－1　　海洋资源资产离任审计评价指标

领导干部海洋资源资产离任审计评价指标		期初	期末	变动情况
海洋资源资产	海岸线长度			
	海洋动物数量			
	海洋动物种类			
	海洋植物数量			
	海洋植物种类			
	海洋微生物数量			
	海洋微生物种类			
	海洋油气产量			
	海洋污染物			
	近海资源利用率			
	海水养殖面积			
	盐田面积			
	海洋功能区水质达标率			
	海域总面积			

① 陈炜．自然资源资产离任审计框架体系研究［D］．济南：山东师范大学，2017.

续表

领导干部海洋资源资产离任审计评价指标		期初	期末	变动情况
海洋资源资产政策法规	海洋资源相关政策法规落实			
	海洋污染治理			
	近海重要生态功能区修复投资			
	重点海域综合整治投资			
	海洋生态保护及开发利用工程项目			
	海洋捕捞许可制度			
开发、利用、保护情况	海洋捕捞情况			
	围填海建设项目情况			
	许可证审批情况			

5.6.2 区分责任类型，界定领导干部责任

在海洋资源资产离任审计的过程和领导责任界定中，有必要将当地海洋资源资产的特征与适当且充分的审计证据相结合，从定性和定量两个方面对当地落实国家政策规定、相关海洋资源资产重大决策以及有关主管部门的管理效果、重大的开发利用和建设保护项目的合法性、合规性和效益等情况进行综合评价，从而界定相关领导干部责任。

在责任定性描述方面，主要从直接责任和主管责任、现任责任和前任责任、主观责任和客观责任、集体责任和个人责任这四方面的区分来定性海洋资源资产领导干部责任。①

(1) 直接责任和主管责任。直接责任来源于领导干部直接或者授意下属不遵守法律法规和政策规定的行为，以及不经过民主决策或者民主决策中多数人不同意但领导干部一意孤行，直接造成严重不良后果的行为。主管责任是指领导干部不执行工作任务或者不正确执行工作任务的行为，经过民主决策且多数人同意但由于决策失当而造成严重后果的行为。例如，人为因素给海洋资源资产带来恶性破坏的情形中，若是领导干部直接决策的，那么领

① 岳昕．地方领导干部自然资源资产离任审计制度研究［D］．长沙：中南林业科技大学，2018.

导干部应当承担直接责任；若是由于下属行为不当，但经领导干部审批的，于该行为与领导干部并无直接关系，领导干部应该承担主管责任。

（2）现任责任和前任责任。对于现任责任和前任责任，由于海洋资源资产的变化具有潜伏性，滞后性、长期性，前任领导干部决策失误而给海洋资源资产带来破坏和损耗可能在其任期内尚未显示，到现任任职时才爆发出来。所以为了确保公平客观，在对领导干部责任定性时要考虑现任责任和前任责任之间的关系，就是说，前任当时的决策对海洋资源资产的影响时间多长、影响程度多大。除此之外，若是现任领导干部对前任的错误决策不管不顾，仍要对现任领导干部进行追责；若是现任领导干部已经对此进行了修正，但由于恢复海洋资源资产生态坏境是一项长期工程，短期内效果不显著甚至仍在恶化，但通过对比分析，恶化程度减小，说明现任领导决策正确、管理有效，应给予该领导干部正面评价。

（3）主观责任和客观责任。区分主观责任和客观责任，主观责任源于领导干部以权谋私、滥用权力、工作态度不认真不负责给海洋资源资产相关管理和保护造成重大不良后果的行为；客观责任来源于领导干部已经按照程序进行了合理决策，但由于自然原因或不可抗力因素没有达到预期效果，甚至产生了不良影响。

（4）集体责任和个人责任。集体责任是按照程序经过集体讨论且符合人数通过，但是仍然决策失误；个人责任意味着领导干部未经过集体讨论，违背集体讨论的决定，作出私人决策。值得注意的是，在区别集体责任和个人责任时，要谨慎考虑看似集体决策但实际个人决策的情况。所以，审计人员应当认真审阅相关会议记录，询问与会人员，评价失误决策到底是集体责任还是个人责任。

责任定量就是根据上面的评价指标体系，根据相关指标数据的变动和综合分析，判断海洋资源资产破坏程度，评价领导干部以及相关部门落实海洋资源资产政策法规情况，具体界定领导干部的履职情况和责任。领导干部责任定性情况如图 5 – 2 所示。

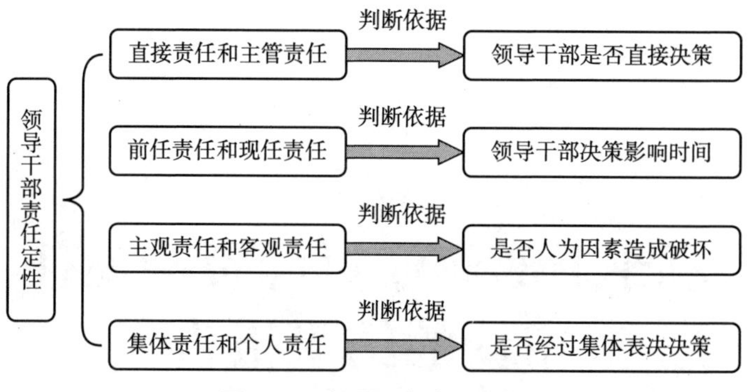

图5－2　领导干部责任定性

6

领导干部海洋资源资产离任审计的结果报告

6.1 审计报告的出具

6.1.1 审计报告的含义

传统意义上，审计报告是指注册会计师对财务报表是否在所有重大方面按照财务报告编制基础编制并实现公允反映发表实际意见的书面文件。

根据上面对审计报告的解释，结合本书的具体情况和其他专家学者的相关研究，本书将领导干部海洋资源资产离任审计报告定义为：审计机关针对各级党委和政府主要领导干部任职期间对海洋资源资产管理保护情况形成审计意见，并将审计涉及的具体事项进行记载，为审计报告使用者提供信息的书面文件。

6.1.2 审计报告的作用

领导干部海洋资源资产离任审计报告是该项审计工作的最终成果，包括领导干部在任职期间对海洋资源资产开发、利用和保护所做的相关工作、审计意见等其他重要信息，是最终呈现给上级部门和社会公众的具有真实性、公正性、法律性的文件资料。具体来说，领导干部海洋资源资产离任审计报告的作用主要体现在鉴证、证明、保护这三个方面。

（1）鉴证作用。领导干部海洋资源资产离任审计报告是专业的审计人员采用一定的审计方法，经过一系列的审计程序，结合实际情况，审查当地海洋资源资产生态环境的基本情况、领导干部执行相关法律政策的情况、领导干部对海洋资源资产开发利用和保护的情况以及相关建设工程和资金的使用流向之后，进行客观、公允的反映，并对此发表审计意见，这种意见是政府其他部门、社会各界普遍认可的，出具的审计报告对被审计内容的合法性、合理性、科学性具有鉴证作用。

（2）保护作用。审计人员可以根据审计的真实情况出具不同审计意见的审计报告，能够提高人民群众和相关信息使用者对领导干部海洋资源资产管理和保护情况的信赖程度。此项审计在对领导干部开展相关海洋资源资产工作起到了一定的监督作用，进而使领导干部在进行相关决策时更加谨慎全面，这在一定程度上对海洋资源资产生态环境和人民群众的权益起到了保护作用。

（3）证明作用。领导干部海洋资源资产离任审计报告是对审计组成员审计任务完成情况以及审计结果所做的总结，它体现了审计工作的质量和审计人员的责任。通过审计报告，可以证明审计人员是否执行了必要的审计程序，审计意见是否是以审计底稿为依据，发表的审计意见是否和被审计对象以及相关部门实际情况相符，审计工作的质量是否合乎要求。通过审计报告，可以了解审计人员在审计过程中的责任落实情况。

除了上述三个基本作用，领导干部海洋资源资产离任审计报告可为评估领导干部管理和保护海洋资源资产提供依据，界定地区主要领导干部的责任，为海洋资源资产损害的长期问责提供证据。有些决策和建设项目对海洋资源生态环境的破坏可能是在多年之后显现出来，出具了领导海洋资源资产离任审计报告，有利于区分前任领导干部和现任领导干部的责任界限，有助于海洋资源资产整体的开发、利用和保护。领导干部海洋资源资产离任审计报告作为重要的信息传播媒介，在保护海洋资源资产生态环境，完善干部考核评价，促进深化改革等方面发挥着重大作用。

6.1.3　审计报告的功能

首先，海洋资源资产离任审计报告应该全面反映审计对象的任期内责任履行情况，重点评价海洋资源政策法规落实情况、约束性指标及目标责任制完成情况、重大决策情况、履行监督管理责任情况、资金管理和项目建设情况，为上级部门客观评价审计对象提供依据；其次，能够客观反映海洋资源的存量、变动情况以及现状，反映影响海洋资源和生态环境的行为及制度缺陷等，为后续开展海洋资源资产管理提供经验；最后，能够进行审计问责，海洋资源资产离任审计报告可以揭示被审计领导干部在海洋资源资产管理上的不足，提高上级部门对被审计领导干部在海洋资源资产管理上的重视程度，提升领导干部的责任意识与警醒意识，同时也能更好地发挥审计在海洋资源上的监督功能。

6.2 审计报告的内容

领导干部海洋资源资产离任审计报告主要包括三个部分，第一部分为基本情况，第二部分为审计意见，第三部分为审计建议。

6.2.1 基本情况

领导干部海洋资源资产离任审计的基本情况主要包括：审计实施的基本情况、被审计领导干部的任职分工情况、被审计领导干部所在地区海洋资源资产概况、被审计领导干部任职期间的相关职责履行情况。表述海洋资源资产实物量和海洋生态环境质量变化情况时，一般应包括审计期间变化情况和截至审计时的最新情况。表述应合乎地方实际情况、客观、合理。反映被审计领导干部履职情况时，客观反映被审计领导干部任职期间围绕海洋资源资产开发利用和海洋资源生态环境保护方面做了哪些工作，可以通过有关指标、数据的前后对比变化反映总体情况。

6.2.2 审计意见

审计报告在描述了审计内容的基本情况后，要出具审计意见，包括领导干部是否未切实履行干部职责，海洋资源资产生态环境前后变化情况。若领导干部做出错误决策、未切实履行责任，给海洋资源资产造成了损害，在出具审计意见除了报告违法违规的主体、时间、内容以及后果，还要有问题定性的依据、造成问题的原因、被审计领导干部参与决策的过程和意见等。界定责任时，除根据上述发现的问题，还要考虑有关法规和国家、省、市、县等对领导干部履职情况的相关政策要求。

6.2.3 审计建议

若在审计过程中发现了问题或不足之处，审计人员在编写审计报告时可以针对性地提出审计建议，该建议要在该领导干部的职责范围内。

根据上面的三个部分，本书设计了领导干部海洋资源资产离任审计报告，其格式和内容如下。

××同志海洋资源资产离任审计报告

××单位××部门：

根据××号审计通知书，小组于××年××月××日至××年××月××日对某同志任期内海洋资源资产责任情况进行了离任审计，报告如下。

一、基本情况

1. 审计小组审计实施的基本情况；

2. 被审计领导干部的任职情况和工作范围；

3. 当地海洋资源资产的基本概况；

4. 领导干部相关海洋资源资产的履职情况。

二、审计意见

包括领导干部是否未切实履行干部职责，海洋资源资产生态环境前后变化情况。

三、审计建议

根据审计过程中出现的问题，有针对性地提出审计建议。

四、其他必要内容

×××审计部门领导干部海洋资源资产离任审计小组

20××年××月××日

6.3 审计结果的公开

6.3.1 主动公开

主要是通过审计机关的官方网站发布《领导干部海洋资源资产离任审计报告》，也可以通过召开新闻发布会和接受媒体采访等方式将离任审计的结果进行发布。

6.3.2 依法申请公开

作为海洋资源资产的所有者及海洋生态资源环境的主要利益相关者，人民群众由于自身生活、生产、科研等特殊原因的需要以及当自身利益受到严重侵犯时，可以依法通过正当程序向审计机关申请获取相关审计结果信息。

综上，领导干部海洋资源资产离任审计报告制度如图6－1所示。

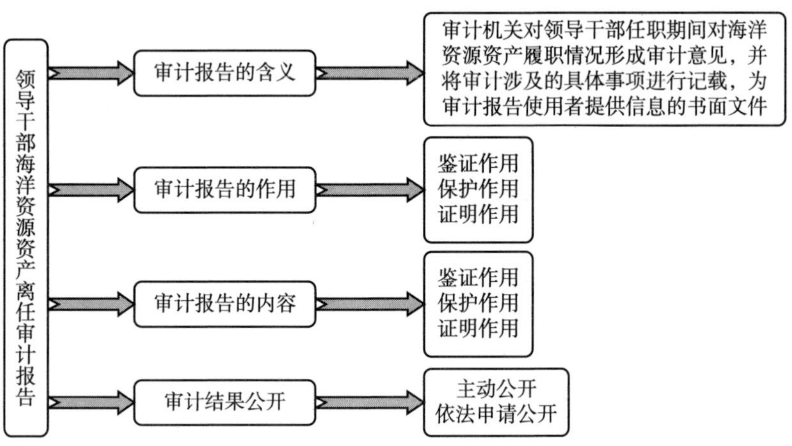

图6－1　领导干部海洋资源资产离任审计报告制度

6.4 领导干部海洋资源资产离任审计实施流程

领导干部海洋资源资产离任审计是我国在现有生态环境形势下提出的新型审计类型，是国家审计开创的新领域。本书根据国家政府等相关政策规定以及在原有专家学者相关研究基础上，对领导干部海洋资源资产离任审计的框架、实施和报告三个方面进行了分析研究，构建领导干部海洋资源资产离任审计制度。

在领导干部海洋资源资产离任审计的概念框架构建中，本书首先通过相关理论基础和领导干部、海洋资源资产、离任审计三个关键词的解释，得出领导干部海洋资源资产离任审计的定义。接着从审计主体、审计客体的构成、采用的审计方法和审计内容四个方面构建出领导干部海洋资源资产离任审计的框架，使读者深入理解领导干部海洋资源资产离任审计这项新型审计制度。

有关领导干部海洋资源资产离任审计实际实施，本书从如何构建审计小组、审计小组成员的分工职能，到审计人员的培训工作、下达审计通知书，然后相关数据收集分析、与相关人员询问沟通、实地调查，最后根据实际情况，结合评价指标体系，对比分析数据变动情况，对领导干部海洋资源资产离任审计实施审计评价，界定领导干部相关责任，给出了一系列的审计流程和操作步骤。

在完成一系列审计流程之后，审计人员给出该项审计工作的最终成果——审计报告。有关领导干部海洋资源资产离任审计报告，本成果主要介绍了其含义、作用、基本内容三个方面。首先，由于该项审计是我国一项新型审计制度，为便于读者理解，本书结合传统的审计报告含义和有关专家的研究，得出领导干部海洋资源资产离任审计报告是指审计机关针对各级党委和政府主要领导干部任职期间对海洋资源资产管理保护情况形成审计意见，并对审计涉及的具体事项进行记载，为审计报告使用者提供信息的书面文件。其次，本书叙述审计报告鉴证、保护、证明以及为领导干部对海洋资源资产履职情况提供证据等作用，并给出了审计报告的模板，包括基本情况、审计意见、审计建议三个方面的基本内容，为出具报告提供参考。最后，通过这三个方面的分析研究，构建出由审计主体、审计客体、审计方法、审计内容、审计过程、审计结果构成的领导干部海洋资源资产离任审计制度。

经过上述内容分析，领导干部海洋资源资产离任审计实施步骤如图 6 - 2 所示。

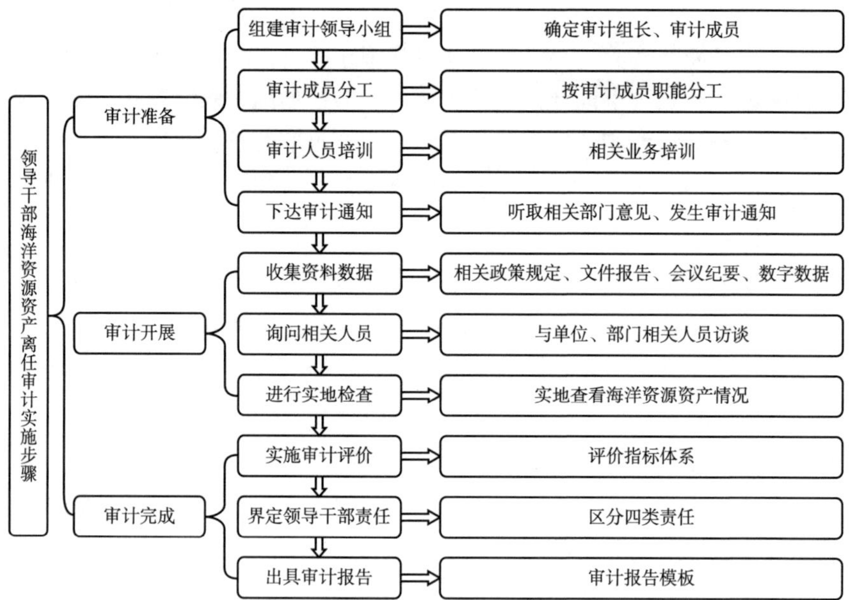

图 6 - 2　领导干部海洋资源资产离任审计实施步骤

7

领导干部海洋资源资产离任审计中的地理信息技术

7.1 地理信息技术与海洋资源资产

中国的海洋资源独特，信息丰富，为沿海地区的可持续发展奠定了重要基础。利用地理信息技术协助审计海洋资源资产，快速、有效、准确地发现审计线索，提高审计工作效率，解决传统审计方法无法完成的审计任务，有利于海洋资源的合理利用和有效开发；推进和完善领导干部政绩考核机制，增强领导干部保护海洋资源的意识和责任；有利于加快生态文明建设；更准确地了解该地区的海洋资源；为审计工作提供有效的数据资源，并提供必要的信息技术。

7.1.1 地理信息技术概述

地理信息技术主要基于遥感技术（RS）、地理信息系统技术（GIS）和全球导航定位技术（GNSS）三大地学技术，简称“3S 技术”。地理信息技术可以很好地解决海洋资源资产审计面临的技术问题，使审计人员摆脱传统的审计模式，大大提高审计找出问题的准确性和有效性。

3S 技术中的三个系统虽然都是独立的专业学科，但是有机结合后更加显得相得益彰。遥感技术相当于眼睛，实现在空间上大范围、多时段不断存储、更新目标影像的信息，通过解析和研究，可以进一步获取地貌相关参数；全球定位系统相当于双脚，实时精确提供目标的三维坐标，并对遥感数据及时比对和校验；地理信息系统相当于中枢神经，能够及时采集数据，处理信息，并进行深度的分析，以达到实现其对特定问题的快速研判、准确定性。

7.1.2 适用的地理信息技术

海洋资源禀赋独特、丰富和复杂，不同部门管理不同的海洋资源，这就意味着不同部门管理不同的数据，甚至同一部门的数据也五花八门、各种类型，如矢量数据，栅格数据，属性数据，音频，视频和其他多媒体数据。在进行领导干部海洋资源资产离任审计时，应对不同部门的数据进行统一，包括数据格式转换、坐标转换、投影转换等。使用3S技术可以很好地解决这些问题。审计中主要利用3S数据输入、存储、查询、运算、分析、表达空间信息的强大优势，对海洋资源资产相关数据信息进行运算、存储、分析和动态管理，3S技术强大的空间分析功能与海洋资源资产体系相结合，可提供专业的分析和视觉显示，为审计判断提供数据支持。

应用国内高分辨率卫星影像特征识别技术，可验证相关区域海洋和基本岛屿区域数据的真实性。通过对审计区内各时间节点卫星图像数据定时的监测和分析，可得出审计期间区域沿海分布和基本资源保护数据的实际情况。

7.1.3 地理信息技术的应用步骤

审查海洋资源管理的约束性指标和完成目标责任制，主要包括完成该区域的资源和完成基本海域保护指标。另外，在同级政府签署的年度资源和基本海域保护目标函中，核实基本海域保护区数据的真实性和合规性，是否存在以次充好、随意增减和数据造假的问题。操作步骤如下。

（1）收集被审计单位的业务数据，形成审计比较数据库。通过查阅与收集国家土地部门审核有关的年海域变化调查，划定基本的海鲜养殖区、资源和基本海域保护目标责任文件、海域利用规划和其他文件和商业矢量数据库。掌握审计区域资源和基本海域的面积、空间分布和最近的变化。

（2）高分辨率卫星遥感图像提取审计区域海洋宏观分类的矢量数据以及关键验证对象的数量和分布。一是高分卫星影像的前期处理。也就是说，对原始卫星图像数据进行图像质量检查、选择、校正、拼接、融合等，形成覆盖整个审计区域的多时间、多分辨率、多属性遥感图像数据集。二是宏观海域分布数据提取。换句话说，使用面向对象的模型和人工干预方法，使用专业的 GIS 分析和处理软件来提取审计区域内的旅行，主要海洋的分布和面积数据，如水产养殖、岛屿和开采用海。三是现场数据的测绘和采样，主要包括采样线和样本平方的采样。

（3）卫星遥感图像分析，提取特定资源和海域数据。首先，根据该区域旅游、水产养殖、采矿、土地和统计部门提供的报告数据，结合宏观海平面提取结果数据，评估确定特定作物的遥感目标，通常包括主要的夏季和秋季海鲜、海滩、石油和岛屿，为随后的核查资源和基本海域分析提供比较数据。特定对象一般选取 2 ~3 项为宜。其次，它主要依赖于高分辨率的卫星数据。根据特定监测对象的增长覆盖特性，选择相关时间点和相位时间序列图像数据。再次是实地取样。也就是说，综合卫星图像质量、审计区域的大小和海面条件的复杂性，采用分层抽样和随机抽样的组合，设计采样线，并根据现场采样程序确定样品采集点和样地的数量、位置和大小。填写字段样本表和向量属性表。最后，特定作物和地貌的面积提取。也就是说，根据遥感分类、分层抽样、样本解释和面积估计等步骤，通过精确的光谱特征识别，获得审计区域中特定作物的分类、分布和面积。

（4）对比分析被审查单位数据的真实性和基本海域保护责任区。第一是核实不同用途的海域面积，将步骤（2）中的宏观海洋开采结果与该县第二次海洋调查和审计年度海洋变化调查进行比较。比较基础海洋数据库、资源和海域保护目标责任书中的相应分类数据，判断海域、旅游、水产养殖和矿产的分布以及年度变化是否存在明显异常，并检查出现差异的原因。第二是基本海域的验证。判断基本海域是否有非经济海域或低海况海域，形成差异图斑和面积结果，结合统计部门的相关海域数据、旅游部门的相关区域数据和渔业部门工作报告，综合判断，验证基本海域的实际面积。

（5）扩大调查核实数据，形成审计结论。扩大国土资源主管部门及相关村民小组的调查，核实相关区域差异的准确性，确定是否存在基本海域保护的数据造假与不明确。分析造成上述问题的原因，全面分析形象时间节点、功能划分、领导等因素，确定相关领导和部门的责任。上述特定海域的差异和监测数据可作为相关专项资金延伸的重要线索。

7.2 地理信息技术与海洋资源资产领导干部离任审计

7.2.1 领导干部海洋资源资产离任审计中的遥感技术

遥感技术通过基于地面物体对太阳光的电磁吸收差异的成像方法客观地反映地球表面。它具有大面积的同时观察特性，可以在各种遥感图像中同时观察；根据卫星轨道的性质，快速、连续监测或定期监测表面积；通过全面和可比较的数据特征，可以动态反映地面物体的变化，并且周期性地和重复地观察同一区域。它在获取表面信息时依赖于测量和绘图方法。遥感技术受条件限制较少、不受气候条件和海洋环境的影响。

遥感技术可以同时覆盖大面积的遥感数据，全面展示地球上的海洋和人类现象，从宏观上反映地球上各种物体的形状和分布，真实地反映水、沿海、岛屿、生物、水文、人工结构和其他特征的特征，全面披露地理事物之间的相关性。并且这些数据在时间上具有相同的现势性。同时，还可以根据相位变化检测特征的变化。

领导干部海洋资源资产离任审计中可以以遥感影像为数据源，获取领导干部在职时期海洋资源资产的客观时空分布状况，通过多时相持续性监测获取海洋资源资产时空变化的信息，最终反映实际的海洋资源资产时空分布和变化情况。

从2007年起，中国发射了包括海洋一号、海洋二号等装备精良的海洋卫星。卫星所获取的遥感信息可应用于海洋动力环境和水文要素的各个方面，跟其他技术相比，地面观测精度更高，监测范围更广，在预测和预警海洋环境灾害方面发挥着重要作用。通过整合多个时空尺度的遥感数据，在海洋系列卫星的基础上，我国建立了更完整的海洋遥感卫星应用系统。

7.2.2 领导干部海洋资源资产离任审计中的地理信息系统技术

GIS是地理信息系统，它基于地理空间数据库，由计算机硬件和软件支持，使用系统工程和信息科学的原理。科学管理和分析空间地理数据，提供管理，分析和决策的技术系统。地理信息系统的空间数据结构和有效的数据集成体现了其独特的技术优势、丰富的地理空间分析功能、快速的空间定位和复杂的空间查询功能、强大的图形生成和可视化表示、地理过程演化模拟和空间决策支持等。通过定位、比较、计算和综合分析方法可以借助地理信息平台，获得自然资源的数量、变量、质量、属性等信息。

地理信息系统从功能上划分为两种类型：工具型 GIS 和应用型 GIS。工具型 GIS 具有很强的兼容性，并具有输入，处理分析和空间数据输出等多种功能。可用于处理多种类型的空间数据，因为工具 GIS 软件系统庞大且功能多样，使相关人员不易掌握，所以不适合特殊分析；应用程序 GIS 基于用户的特定需求，并针对特定区域和特定目的使用必要的 GIS 功能。GIS 开发模型有三种类型：（1）不依托于任何 GIS 工具及软件的独立开发模式；（2）基于 GIS 平台软件的应用系统开发自主二次开发模式；（3）基于 GIS 组件的二次开发模式。

由于独立开发难度大，单纯二次开发受 GIS 工具提供的编程语言的限制，它的优点是不仅可以利用 GIS 工具软件来管理和分析空间数据库，还可以结合其他可视化开发语言的优点。如此，一方面，应用系统的开发效率得到提高，另一方面，可视化软件开发工具开发的应用系统也具有更好的外观效果和完善的数据库功能。此外还具有高可靠性、易于移植和易于维护的特点。

7.2.3 领导干部海洋资源资产离任审计中的全球导航定位技术

卫星导航系统由地面部分、空间部分和用户部分组成。北斗系统可以为全球范围内的各类用户提供全天候，高精度，高可靠性的定位，导航和定时服务，并具有短报文通信的能力。

系统的定位精度需要根据用户的运动状态分为静态定位和动态定位；根据定位模式，定位分为绝对定位（也称为单点定位）和相对定位（也称为差分定位）。北斗动态导航定位主要有两种技术，一种是精确单点定位，另一种是载波相位差分定位。系统包括参考站系统和用户站系统，参考站和用户站分别由硬件和软件两部分组成。参考站系统既可以作为单基站使用，也可以从单参考站扩展到覆盖面更大的参考站网络应用。此外，还可以服务于我国北斗二代卫星大系统测试与分析。参考站可以同时接受 GPS/BD/GLONASS三个系统的数据，并且实时显示 BD/GPS/BDGPS 单点定位结果，通过整合 BD/GPSTEQC 观测数据质量检查软件的数据，形成完整的数据管理流程。用户站系统的主要任务是实现卫星广播和数据自动实时接收、自动业务运行所需要的调度和管理功能，并通过多通道扫描成像仪生成显示数据，从而实现业务运行监视、数据存档、管理和网络分发的功能。

全球导航定位技术的总体数据处理流程（如图 7－1 所示），包括五个子流程。（1）基准站输入：建立项目和坐标系统管理、选择基准站的电台频率、选择 GPSRTK 工作方式、输入基准站坐标并启动。（2）输出 GPSBDS 差分改正信息和宽巷模糊度信息。（3）将获取的综合信息编码，并通过北斗卫星播发给用户。（4）在移动站输入基准站综合信息、移动站观测数据以及广播星历。（5）进行精密单点定位。

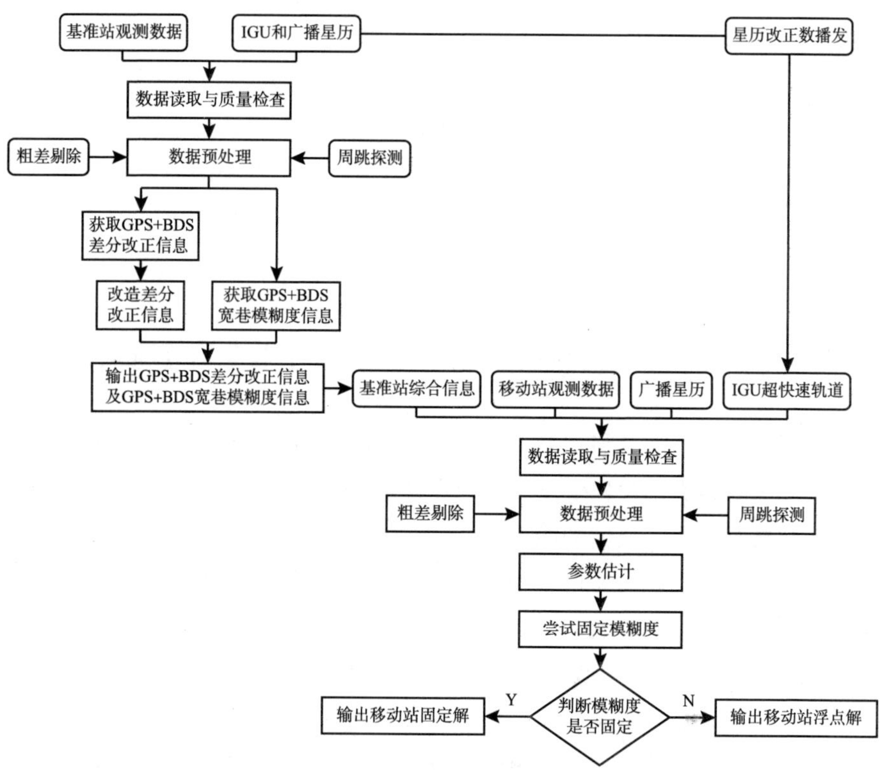

图 7－1　全球导航定位技术的总体数据处理流程

7.3 海洋资源资产离任审计的地理信息技术流程

7.3.1 概要技术流程

在海洋资源资产离任审计中，对每种海洋资源的数量、变量、质量和属性等进行空间分析，并制作分析报告，找到存疑图斑，形成初步审计报告，需要运用地理信息技术强有力的定位、对比、计算及综合分析功能。技术流程如图7－2所示。

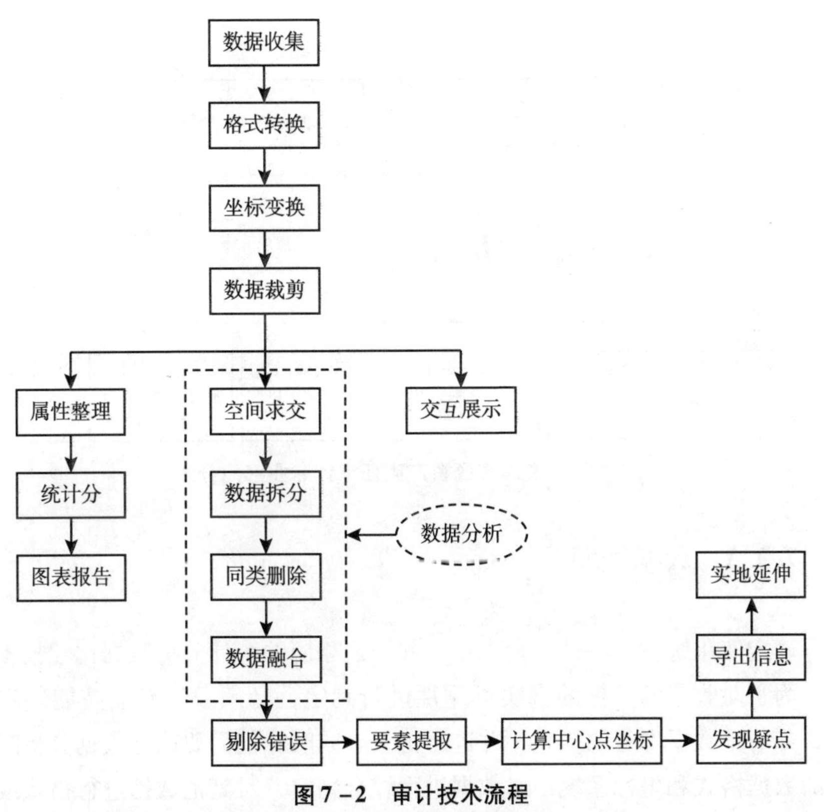

图7－2 审计技术流程

7.3.2 数据收集

基于大数据发展的环境背景，用于海洋资源资产离任审计的专业部门数据可以划分为如下部门（见图7-3）。（1）国土部门：负责收集、处理并预测分析我国海洋资源的基础信息、利用情况和变化趋势动态数据，提供决策和管理方面的支持，进行总体规划部署。（2）发改委：主体功能区规划数据库。（3）住建部门：海岸总体布局规划数据库。（4）渔业部门：维护管理海洋与渔业信息化系统网络，监测沿海 AIS 基站范围内海域，管理维护海洋资源调查数据库。（5）矿业部门：管理维护海域资源开采调查数据库。（6）环保部门：管理维护海洋生态保护区数据库。（7）旅游部门：管理维护旅游资源调查数据库。（8）水质部门：管理维护水质普查数据库。（9）测绘部门：对地理国情进行基础普查和测绘。

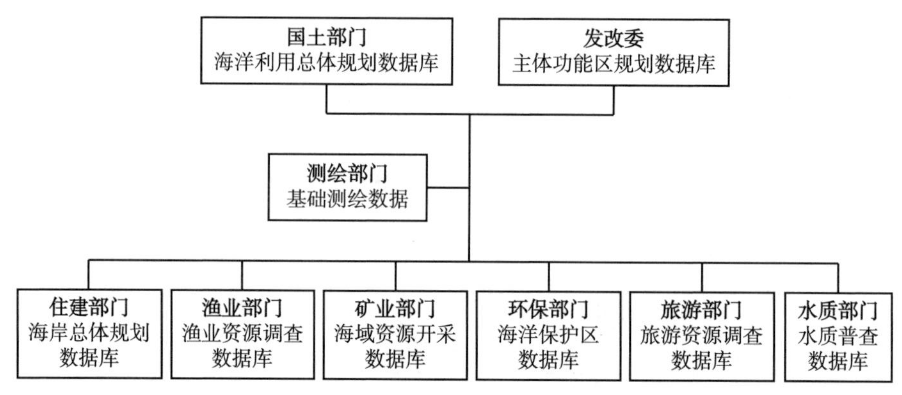

图7-3 海洋资源资产离任审计专业部门分工

7.3.3 数据处理

确定使用统一的软件平台工作，并制定相应的统计分析数据比较技术方案。为了对收集的数据的真实可靠性进行判定，必须通过专业技能判定真假，弄清楚数据本身的格式，并进行记录。同时我们需要确定数据分析时使用的数据格式和坐标系统，对数据进行综合判定，对其他数据进行格式或坐标系统上的转换，与审计区域进行合并，对超出范围的区域进行精确裁剪。对海洋使用现状、海洋资源大量调查数据、第二类海洋石油资源调查小地点数据和基本环境数据进行汇总和比较分析，查找疑问图斑。有关数据和地图，需参阅最新的延时遥感卫星图像，以便进行验证。

具体包括三个流程，如图7－4所示。（1）格式转换。对于城市规划数据来说，一般格式是AutoCAD的DWG格式。在2009年之前，海洋利用总体规划数据库均采用MPJ格式，但是目前我国海洋整治数据则是Excel下的坐标文件。在格式转换中，我们一般可使用工具箱里面的conversion tools，对只用来做分析统计用的CAD规划数据进行基本的格式转换。MAPGIS软件下的数据转出功能可用于将MPJ格式的数据导出为SHP格式。而对于Excel中的坐标文件，则可以利用坐标导入的功能将其转换为图像格式。（2）坐标变换。对于不同坐标系之间的数据，要根据其精度方面的要求分别处理。而那些要求较为严格的数据参数，则需要向专业部门寻求帮助，获得可转换参数。如果数据精度要求不高，可采用Spatial Adjustment空间校正工具，来对同名地物进行匹配，从而统一到同一坐标系中。（3）数据裁剪。在数据分析阶段，需要运用ArcTool box、Analysis Tools、Extract和Clip等工具，对我们之前收集到的数据按照审计需要进行数据裁剪。

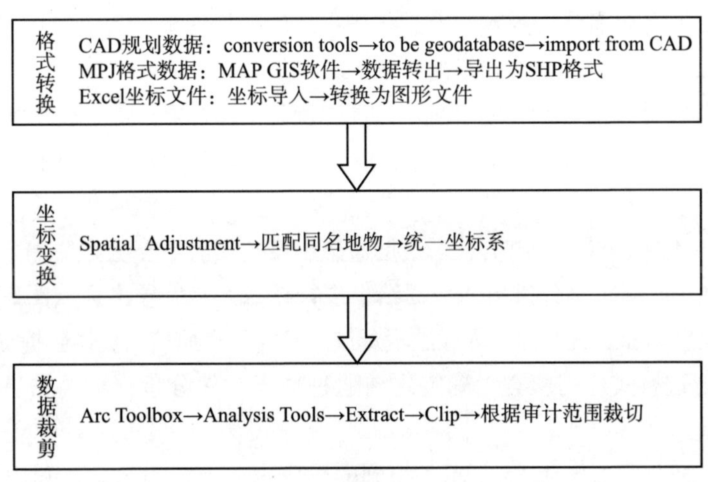

图7－4　数据处理流程

7.3.4 多源数据分析对比

（1）空间求交。首先将需要对比的数据层进行划分然后叠加起来，对对比图层相交的部分进行计算，以此来对各方面数据的差异进行认定。

（2）数据拆分。一般情况下，通过求交得到的新图层会包含求交之前的两个图层的属性特点。所以不可避免地会出现多部件要素，这时可以借助 Advanced Editor 工具进行拆分，使得多部件要素变成单一部件要素。

（3）同类删除。对拆分后发现一致的图斑进行删除，而将剩下空间位置发生变化或者属性改变的图斑定义为疑问图斑。

（4）数据融合。由上述步骤得到的单部件要素，需要按照一个或多个属性对要素进行聚合，该步骤主要依靠融合工具，其具体使用路径为 ArcTool box→Data Management Tools→Generalization→Dissolve。

（5）剔除错误。按照如上步骤，我们得到的可能是很多不完整的图斑，所以我们还需对其进行进一步的处理，使其能够整合成为较为完整的图斑，具体操作路径为 ArcTool box→Data Management Tools→Generalization→Eliminate。

（6）要素提取。对于审核中的可疑点，有些是无法验证的，这时可以对异常数据在叠加分析的基础上进行排序。然后根据审计需求对重点项目进行提取，从而复制整合得到新的图层。

（7）计算图斑几何中心坐标。通过对疑问图斑层的属性表添加经度和纬度字段，并对图斑的中心坐标点进行计算，来确定每个疑问图标的中心位置。

（8）发现疑点，导出信息。根据遥感影像的实时更新数据，需要按照面积由大到小的顺序对分析出的数据结果进行核查，然后导出疑点图斑的数据信息，以坐标和图斑叠加的方式展示疑点图斑，为实地核实提供数据支持。

（9）进行实地的核查，确定之前通过数据软件分析得出的结果与实地是否一致。

以上述步骤如图 7 -5 所示，得到的图斑中心坐标为基础，利用 GPS 坐标导航系统进行实地调查，对数据结果与实地情况进行比较分析，以此确定该区域是否存在违法违规现象。

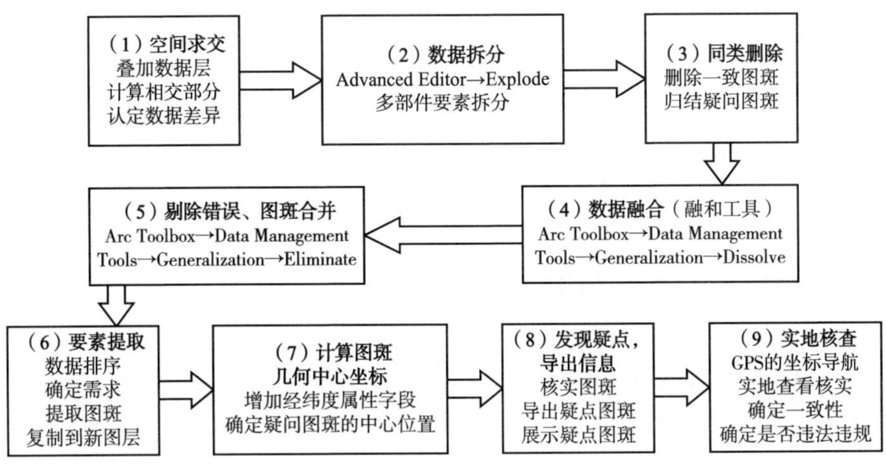

图7-5　多元数据分析对比流程

7.3.5　统计分析

统计分析是海洋资源资产离任审计中的重要环节，我们可以借助多重测算工具来摸清被审区域海洋资源的诸多情况，包括存量、分布情况和变化量等。具体操作步骤如下。

首先加载Geostatistics系统，然后选择合适的统计方法来对统计数据框架进行设计和构建，这里的统计方法主要包括直方图法、聚类分析、重采样方法和特征缩减技术等，最后需要利用Geostatistics Analyst工具得到我们需要的统计图表，如图7-6所示。

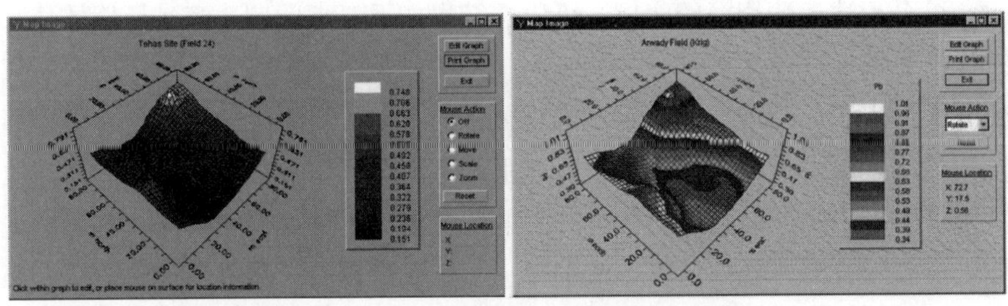

图7-6　Geostatistics Analyst应用示例

资料来源：Robertson G P et al. GS+：Geostatistics for the environmental sciences［J］. Gamma Design Software，1998.

7.4 地理信息技术支持下的海洋资源资产离任审计实例

7.4.1 违法用海情况

一般来说，海洋利用情况调查程序主要分为以下三个步骤。（1）变更海洋利用情况数据库、禁止开发区范围、海洋总体利用规划以及地理国情普查数据相叠加，分析两种海类的数据，对比前后面积差别较大及海类不一致的海域的成因，结合相关海洋利用法律条文来判断其合理性。根据历年的遥感影像记录，观察各海域图像变化的情况。（2）比对图像变化的时间和海洋使用许可证取得的时间节点。（3）在发现可疑的海域后，利用 GPS 系统进行实地的调查取证，确认是否存在问题。

违法用海的情况在我国屡见不鲜，虽然近几年我国对这方面的关注程度不断上升，但是仍有很多地方在海岸建设大型违章项目。例如，在 2017 年，我国南方某市计划在机场附近的海域规划人工莲花岛，计划建成临空产业园。该项目因为地区的填海海域已经超过了国家规定的范围而被叫停。除了一些市政项目建设违规填海外，沿海居民私自向海要地的问题也日益突出。如广东省惠州市的临海渔村码头两边有两处非法填海形成的地块，面积已达 2 000 平方米，这充分暴露出了当地有关部门的监管执法不到位。

综合上述违法用海的实例，可以总结出如下三点问题。一是环境评估缺乏硬性要求，存在为项目服务的倾向。中国科学院遥感与数字地球研究所某研究人员表示，环境评估应本着客观公正的态度。但实际上，目前有很多环境评估都是朝着可行方向论证，因此很难将问题暴露出来。二是职能部门执法监管力度不强，通过处罚代替管理的情况屡见不鲜。国家海洋监察局的工作人员表示，海洋部门的覆盖范围远远不足以对填海工程进行环境监测。一些市县难以将已经出台的海岸线巡查制度落实到位，不能够及时发现问题，或者即使发现问题也选择包庇隐瞒，没有将非法的海洋资源开发扼杀在摇篮里。三是环境保护的配套措施落后于生态占用与补偿的需要。以填海造地和沿海开发为例，海南省暴露的大部分问题都与环境污染和生态破坏的相关措施有关。大多数企业都是将利益放在首位，如果没有强制性的要求和有效的激励手段，便很难推动企业在环境生态方面加大投入。

就以上提出的情况而论，目前我们亟待完善海域的市场化配置，要将海洋的总体生态环境摆在战略规划的首位，强调硬性评价要求，拓宽海洋环境监测覆盖面，从全方位提升对海洋的管理和保护能力。

一是对海域的相应市场供给机制进行完善。海南、福建等省海洋渔业部门的干部认为，中央政府对基于市场的填海工程使用权转让抱有令人鼓舞的意见。但是，海域使用权的转让涉及土地、规划、林业，发展和改革等许多部门，因此，海域的问题需要多方面部门协调解决。目前该政策尚处于探索和积累经验的阶段，相应部门的配套制度还比较缺乏，因此需要从省到市进一步使得统筹安排得到具体和细化，改善海域使用权的配置和运行机制。

二是对海洋空间规划加强管理和控制力度，加大对围海填海控制的科学研究。厦门大学海洋与沿海开发研究所教授方勤华等专家建议，复垦控制不能仅仅依靠项目阶段环境评估示范的限制。要坚持生态系统协调统一管理，要从社会经济发展和生态环境建设两方面解决问题，而不能只从单一角度考虑。

三是提升基层执法管理水平。目前，在基层海洋执法机构中，具有执法资格的人员非常少，资金保障不到位，以至于出现罚款和处罚问题。因此，我们有必要整合现有的行政执法资源，提升执法人员的专业素质，使得海洋综合执法机构能够更加合理有序高效。

四是对海洋功能区的规划进行适时调整，督促项目建设方完善配套工程设施，推进生态修复和补偿工作。相关人士表示，基于我国目前的围填海的情况，需要结合海洋开发利用现状，从动态角度权衡海洋环境的承载率，并且及时修整海洋功能区的规划路线。[①]

7.4.2 海洋整治项目及海域占补平衡项目

海洋整治项目及海域占补平衡项目的实施过程如下。（1）该项目的数

① 《经济参考报》2017 年 11 月 13 日。

据文件一般通过带有坐标信息的 Excel 或 Word 文档进行存储。所以我们需要利用 ArcGIS 软件将点文件转化为面文件，从而得到我们需要的矢量文件。(2) 将海洋使用变化数据库与当前的遥感图像进行比较，以查看海洋修复前后的海域和面积，为了确定是否已经纠正，整改的空间位置和面积与报告的记录是否一致。必须要比较海域内被占用和补给海域的面积和地面力，并检查它们是否一致。(3) 如有疑问，实地核实。

山东威海市逍遥港的变迁是该项目的典型示范案例。几年前，受当地经济活动的影响，逍遥港内的水域几乎全部被改建为养殖池，海中只剩下一条狭窄的水道，港口的沉积物被淤塞了，湿地植被退化，湿地功能丧失。水产养殖的无序扩张长期超过了区域环境容量，废水不加区别地排放，导致海域水质差，一些水质不如Ⅲ类。针对逍遥港的混乱局面，威海市对逍遥港水域进行了全面整治。逍遥港改造工程主要包括沿海湿地植被补植、污染治理、海岸线恢复和海洋生态环境监测。经过一年多的整治、清淤，港内纳潮量增加了 1 倍多，水体交换率随之大幅度提升，水域的水体自净能力也得到了恢复。港内近岸构筑物早被悉数清除，将近 7 万立方米的海洋垃圾得到清理。

在项目实施过程中，威海市十分注重海洋生态环境监测能力建设，致力于在项目实施的各个阶段全面实施水质监测和管理。逍遥港水域建立了三个海水水质、沉积物和生物生态监测站，并建立了两个海水水质监测辅助站。根据 2016 年和 2017 年海洋环境监测结果，该海域海水水质从实施前的Ⅲ类升级到Ⅱ类，完全符合功能区的要求。

7.4.3 多规不一情况

针对多规不一，我国某些沿海省市已经开始开展相关的审计工作，并针对审计结果做出相应的应对措施，具体如下。(1) 将海洋利用总体规划、海洋保护区规划和城镇总体规划相结合，通过区域叠加获得规划布局的空间差异图。(2) 重点关注各种计划之间的冲突，例如海洋保护区与城镇总体规划相矛盾的区域。(3) 将对比分析得到的冲突区域图斑叠加影像作为审计的证据。

加强海洋资源的开发利用，协调海洋相关产业的海洋矛盾，更好地解决我国海洋开发利用中的无序问题。海洋功能区划基于海洋资源的地理分布和海洋开发需求的特征，海洋空间分为海洋功能区，如交通、农业、渔业、旅游和娱乐。[①] 并制定了相应空间功能管制要求。2002 年，国务院批准实施国家海洋功能区划（2002－2010）。形成以海洋基本功能为核心思想，以海域使用规范为表现形式，实施功能区管理要求为核心思想的海洋功能区划体系。通过协调统一的规划体系，有效解决地方多种规划之间的矛盾。

7.4.4 渔业违规捕捞及海洋环境破坏情况

海洋生物及环境调查及问题确认的程序如下。（1）对渔业和环境保护部门收集的海洋生物普查数据与地理国情数据进行叠加分析，得出各类数据异同的占比情况。（2）对于不一致的海域，确定面积、位置。（3）调取国土部门的海域变更数据库，查看之前得到的可疑海域是否已向有关部门申请变更调整。（4）最终确定海域生物或水质在空间上面积变化较大的海域范围。（5）由审计人员对调查结果进行实地调查，确定海洋生物资源或环境变化主要是由自然原因还是人为原因导致。

长期以来，非法捕捞和渔业补救一直是海洋管理中的一个难题，尤其是暂停捕捞期间的非法捕捞，将对海洋资源造成严重破坏。2018 年，广东省珠海市香洲区在周子山岛水域开展了两项联合执法行动。行动前，针对非法捕捞人员在海域非法放置网箱，长期占用岛屿修理网笼，随意处理垃圾等，有关部门发布了清理公告，宣传海域管理和渔业法律法规。但是，非法捕捞人员无视国家法律法规，继续罔顾法律投放非法网箱。

这些非法捕捞渔船大多具有经营时间长、警惕性高、抱团抗拒执法的特点，处理难度较大。有关部门需要加强执法力度，在人力和物资方面给予必要的帮助和支持，整治捕捞大环境，对屡教不改的应给予严肃的强制性处罚。

① 王江涛．我国海洋空间规划的“多规合一”对策［J］．城市规划，2018，42（04）：24－27.

7.5 地理信息技术与海洋资源资产离任审计特点

7.5.1 查询基本信息

由于海洋资源区域性、系统性、时效性的特点，在审计过程中，审计部门始终坚持以问题为导向，有效利用地理信息技术对审计的疑点进行分析，很大程度上解决了之前单纯依靠传统审计方法难以解决的问题，这为进一步开展领导干部海洋资源资产离任审计提供强有力的技术支持。①

在海洋资源资产离任审计中，通常需要了解正在审查的项目下海域的历史海洋类别、当前海洋类别、面积等，利用空间数据库，我们可以通过地理信息系统软件的空间定位、数据查询和面积测量功能，高效快捷地实现这一目标。例如，想知道海洋保护区内是否存在非法建筑物，可以通过 SQL 查询输入逻辑表达式来找到该区域内的人造建筑物。如此，审计员将在下一次分析中得到协助。

通过对审计区域的空间地理数据和卫星影像进行采集，借助现代分析工具进行空间数据分析，能够高效地核查海洋资源实物量的增减变化以及对海洋保护区的治理成效等审计事项。将地理信息技术应用于审计，可以有效提高审计工作的质量和效率。嵌入地理信息技术的现代化审计可以利用测绘分析处理软件对旅游、渔业、海洋保护区的空间数据进行叠加、相交、拓扑等空间数据分析，然后依照不同的相关维度对其进行整理和排序，从而归纳总结出审计事项的处理特点，同时将卫星遥感数据与实地调查相结合，以此来核查审计疑点，并科学合理地分配审计资源。

7.5.2 提供可疑图斑线索

通过在不同时间点空间叠加数据，可以找到从自然海洋到社会海洋变化

① 赵彩虹．海洋经济活动中审计的目标与实现机制研究［J］．审计研究，2014（02）：38－44.

的海域，例如渔业区域的石油生产。在基本水域中建立岛屿，并进一步验证他们是否已执行正常程序。通过比较不同来源的数据，如渔业资源调查数据和石油资源调查数据，可以发现同一海域的重合数据。

7.5.3 统计海洋资源信息

摸清区域基本信息情况是海洋资产资源离任审计的首要环节，利用数据处理分析软件可以快速获取审计区域各种海洋资源的面积及分布情况等。将地理信息技术运用到领导干部自然资源离任审计中，每一类自然资源中都可以发现问题，总结如下。（1）渔业资源。休渔保护：休渔保护责任目标落实到位，但存在捕捞时段划定不实等情况，经实地核查普遍问题为消息传达不及时等。（2）基本海域保护审计：基本海域保护目标落实到位，存在问题与海岸保护问题类似，也是将渔业用海、海产养殖用海、航线等划入了基本海域以及基本海域被其他用海占用等情况，划定的基本海域中非在用海域较多，并且集镇周边集中连片的优质海域未划入基本海域情况较普遍。（3）海域闲置问题较普遍。（4）岛屿开发整理项目：存在问题为项目已立项多年，但实地依然保持原貌并未动工。（5）海油资源。海油资源存在的主要问题为违规开采、越界开采，环境破坏严重。（6）海水资源。海水资源存在的主要问题为水源周边存在大中小型工矿企业、海产养殖场、重工业污染厂等破坏环境污染水质。（7）大气资源。大气情况主要通过遥感技术来定量反演悬浮细颗粒物（PM2.5）和可吸入颗粒物（PM10）分布情况，若PM2.5、PM10浓度每年都有波动但总体在递减，说明空气质量在逐年提升。

7.5.4 现存问题分析

结合实际情况来看，海洋资源资产离任审计目前尚且处于初始阶段。因此，利用地理信息技术辅助海洋资源资产离任审计，必然能够从很大程度上提升审计效率，但也因为其刚起步，所以在实践应用方面存在一些问题也是可以预见到的。

第一，地理信息数据方面。（1）数据基础薄弱。数据统计对信息的完整性、全面性、准确性要求很高，为了能够满足编制海洋资源资产负债表的需要，数据库的建设和完善还需要得到重点的关注。（2）部分数据断档。不同部门对于相关数据的更新速度是不同的，这也给同一时间节点的信息对比研究带来较大的困难。（3）数据契合度不够。从现有的地理信息数据来看，政府和企业方面的数据仍然有较大的偏差。要解决这方面的问题，首先，需整合各类数据，实行统一管理，形成领导干部海洋资源离任审计的图景。海洋资源资产离任审计中存在的大量纸质资料需要数字化，成为矢量数据，并纳入领导干部海洋资源离任审计的图中。对于审计中涉及的大量数字形式，可以使用 ARCSDE 服务连接 SQL Server 数据库，以便可以通过地图直观地反映表的内容。

第二，海洋资源价值评估方面。要编制海洋资源资产负债表，必须评估海洋资源资产的价值。海洋资源的种类繁多，评价的角度也是多种多样的，因此海洋资源价值评估是一个系统性工程。目前我国尚未形成一套成熟的海洋资源价值评估体系，要想在短期内实现海洋资源实物量和价值量的挂钩还比较困难。①

第三，地理信息技术应用方面。目前，能够用于领导干部海洋资源资产离任审计的地理信息技术尚有限，包括数据建库、空间分析、空间统计、遥感和 GPS 系统。随着我国海洋资源资产离任审计逐渐趋于常态化，无人飞行器勘测系统、数字地球、大规模存储技术、移动测量系统、遥感影像自动解译技术等将逐一在审计中得到应用。

在大数据时代，如何将地理信息技术与审计相结合是一个全新的课题。如果我们可以更全面地使用先进的地图数据、地理调查和监测结果，以及无人机自动绘图技术，最大限度地发挥地理信息技术在领导干部海洋资源审计中的服务和支持作用，就可以提高海洋资源资产离任审计的效率。但是，对海洋资源资产的审计仍处于探索的早期阶段。还需要不断总结经验，充实和提高，使得技术支撑和数据服务能够更好地和审计业务相对接，实现海洋资源资产离境审计与测绘地理信息业务的综合开发。

---

① 王菊英，韩庚辰，张志峰．国际海洋环境监测与评价最新进展［M］．北京：海洋出版社，2010.

第二篇

基于资产负债表的海洋资源资产责任审计评价

8

海洋资源资产负债表编制的意义和重点

8.1 研究背景与意义

8.1.1 研究背景

我国东部有着超3.2万千米的绵长海岸线。近300万平方千米的海洋蕴藏着丰富的资源，为人类社会提供了丰富的生物、油气、能源和空间资源。沿海地区依托丰富的海洋资源，经济社会得到了快速发展。2019年全国海洋生产总值超8.9万亿元，[①] 尽管海洋经济实现了高速增长，但海洋资源的不合理开发利用也导致了一系列环境问题。如何进行科学有效的管理、提升海洋开发利用效率，是政府以及学者们关注的重点。建立自然资源报表是科学管控自然资源的基础。海域资源是自然资源众多类别中的一种，开展海域资源资产会计核算并编制报表有助于实现海域资源资产化管理，提高资源管理能力，切实有效的解决当下问题。

随着可持续发展理念的深化，自然资源资产核算逐渐成为社会和学术界共同关注的焦点。陈红蕊（2014）认为自然资源核算的开展对践行可持续

① 资料来源：中华人民共和国自然资源部．《中国海洋经济发展报告2020》发布［EB/OL］.（2020－12－11）（2020－12－20）http：//www.mnr.gov.cn/dt/ywbb/202012/t20201211_2594815.html.

发展理念有重要意义。张友棠等（2014）认为环境会计和资源核算理论为编制自然资源资产负债表提供了理论基础。我国在自然资源环境核算研究领域更为积极的探索表现在试编自然资源资产负债表。自国家推进编制工作以来，学术界对此领域的关注度日渐提升。在实践方面，阶段性成果明显。在理论基础、核算范畴和方法、表式结构等多方面都有所进展。

海域资源属于自然资源中的一个类别，海域资源资产的会计核算与自然资源资产核算一脉相承，海域资源资产负债表是自然资源资产负债表的重要组成部分之一。因此海域资源资产的会计核算与报表编制可以借鉴已有的自然资源资产核算研究成果和自然资源资产负债表研究成果。但海域资源并不完全同于陆地资源，其内部组成的复合性、流动性使得研究难度更大。对海域资源资产的会计核算和报表编制既要考虑同环境经济核算体系和自然资源资产负债表之间的关联，又要探索出契合海域资源自身特点的编制范式。海域资源资产的会计核算和报表编制体现了对海域资源的精细化管理，有助于摸清海域资源资产总量，掌握海域资源开发利用状况，控制生态损坏程度。

8.1.2 研究意义

海域资源资产的会计核算与报表编制有着深刻的现实意义和丰富的理论价值。

现实意义。一方面，有助于提高海域资源使用效率。海域资源资产会计核算是对海域资源的价值量化。通过精确计量海域资源资产价值，如实反映海域资源当期存量和增减变动情况。海域资源资产负债表的编制便于相关使用者和管理者掌握海域资源现状，引导政府部门协调好海域资源环境与经济发展之间的关系，实现环境和经济的和谐发展，最终致力于实现我国海洋强国的宏伟目标。另一方面，有利于明确责任，落实产权责任主体。基于确切的海域资源资产产权和海域资源资产负债表体系，切实掌握各类海域资源资产实际情况，清晰反映海域资源资产数量和价值量的变化，厘清各个权利主体的关系，落实海域资源产权责任，实现对海域资源的有效监管、合理开发。

理论价值。在理论上，海域资源资产会计核算延续了自然资源资产核算的精髓，这一研究的深入开展与实际运用，可以丰富自然资源资产核算理论。评估具有资产属性的海域资源的价值，可借鉴的理论较多，包括水、土地、森林等自然资源价值评估理论。海域资源的本质是动态、复杂的，不能一概而论，需要探索出综合的海域资源价值理论。本书关于海域资源资产价值评估的探索有助于丰富资源环境价值评估理论。在方法上，关于海域资源资产的价值计量，本书在已有相关理论和实践研究的基础上，对价值评估方法做了有益探索，完善了海域资源资产的价值量核算，以期对海域资源资产价值计量研究做些许补充。

8.2 海洋资源资产负债表编制的研究现状分析

8.2.1 关于海域资源资产的研究现状

随着各类自然资源研究的不断推进，我国有关海洋资源的研究出现于1990年以后。研究伊始，主要针对海洋资源的分类、特性等基础概念展开探索，朱晓东、施丙文（1998）将海洋资源分为物质、空间和能量三大类资源，再针对每一类别进行详细分类。现为众多学者所接受的是国外学者提出的一种分类方式，依据海洋资源种类划分为13类，其中具有资产属性并且可单独核算的海洋资源有8种。在海洋资源分类研究的演进过程中，海域资源一直都是海洋资源中的主体性资源，关于海域资源的研究多包含于海洋资源的研究中。

在对海洋资源等自然资源的研究过程中，学者们逐渐意识到了自然资源的资产属性。从资源到资源资产的过程需要符合一定的经济条件，姜文来等（2000）认为应进一步剖析这个演变过程。谷树忠（2016）提出自然资源资产的属性，包括自然性、保值增值性、有限替代性、区位性等。李宪翔等（2019）探讨了海洋资源资产的三种产权属性，并基于权属的不同将海域资源资产划分为六个类别。海洋资源的资产化考虑到了海洋资源在海洋经济发展过程中发挥的作用，可以真实反映收入的增长或减少，避免出现收入增长错觉，具有研究价值。明确海洋资源与海洋资源资产这两个基础概念的关联和区别，是推进相关研究的基础工作。关于这两个基础概念的辨析，贺义雄等（2015）认为海洋资源资产是实物形态为海洋资源的资源性资产，而海洋资源的价值形态是通过海洋资源资产来体现的。该学者进一步指出海域即海的区域，海域资源具备资源资产的特性。王涛等（2017）定义海域资源资产为预期能带来收益的海域资源，并且收益归国家所有。对于具有资产属性的海域资源，学者们对其价值进行了探索。李京梅等（2015）研究了海域有偿使用的价格，并对定价影响因素进行分析。刘妍（2013）、闻德美等（2016）运用实物期权定价模型对海域使用权价格的确定展开研究。

8.2.2 关于海域资源资产会计核算的研究现状

资源环境核算是随着自然资源资产化管理的提出而产生的，涵盖环境资源的核算体系，对制定国家政策、稳定市场价格以及发展国际贸易都能带来积极影响。国外较早的环境资源资产会计核算研究只是评估生物和森林资源价值。20 世纪 80 年代中期以后，多个国家、政府调查研究了自然资源核算的理论、方法以及实施方案。如应该关注环境在经济增长过程中的作用，将自然资源资产纳入国民账户体系，建立起能够真实反映经济增长数据的会计核算制度（Serafy，1997）。环境经济核算体系 SEEA2012 推动了环境资产价值核算研究的进行。根据不同的环境维度分别列示相关经济活动，计算相应指标的价值量。沿海地区人类生存发展对海洋资源的需求与日俱增，国际社会开始意识到海洋资源环境的重要性（Arena et al.，2015）。21 世纪初，外国政府已开展海洋资源核算工作，从微观视角出发评估海洋资源价值。有学者应用意愿调查法评估了海洋娱乐服务价值和珊瑚礁保护价值（Brown et al.，2001）；有学者选取希腊周边岛屿和滨海湿地为研究区域，运用调查问卷法估算海洋生态环境资产价值（Kontogianni et al.，2001）。有学者提出国民资产核算体系中应加入海洋资源，海洋生态环境情况的考核体系中应加入海洋资源资产变化情况这项指标（Obst et al.，2014）。还有研究结果表明，有的西方发达国家已将海洋资源资产核算加入自然资源资产核算的工作当中（Havranek et al.，2016）。

随着我国海洋经济的发展，海洋资源资产研究逐渐推进。在海洋资源资产会计核算方法方面，早期学者们提出的核算方法是收益还原法、产值法。

赵梦等（2018）认为应加强对核算方法的研究，不同海洋资源资产的资源属性不同，核算方法就不同，并且不同核算方法有自身的特点和适用条件，应当具体问题具体分析。方春洪等（2013）对渤海三个主要海湾的海洋资源价值做了货币化研究。张玉洁等（2015）对海洋资源价值核算方法做了归总，提出用绿色海洋经济核算模型解决现存不足之处。高阳等（2017）采用设置阈值的估算方法核算海洋资源资产价值。王涛等（2018）选取收益法对海域资源资产定价进行研究。海洋资源核算的内容也是学者探索的重点领域，包括实物核算和价值核算、数量核算和质量核算。贺义雄等（2018）以海域资源为研究对象，从实物量核算和价值量核算两方面探讨了核算思路和方法。与自然资源资产价值核算类似，海域资源资产价值核算同样遵循“期末存量 = 期初存量 + 本期增加量 − 本期减少量”的平衡关系。此外，该学者还研究了海域资源资产账户和负债账户下应设置的明细科目。王涛等（2017）探索了海域资源资产的核算对象，分别构建了存量核算表式和流量核算表式。

8.2.3 关于海域资源资产负债表编制的研究现状

高敏雪等（2016）认为，自然资源核算工作还需更进一步扩展，而这项工作进一步的发展成果就是自然资源资产负债表。“探索编制自然资源负债表”是具有鲜明中国特色的一项工作，研究已深入到各类自然资源具体的研究领域。海域资源资产负债表属于自然资源资产负债表内的一项重要内容。国外虽然没有“海域资源资产负债表”这类专有名词，但已有学者指出，编制资源资产负债表有助于分析经济发展与自然资源利用的关系，并且资源资产负债表应根据不同资源的特点进行设计。借鉴自然资源资产负债表编制的成果，国内学者探索编制海洋资源资产负债表，多数研究认为编制海洋资源资产负债表能够清晰地反映海洋资源总量及变化情况，其最终目的是改善海洋环境、推动生态文明建设，保障海洋经济持续健康发展。刘大海等（2016）、李彦平等（2018）等学者均是以明确界定海洋资源资产和负债的概念为出发点，在明晰会计要素确认条件的前提下推进研究。海洋资源负债的确认工作是学术界公认的重难点，商思争等（2016）结合会计学、法学等学科，从多学科的视角对海洋资源负债做出定义。付秀梅等（2017）对海洋生物负债内容做出明确界定。考虑到资产、负债和所有者权益是不可分割的三要素，李宪翔等（2019）以资产和负债的差额求得净资产，即满足平衡等式：海洋资源净资产 = 海洋资源资产 - 海洋资源负债，将海洋资源所有者权益视为一项净资产。关于海洋资源资产负债表的框架体系，研究成果颇丰。李宪翔等（2019）以总表、存量表和质量表构成海域资源资产负债表体系。贺义雄等（2017）以二列式结构，同时列示实物量和价值量，构建海洋资源资产负债表。付秀梅等（2017）针对海洋生物资源设计出三级报表体系，分别是：资产实物量表和价值量表、资产核算表和负债核算表、资产负债表。高阳等（2017）考虑到了陆海间的流动价值，基于流量表和存量表构建海洋资源资产负债表框架。姜旭朝等（2017）运用修正模型计算海洋捕捞最大可持续产量，通过案例分析编制渔业捕捞权益资产负债表。

8.2.4 研究述评

结合国内外研究成果，通过对海域资源资产、海域资源资产会计核算和海域资源资产负债表编制三方面研究现状的分析，可以发现：由于海域资源是海洋资源的主体性资源，关于海域资源资产的研究多包含于海洋资源资产的相关研究中。在基础概念方面，已有研究对海洋资源做出合理分类，明确了海洋资源和海洋资源资产的关系与区别，进一步的研究对海域资源的资产属性也做出了明确界定。国内外关于海洋资源资产价值核算方法的讨论见仁见智，学者们依据不同的海洋资源资产类别，探讨了不同价值核算方法的应用条件。同时，根据已有研究成果，学者们提供了海域资源资产实物量核算和价值量核算两种核算思路，遵循“期末存量 = 期初存量 + 本期增加量 - 本期减少量”的平衡关系，设计了海域资源资产账户和负债账户，构建存量核算表式和流量核算表式。海域资源资产负债表研究的推进离不开海洋资源资产负债表相关研究成果。已经有研究对海域资源资产、负债和所有者权益三项会计要素做出论述，并且海域资源所有者权益的确认基于会计等式“资产 = 负债 + 所有者权益”。构建的海域资源资产负债表不只是一张表格，是由多张报表共同构成的体系。

现有研究多停留在海洋资源资产层面。海洋资源种类繁复，其中一项主体性资源是海域资源，因此，基于海洋资源资产已有的研究成果，对海域资源资产展开研究，有助于海洋资源资产研究的深化和完善。不难看出，尽管现有研究明确了海域资源的资产属性，但对海域资源资产产权分析鲜有涉及。对海域资源资产会计核算的基础要素确认、核算方法分析以及海域资源资产负债表框架构建等研究较为充足，但实际应用分析略显匮乏，也不具有系统性。因此，本书以海域资源资产为具体研究对象，在厘清基础概念的前提下，结合产权理论对海域资源资产的产权进行分析。探索了海域资源资产会计核算的概念框架，辨析并选定适用于各类海域资源资产的价值评估方法。分别对海域资源资产和负债进行实物量核算分析和价值量核算分析，设计海域资源资产的实物量表和价值量表、海域资源负债的实物量表和价值量表。再以实物量和价值量分列计量的方式，形成海域资源资产表和负债表，然后是海域资源资产负债表，最终形成三级报表体系。最后选取 N－Z 海域，分析具体海域资源资产现状，核算海域资源资产和负债价值并尝试编制 N－Z 海域资源资产负债表。

8.3 海洋资源资产负债表编制的研究内容与方法

8.3.1 研究内容

第一部分，绪论。这部分的内容包括：研究背景与意义；研究内容与方法；研究思路；研究重点、难点与创新点；分析国内外相关研究动态与现状，并对研究现状做出分析。

第二部分，海域资源资产的概念界定及产权分析。这一部分对海域资源资产的概念及其产权界定做了分析。首先明确海域资源的概念。在此基础上，根据海域资源的资产属性，对海域资源资产的概念做出界定，并按照海域使用功能将海域资源资产分为七大类。在海域资源资产概念明晰的基础上，再对海域资源资产产权的含义和内容做详细阐述，从而确定海域资源资产的所有权与使用权。

第三部分，海域资源资产会计核算的概念框架。在产权界定的基础上，结合传统的财务分析以及自然资源资产核算的研究成果，明确了海域资源资产会计核算的基础，包括会计假设和会计原则；厘清了海域资源资产会计核算基础概念内容，包括会计要素的确认、会计账户的设置和会计等式的运用；确定了主要核算内容，包括海域资源的实物量核算和价值量核算。

第四部分，海域资源资产的计量。这部分基于价值评估方法，对海域资源资产价值核算进行分析。海域资源资产价值核算是重点也是尚待突破的难点，在明确海域资源资产价值评估的含义后，归纳总结现有海域资源资产价值评估方法。接着具体分析各类海域资源资产适用的价值评估方法以及各方法的运用条件。

第五部分，海域资源资产负债表的编制。先明确海域资源资产负债表的编制原则和路径，再对海域资源资产负债表体系的构建做详细分析。首先，基于平衡等式“海域资源资产期末存量 = 海域资源资产期初存量 + 本期增加量 - 本期减少量”设计海域资源资产实物量核算表和价值量核算表。海域资源资产和负债的实物量核算以物理量的统计为基础，在实物量核算的基础上，结合价值评估方法的分析探索海域资源资产和负债的价值量核算。接着，分别设计海域资源资产表和海域资源负债表，反映资产和负债各自的变化情况。最后依据“海域资源所有者权益 = 海域资源资产 - 海域资源负债”的平衡关系，以二列式的结构分列实物量和价值量，设计出海域资源资产负债表。最终形成了海域资源资产的三级报表体系。

第六部分，海域资源资产负债表的案例应用。以 N - Z 海域为研究对象，分析 2014 ~ 2018 年该海域自然条件和经济发展状况，运用收益法计算 2018 年该海域资源资产和负债的价值，并尝试编制 2018 年 N - Z 海域资源资产负债表。

第七部分，研究结论、政策建议与研究展望。本书通过论述，从价值评估方法适用条件、会计核算平衡等式和资产负债表体系三方面得出结论。依据结论从海域资源资产产权界定、海域资源资产价值评估的实现路径、海域资源资产会计核算体系构建以及海域资源资产负债表应用落实方法四个角度提出建议。最后分析本书研究不足之处，提出研究展望。

8.3.2 研究方法

第一，描述性研究法。通过查阅文献，梳理、归纳分析海域资源资产会计核算以及海域资源资产负债表编制的研究现状，了解目前的研究成果和研究问题所在，为文章的开展做好理论基础。

第二，资源资产价值评估法。基本方法有收益法、成本法、市场法。通过对比分析各方法的运用条件和适用对象，本书案例分析选取收益法核算渔业资源资产、港口航运资源资产和旅游资源资产的价值。

第三，会计平衡等式。（1）海域资源资产会计核算满足平衡等式：海域资源期末存量 = 海域资源期初存量 + 海域资源本期增加量 - 海域资源本期减少量。体现海域资源期初和期末的总量以及当期变动情况。（2）海域资源资产负债表的编制采用账户式结构，并满足平衡等式：海域资源所有者权益 = 海域资源资产 - 海域资源负债。

8.3.3 研究思路

本章的研究思路：先划分海域资源资产类别，界定海域资源资产产权。接着探索海域资源资产会计核算的概念框架。随后结合价值评估方法，重点分析海域资源资产价值量计量。基于会计核算的概念框架和价值评估方法的分析，构建海域资源的实物量表和价值量表、海域资源资产表和负债表、海域资源资产负债表，形成海域资源资产负债表体系。最终通过案例分析得出结论，结合案例运用中的难点和不足之处提出改进的政策建议。

第一，海域资源资产的分类和界定。本书对海域资源资产概念做出明确界定后，依据海域使用功能划分为七大类，基于产权理论对海域资源资产的所有权和使用权进行分析。

第二，海域资源资产会计核算概念框架的构建。包括：由会计假设、会计原则组成的会计核算基础；由会计要素、会计账户、会计等式组成的概念基础；由实物量核算和价值量核算组成的核算内容。其中，为确保研究的全面性，本书详细论述了海域资源资产、海域资源负债和海域资源所有者权益三要素的确认条件。基于对价值评估方法的分析，选取收益法对海域资源资产进行价值计量。

第三，海域资源资产负债表体系的设计。确定海域资源资产负债表编制的原则和路径，分别编制海域资源实物量表和价值量表、海域资源资产表和负债表、海域资源资产负债表，形成三级报表体系。

第四，研究结论与展望。根据概念辨析、体系构建和案例分析，得出结论，提出政策建议。最后分析不足之处，提出进一步的研究展望。

8.3.4 技术路线图

根据研究思路形成技术路线图，如图8-1所示。

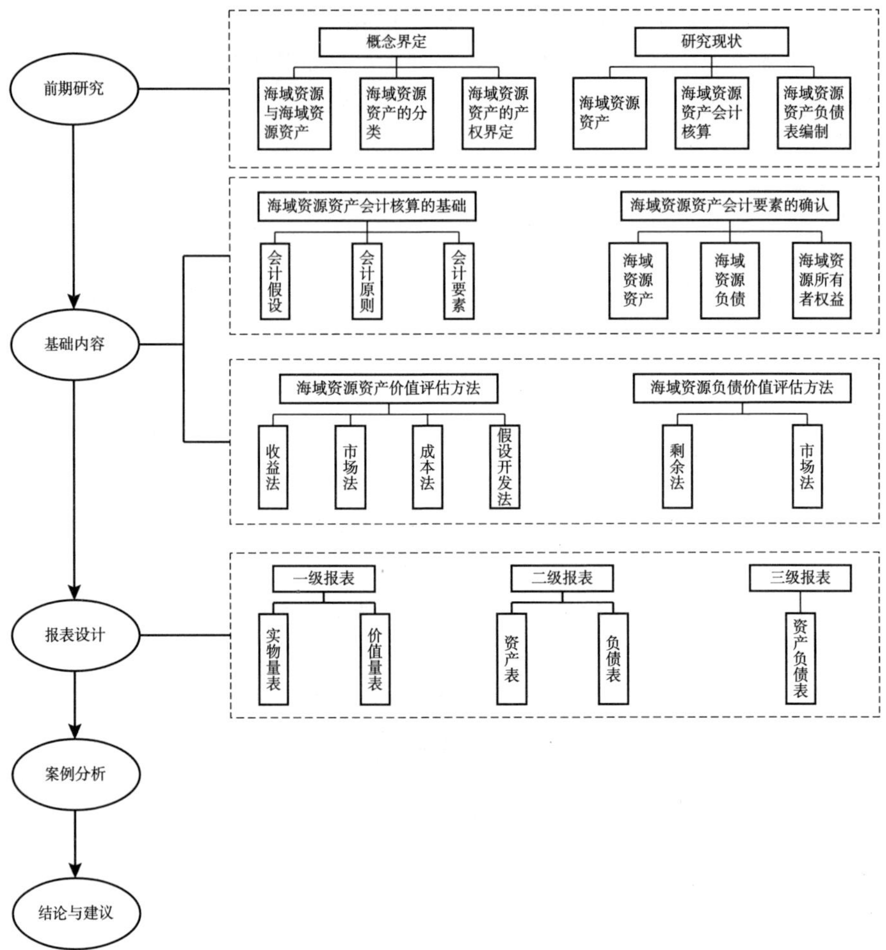

图8-1 本章技术路线

8.4 海洋资源资产负债表编制的研究重点、难点和创新点

8.4.1 研究重点

第一，海域资源资产的会计核算。基于海域资源会计三要素的确认和平衡等式“海域资源期末存量＝海域资源期初存量＋本期增加量－本期减少量”，进行实物量核算和价值量核算的分析。因此本书研究重点之一便是基于海洋资源资产负债表的研究成果，对海域资源的资产、负债与所有者权益三要素予以确认。同时，对海域资源资产的价值计量是本书的另一个研究重点，在实物量确定的基础上，结合价值评估方法，进一步研究海域资源资产价值量核算，为编制海域资源资产负债表做数据准备。

第二，海域资源资产负债表的编制。海域资源资产负债表不仅仅是一张表格，而应该是一个报表体系，包括海域资源实物量表和价值量表、海域资源资产表和负债表、海域资源资产负债表。

8.4.2 研究难点

第一，海域资源资产会计核算的基础数据不充分。在实物量核算方面，需综合考虑基础数据的可获得性。目前相关部门披露的数据并不完全包括所有海域资源资产类别，并且更新时间有延迟。

第二，海域资源会计核算中海域资源资产、负债与所有者权益的确认与价值核算仍是研究难点。例如，对于自然资源的研究中，自然资源负债的确定就是难点之一。只有对资产、负债和所有者权益准确界定，才能保证研究的有效推进。在价值量核算方面，尚未有完全统一的核算标准，从实物量核算上升到价值量核算是本书预计突破的难点。

8.4.3 创新点

第一，研究视角的创新。尽管关于自然资源资产负债表编制的研究由来已久，且深入各个具体的自然资源领域，但聚焦于海域资源资产研究的佳作并不多见。而在已有的研究中，关于自然资源会计核算的研究与关于自然资源资产负债表编制的研究都是分开进行的。自然资产负债表的编制是对自然资源会计核算的进一步深化。本书基于已有研究，将目标聚集在海域资源资产，理顺已有研究的递进关系，科学整合研究内容，即在海域资源资产会计核算研究的基础上，进一步讨论海域资源资产负债表编制，使得研究更具有系统性和连贯性。

第二，研究内容的创新。同自然资源一样，海域资源也具有动态性、复杂性。已有研究成果大多停留在基础层面，即概念界定、种类划分、编制路径、现存问题和解决路径。从实物量核算上升到价值量核算的研究并不多。本书结合价值评估方法，针对不同海域资源资产的不同性质对其价值核算展开研究，做出案例分析。借鉴海洋资源资产负债表编制相关研究成果，构建起同时列示实物量和价值量的海域资源资产负债表。

9

海域资源资产的确认

9.1 海域资源资产会计核算的基础

海域资源资产会计核算的基础，包括海域资源资产会计核算的产权界定、前提、主要原则、资产化管理对象、数据基础以及会计等式。本章参照传统财务会计核算的理论基础，并结合海域资源的特征和资产化管理的特点，最终确立海域资源资产会计核算基础的具体内容。

9.1.1 海域资源资产会计核算的产权界定

《全面深化经济体制改革的决议》中，第一项要求是形成自然资源资产产权制度，而形成此项制度的前提是要对自然生态空间进行确权登记。海域资源资产的会计核算和海域资源资产负债表的编制都需要建立在明确海域资源资产产权内容的基础上。海域资源负债与所有者权益的界定也都有赖于产权的明晰。因此，海域资源资产产权的界定是推进后文的基础。

1. 海域资源资产产权的内涵

自然资源经过资产化和产权化两个过程才能转化为自然资源资产。一般的产权概念已有成熟的研究成果，产权理论为海域资源资产产权的定义提供了借鉴。产权可以理解为：人们使用物质，从而引发了人与人之间的基础关系，并且产权不是单一的一项权利，它是由一组行为性权利组成的。在经济学定义中，财产所有权是产权的核心内容，它包括一组权利：使用权、占有权、收益权和处分权等。产权是法定主体对财产所拥有的各项权利的综合。刘凡等（2002）认为产权的特征有排他性、可分解性、可交易性、自由性和有限性等。

“海域资源资产产权”这个概念专属于海域资源资产范围，借鉴产权的一般定义，针对核算海域资源资产价值的现实需要，贺义雄等（2016）认为“海域资源资产产权”是指产权所有者关于海域资源的开发利用权利以及占据这项资产产生经济利益的范围。同样，海域资源资产产权也是一组行为性权利，包括所有权、管理权和使用权等。它也具有一般产权的特征，如排他性、可转让性等。因此，本书认为海域资源资产产权是所有者或使用者对海域资源资产开发利用而引起的相互认可的行为规范，体现了产权所有者对海域资源资产以及该资产能带来的利益的排他独占和专属控制。合理的海域资源资产产权结构有利于海域资源的可持续开发与利用。

2. 海域资源资产的所有权

一般情况下，所有权是产权的核心内容。本书认为，在法律允许条件下独占某项海域资源资产，对其进行开发利用并获得经济利益，体现了海域资源资产所有者享有的所有权。我国法律明确规定，海域归国家所有，即海域资源资产所有权属于国家。① 国家作为海域资源资产的所有者，依法享有对海域资源资产的使用、收益和处分的权利，这项权利就是海域资源资产所有权，它是海域资源资产产权的核心部分，主体是国家。这项权利体现了国家特有的排他独占权，强调所有权人之间独占海域资源的排他性，说明海域资源资产扣除负债后留存的收益本质上是归属国家所有。

所有权是各项权利的根基，其他权利都由其衍生而来。尽管海域归国家所有，而实际上国家可将海域资源的开发利用权转给企业或个人，国家授权政府部门代为行使管理权。管理权包括由政府及相关职能部门监督管理海域资源的开发利用情况、统计海域资源相关数据、监测勘察海域生态

---

① 《中华人民共和国海域使用管理法》第一章第三条：“海域属于国家所有，国务院代表国家行使海域所有权。任何单位或者个人不得侵占、买卖或者以其他形式非法转让海域。单位和个人使用海域，必须依法取得海域使用权。”

环境等多方面内容。海域资源资产管理权属于一项行政权力，是国家权力的组成部分。

3. 海域资源资产的使用权

使用权是在不改变财产本质前提下，依法开发利用资产的权利。一般地，由资产所有人行使使用权。海域资源资产使用权是基于海域资源资产产权和海域资源资产所有权衍生的一项权利，王淼等（2008）基于海域使用权的物权性，对海域使用权的使用、收益等权能作明确界定，海域使用权有排他性、收益性、期限性以及有偿性等特征。本书认为，经所有者授权于使用者，使用者获得对海域资源资产开发利用的权利就是海域资源资产的使用权，内容有占有权、收益权和处分权等。权限范围包括《海域使用管理法》规定的所有海域范围。为使得海域资源资产能得到有效开发利用，国家将使用权从所有权中剥离出来，授权于其他自然人或法人，他们依法获得使用权并对海域资源资产进行开发利用，创造经济利益。海域资源资产所有权居于支配地位，而使用权则属于被支配一方。

海域资源资产所有权归国家所有，依据国家拍卖或授权，政府部门有监督管理权，相关自然人、法人或职能部门有使用权。权责明确有利于对海域资源的监督管理，提升海域资源使用效率。同时，对海域资源资产负债表编制的研究也是在所有权明确的基础上展开的。

9.1.2 海域资源资产会计核算的前提

海域资源资产会计核算的前提是会计假设。因海域资源有较强的变动性特征，利用海域资源资产开展经营活动具有很大的不确定性，借鉴财务会计的经验，首先要规范界定会计核算的对象和方法，为会计要素的确认和核算框架的构建做好铺垫。本书首先确定海域资源资产会计主体、持续经营、货币计量和核算分期。

1. 海域资源资产会计核算的会计主体

在传统财务会计理论中，会计主体即财务会计核算与监督工作的特定服务对象，界定了从事会计工作和提供会计信息的空间范围。在此，对海域资源资产进行会计核算也需要确定相应服务主体。会计主体间紧密相关，明确会计主体是界定资产和负债、确立核算方法的前提。明确的核算主体既能准确提供财务信息又能体现责任归属。

本书的研究对象是海域资源资产，结合其特性以及力求研究内容充分完整，本书将海域资源负债和海域资源所有者权益也纳入研究范围。核算工作的一个关键是明确责任主体，即为谁核算。海域资源资产是国家财产，政府是国家财产的公共受托人，相关海洋行政主管部门应担负起海域使用的监督管理职责，合理规划海域资源资产的开发使用。因此本书认为核算主体应为各级政府，并且由职能管理部门作为委托代理管理机构。依据授权形成“区、县级—市级—省、直辖市和自治区级—中央级”逐级递增的责任管理体系，由中央牵头，统筹管理，逐级向下分配具体监督管理任务，下级对上级负责，定期汇报工作。充分运用政府的公权力对海域资源资产进行彻底摸排，全面统计数据。

根据《中华人民共和国海域使用管理法》，海域归属国家，国务院行使海域所有权，[①]“海域属于国家所有，国务院代表国家行使海域所有权。国务院海洋行政主管部门负责全国海域使用的监督管理。沿海县级以上地方人民政府海洋行政主管部门根据授权，负责本行政区毗邻海域使用的监督管理。”可见，海域资源属国家所有，由沿海各地地方政府海洋部门负责。因此，基于产权理论，海域资源资产会计核算的会计主体为沿海各地地方政府海洋部门。具体有：（1）县、县级市和区海洋部门；（2）地级市海洋部门；（3）省、自治区和直辖市海洋部门；（4）中央人民政府海洋部门。

2. 海域资源资产会计核算的持续经营

持续经营作为财务会计的基本前提之一，是指企业的生产经营活动将按照既定的目标持续下去，在可以预见的将来，不会面临破产清算。国家所有的海域资源，虽不满足企业意义上的经营概念，但也需要合理可持续利用。

党的十九大报告中强调“建设生态文明是中华民族永续发展的千年大计，

---

① 《中华人民共和国海域使用管理法》第一章第三条：“海域属于国家所有，国务院代表国家行使海域所有权。任何单位或者个人不得侵占、买卖或者以其他形式非法转让海域。单位和个人使用海域，必须依法取得海域使用权。”

要形成绿色发展方式和生活方式，坚定走生产发展、生活富裕、生态良好的文明发展道路。”生态环境与自然资源的保护，既是各级政府的环境责任，又是各级政府的经济发展需求。在绿色发展理念下，海域资源作为自然资源中的重要部分，各级海洋部门对其进行资产化管理，在保护稀缺资源的基础上合理利用其经济价值，必将坚持可持续原则，也将遵循持续经营的原则。

在可持续发展战略下，海域资源可视作一种不会枯竭、能持续使用的资源。在开发利用海域资源的过程中，会发生资源耗减，既可能创造经济效益也可能形成负债，价值核算的重要性也就不言而喻。海域资源资产的价值核算要在持续经营的前提下才能实现。明确海域资源资产价值，既充分开发出海域资源的经济效益，又保证资源可持续利用。会计主体假设和持续经营假设两相结合，从时空两个维度的界定巩固了会计核算的基础工作。

3. 海域资源资产会计核算的会计分期

会计分期的本义，是指在持续经营的假设下，人为地将企业经营活动等距离划分为一定期间，定期确立收入、费用和利润资产负债和所有者权益，以便结算账目，编制财务报表及对会计信息进行比较和分析。各级地方政府海洋部门作为海域资源资产会计核算的会计主体，在持续经营的前提下，也需要进行海域资源核算和编制海域资源资产负债表。因此，海域资源资产会计核算需要对海域资源的持续经营进行人为划分，形成一个个连续的、长短相同的期间。

基于海域资源资产经营活动具有可持续性的假设和使用者对信息的及时性需求，人为地将持续经营过程等分为若干时间段，每一时间段即为一个会计期间，在各个期间内确定损益情况编制海域资源资产负债表，向经营者或使用者提供有价值的会计信息。对于自然资源资产会计核算分期的假设一般有两种方法。一种是考虑功能评价性，以管理周期为限。主要用于领导干部离任审计工作中，考核领导干部政绩。另一种是考虑数据可得性，以自然周期为限。根据海域资源在某一段时间内的变化情况进行核算并汇总记录。依据财务会计期间划分经验可知，划分时间段的长短对确定损益有重要影响，会计信息质量会受此影响。我国会计年度为历年制，因此本书参考《编制自然资源资产负债表试点方案》的规定，在此将海域资源资产会计核算期间划分为每个公历年度 1 月 1 日至 12 月 31 日，对此期间的经营活动内容等开展会计核算和报表编制工作。

4. 海域资源资产会计核算的货币计量

货币计量是指企业在会计核算中要以货币为统一的主要的计量单位，记录和反映企业生产经营过程和经营成果，并以人民币为记账本位币。与此同时，会计核算也可以以实物量度和时间量度等作为辅助的计量尺度。在统一的计量尺度前提条件下，才能展开会计核算工作。货币充当了这一角色，会计记录和报告都依赖于此。一方面，海域资源资产通过实物量核算反映海域资源的实际总量，各类别数量和变化量。另一方面，在实物量核算的基础上核算海域资源资产价值量，以货币形式体现海域资源资产在经济、生态和社会三方面的价值。同时进行价值量核算与实物量核算，有助于提高海域资源资产核算结果的可靠性和完整性。

对海域资源实行资产化管理的一大前提是将其量化管理，为了最终能够反映海域资源的资产形式和经济价值，其量化管理必须借助货币计量尺度。《编制自然资源资产负债表试点方案》的规定中提出，“编制反映主要自然资源实物存量及变动情况的资产负债表，研究探索主要自然资源资产负债价值量核算技术”。因此，在对海域资源进行资产化管理的过程中，各级政府的海洋部门首先要对海域资源的实物存量及变动情况进行核算，以实物计量为计量尺度，具体计量单位视不同海域资源类别而定。更进一步，各级政府的海洋部门还应坚持实物量与价值量并重的概念，以货币计量为计量尺度，对海域资源的价值量进行核算，反映其经济价值。

9.1.3 海域资源资产会计核算的原则

海域资源资产会计核算的最终效果将呈现在海域资源资产负债表中，因此针对海域资源资产负债表编制及核算，在参考国务院印发的《编制自然资源资产负债表试点方案》基础上，设计了相关编制及核算原则共四项。

1. 统筹设计的原则

将海域资源资产负债表的编制与自然资源资产负债表的编制相统一，整体纳入生态文明制度体系，与资源环境生态红线管控自然资源资产产权及用途管制领导干部自然资源资产离任审计生态环境损害责任追究等重大制度相衔接。同时，基于海洋生态系统的自然规律和有机联系，统筹设计海域资源的资产负债核算。

2. 反映变化的原则

编制海域资源资产负债表既要反映海域资源的数量规模，更要反映海域资源的质量状况，即要实现实物量与价值量的并重。同时，还要通过期初存量、本期增量以及期末存量指标的设计反映海域资源数量和质量的变化，将数量指标和质量指标、存量指标和变动指标相结合，全面系统地反映海域资源的变化及其对生态环境的影响。

3. 保真实和不涉权属的原则

统计数据是海域资源资产负债表的编制基础，数据的真实准确影响海域资源资产负债表的编制效果。因此，海域资源资产负债表的编制，要按照高质、务实和管用的要求，建立健全海域资源统计监测指标体系，充分运用现代科技手段和法治方式提高统计监测能力和统计数据质量，确保基础数据和海域资源资产负债表各项数据真实准确。同时，编制海域资源资产负债表，不涉及海域资源的权属和管理关系。

4. 国际化和结合国情的原则

编制海域资源资产负债表，可在一定范围内借鉴《环境经济核算体系2012》等国际标准，学习国际先进经验，通过自我探索创新，构建科学、规范、管用的海域资源资产负债表编制制度。同时又要结合我国国情和海域资源的具体情况，将国际经验本土化，因地制宜。

9.1.4 海域资源资产会计核算的基础和对象

1. 海域资源资产会计核算的基础

海域资源资产负债表编制是以各级政府海洋部门的统计调查数据为基础，编制反映主要海域资源实物量、价值量及变动情况的资产负债表。首先，各级政府海洋部门的统计调查数据为海域资源资产负债表编制提供基础。其次，海域资源资产负债表的编制，有助于推动建立健全科学规范的海域资源统计调查制度，努力摸清海域资源资产的家底及其变动情况，为推进生态文明建设、有效保护和永续利用海域资源提供信息基础、监测预警和决策支持。最后，试编出海域资源资产负债表，对完善海域资源统计调查制度提出建议，为制定海域资源资产负债表编制方案提供经验。

2. 海域资源资产会计核算的对象

海域资源资产会计核算的主要对象是海域资源，进一步解释为以下四点。

第一，结合海域资源的特性，海域资源资产会计核算的对象将从海域资源资产逐步扩大至海域资源资产和海域资源权益。首先是海域资源资产，其次再是海域资源权益，包括海域资源负债和海域资源所有者权益。

第二，结合海域资源资产的特征，海域资源资产会计核算的对象将从海域资源资产细分为海域资源的各类明细资产，如海岸线资产、滩涂资产、海岛资产、海域资产等。

第三，结合注重质量和反映变化的原则，海域资源的资产化管理将从实物量核算、价值量核算及变化量核算三个方面综合实施。

第四，不同范围地区的海域资源核算。第一步，试点地区的海域资源资产会计核算，编制试点地区的海域资源资产负债表；第二步，全面推行沿海各地区的海域资源资产会计核算，按需编制沿海各地区的海域资源资产负债表。

9.2 海域资源资产的概念

9.2.1 海域资源的概念

资源包括自然资源、经济资源和社会资源，海洋资源是自然资源中的一种，① 它是分布在海洋地理区域内的一种物质、能量和空间。海域顾名思义

① 《中国自然资源手册》中，自然资源分为土地资源、矿产资源、能源资源、水资源、气候资源、森林资源、草地资源、海洋资源和其他资源。

就是“海洋的区域”，指的是中华人民共和国内水、领海的水面、水体、海床和底土。[①] 海洋为海域提供天然资源，包括水体中所含的生物化学元素、底土中蕴藏的矿产资源、产生的潮汐能等；广义上的海域还包括海洋资源提供的生产资料、娱乐空间。从海域的定义可以看出，海域资源是一个自上而下的多层次立体空间资源，由一国所辖领海横向水面面积和水面垂直向底土延伸的整个纵向空间包含的所有内容组成。其中包括了物质层面、生物层面、能源层面和生态层面的所有空间资源。沿海地区经济社会发展依赖海洋资源，人类活动一直对其进行开发利用改造。因此，海域资源不只是单纯的一类自然资源，是凝结了人类劳动成果的“自然—经济”资源综合体。

综上所述，本书对海域资源的定义是：归属国家统辖海域的所有水体资源、底土资源、水面上空间资源，并且包括水体资源中含有的化学资源、生物资源、能源资源以及底土资源中蕴含的矿产资源等所有物质。

9.2.2 海域资源资产的概念

类比会计学理论中“资产”的含义，我国学者对自然资源资产的定义可以总结为：在一定时空条件下，有明确的产权属性，能够计量经济价值和社会效益且存于陆地和海洋间的有限自然资源。海域资源权属明确，为国家所有；[②] 海域资源包含的生物资源、空间资源、矿产资源等数量有限，同时会因人类活动或自然因素而增减变动；开发利用海域资源产生的利益价值能可靠计量。这些都符合自然资源资产的经济性和稀缺性特征，从而可以确认海域资源是一种资产。

结合我国实际情况，借鉴陈艳利等（2015）对自然资源资产的定义，本书将海域资源资产定义为：经由法律规定、国家授权或交易拍卖形成的，由国家所有、政府或其他社会主体管理使用的，预期能带来效益的稀缺性海

① 《中华人民共和国海域使用管理法》第一章第二条：本法所称海域，是指中华人民共和国内水、领海的水面、水体、海床和底土。

② 《中华人民共和国宪法》（2018 修正）第九条：矿藏、水流、森林、山岭、草原、荒地、滩涂等自然资源，都属于国家所有，即全民所有；由法律规定属于集体所有的森林和山岭、草原、荒地、滩涂除外。《中华人民共和国物权法》（2007 年）第四十六条：矿藏、水流、海域属于国家所有。

域资源。海域资源资产有三个特征：由国家拥有或控制，各级政府开展核算管理工作；预期通过开发利用能创造财富收益；具有稀缺性。一般资产的基本属性在海域资源资产中可以得到体现，同时海域资源作为一类自然资源，自然资源资产的特征如经济性、稀缺性等，海域资源资产也同样具备。所以海域资源是一种资产，但实际含义与一般资产又有所区别。

9.2.3 海域资源资产的特征

海域资源资产与传统财务会计中所界定的资产，既有共同点，又有区别。共同点在于，资产的概念和特性，也应该是海域资源资产所具备的。区别在于，海域资源资产与一般资产相比较，主要显示出如下特征。

第一，海域资源资产主要是天然形成，现正逐步演变为自然形成和劳动参与两个部分。

第二，海域资源资产不仅具有使用价值和价值，还具有生态价值。

第三，一些海域资源资产在使用后无法得到补偿，而有些可通过技术、价值等途径得到补偿。

第四，海域资源资产核算历史较短，在国民账户中还没有地位，可操作性相对较低。

第五，海域资源资产市场化程度低，变现能力弱。

第六，海域资源资产目标多，用途广、涉及面广、必须顾及生态等多方面。

第七，海域资源资产同时具备经济效益、生态效益和社会效益。

第八，海域资源资产公益性强，多具有公共产品特征。

9.3 海域资源资产的分类

9.3.1 海域资源的分类

自然资源具有两层含义：一是“自然生成”，二是“可利用性”。栾维新等（2008）依据海域使用类型对海域进行分类。《全国海洋功能区划 2011～

2020年》中将海域划分为八个类型，如表9－1所示。依据各类海域资源的资产属性，本书将海域资源资产分为渔业资源资产、港口航运资源资产（简称港航资源资产）、旅游资源资产、矿产与能源资源资产（简称矿能资源资产）、生物资源资产、生态环境资源资产和其他海域资源资产等七类，如表9－2所示。

表9－1　　海域资源分类

一级分类	二级分类
农渔业区	农业围垦区
	养殖区
	捕捞区
	增殖区
	水产种植资源保护区
	渔业基础设施区
港口航运区	港口区
	航道区
	锚地区
工业与城镇用海区	工业用海区
	城镇用海区
矿产与能源区	油气区
	固体矿产区
	盐田区
	可再生能源区
旅游休闲娱乐区	风景旅游区
	文体休闲娱乐区
海洋保护区	海洋自然保护区
	海洋特别保护区
特殊利用区	军事区
	其他特殊利用区
保留区	保留区

表9-2　海域资源资产与海域资源分类对应情况

海域资源分类	海域资源资产分类
农渔业区	渔业资源资产、生物资源资产
港口航运区	港航资源资产
工业与城镇用海区	其他海域资源资产
矿产与能源区	矿产与能源资源资产
旅游休闲娱乐区	旅游资源资产、生态环境资源资产
海洋保护区	生态环境资源资产、生物资源资产
特殊利用区	其他海域资源资产
保留区	生态环境资源资产、生物资源资产

9.3.2 海域资源资产的分类

海域资源是指在海洋内外应力作用下形成并分布在海洋地理区域内，在现在和可预见的将来可供人类开发利用并产生经济价值，以提高人类当前和将来福利的物质、能量和空间。由于通过海域资源的开发利用生产出海域资源产品，从而给所有者和控制者带来一定的收益和财富，因此海域资源也是一种资产，但这种资产与一般资产有所区别。

海域资源转化为海域资源资产是有一定条件的，其基本条件是：（1）稀缺性；（2）可定义性；（3）能给使用者带来效益（经济效益、生态效益和社会效益）；（4）为一定的主体拥有或控制；能够可靠计量。只有同时满足上述四个条件的海域资源才能成为海域资源资产。总之，海域资源资产是实实在在的资产，能够带来未来的效用，其内容、储量和用途都有可确定性，应成为会计核算的内容之一。

9.4 海域资源资产会计核算的要素

在会计学中，“资产”“负债”“所有者权益”是资产负债表的必要元素。海域资源资产负债表反映所核算海域资源的赋存和变动，通过反映海域资源资产和负债的变化，明确开发利用的海域资源数量、所有权人和使用权人的相关责任，以便加强监督管理。因此本书不仅深入研究海域资源资产，对海域资源负债和海域资源所有者权益也进行探讨，这三项会计要素的概念界定是海域资源资产负债表编制工作的前提。

9.4.1 海域资源资产

借鉴会计学理论，本书认为，海域资源资产是由国家所有，政府及相关职能部门或机构代为管理、使用，预期利用过程中能产生利益流入的经济事项。海域资源转化为海域资源资产需要满足三个条件。第一，海域资源资产产权明确。如前文分析，海域资源资产由国家所有，各级政府部门履行受托管理和监管职责，海域资源资产产权的明确有助于核算工作和报表编制工作的开展。第二，与海域资源资产相关的经济利益预期能流入相关利益主体。其中既包括已经开发利用且产生利益流入的海域资源，也包括未来将开发利用并产生利益的海域资源。第三，海域资源资产能可靠计量。企业会计资产负债表中以货币计量为基础，依据现有研究方法和技术水平，从实物量和价值量两方面，对海域资源资产进行可靠计量。本书依据海域的空间特征，在“海域资源资产”一级科目下，依据海域资源资产的分类设置二级科目，再依据二级分类下各海域资源资产的具体特性或使用类型进行进一步细分。

9.4.2 海域资源负债

海域资源负债的确认与自然资源负债的确认是学术界仍在讨论的重难点问题。黄溶冰等（2015）在研究中提出自然资源负债指环境衰退和资源损失。商思争（2016）将造成海洋资源负债的情况分为三类，分别是：使用禁止开发的海洋资源、开发超过最大限度以及开发造成环境质量不合格。综合学者们的观点，本书认为海域资源负债包括资源数量上的损耗和生态环境的损害。海域资源负债需满足三个条件。第一，政府和相关职能部门作为监督管理者，是生态环境的责任承担人，海域资源负债可以成为相关政府部门绩效考评的重要参考项。第二，形成海域资源负债的不合理损耗产生的可能性大，只有在很可能发生的条件下才能被确认为海域资源负债。第三，海域资源负债能可靠计量。数量上的损耗指当期海域资源在数量上的消减变化；生态环境损害指人为的开发利用方式不当，造成生态环境恶化，或不可抗的自然灾害对生态环境造成的恶劣损毁。两种情况都应先核算实物量的变化情况，再以价值评估方法核算相应的价值变动情况，所得结果即为海域资源负债。

9.4.3 海域资源所有者权益

所有者权益满足“资产 = 负债 + 所有者权益”的平衡关系，可将其理解为资产扣除负债后，所有者拥有的剩余权益。编制海域资源资产负债表同样遵循此平衡关系，海域资源资产扣减海域资源负债，所得结果即为海域资源所有者权益，它反映当期海域资源净存量价值，即由“海域资源所有者权益 = 海域资源资产 - 海域资源负债”计算结果。由于海域资源所有权属于国家，海域资源所有者权益反映了国家对海域资源的控制情况。如果核算期内没有发生海域资源透支耗减，海洋资源所有者权益等于海域资源资产。

9.4.4 海域资源资产会计核算的等式

海洋资源所有权是所有者依法排除他人，独占海洋资源资产，并通过占有、使用、收益及处分等方式利用海洋资源资产，以实现所有者应享有收益的权利。根据海洋资源所有权的概念，结合我国海洋资源管理的现状，我国海洋资源为国家所有，并通过法律文献进行所有权认定，即《中华人民共和国海域使用管理法》规定的“海洋资源属于国家所有，海洋资源的所有权由国务院代表国家行使”。依据目前我国海洋管理体制，法律中的具体制度安排为国务院海洋行政主管部门负责全国海域使用的监督管理，沿海县级以上地方人民政府海洋行政主管部门根据授权，负责本行政区毗邻海域使用的监督管理，渔业行政主管部门对海洋渔业实施监督管理，海事管理机构对海上交通安全实施监督管理。同一海域资源资产有时被众多政府机构单位同时管理，这些机构均被视为海域资源资产的“所有者”，海域资源资产会计核算的“所有者”部分有重叠，且我国机构单位对海域资源的经济建设投入，其收益往往复杂而难以区分，因此在编制国家海域资源资产负债表的过程中难以明确辨析某一海域的明确“所有者”，也难以进行相关权益估计。

综上所述，区别于“资产 = 负债 + 所有者权益”的平衡等式，本书研究认为编制我国国家海域资源资产负债表的会计等式为“期初存量 + 本期增加量 - 本期减少量 = 期末存量”① 较为合适。期初存量和期末存量来自海域资源资产统计调查和行政记录数据，本期期初存量即为上期期末存量。核算期间海域资源资产增减变化主要由人为因素和自然因素造成，对于海域资源特有的增加、减少，可按照海域资源增减变动的原因，依据行政记录和统计调查监测资料，建立海域资源资产增减变动统计台账，及时填报相关指标。

9.5 海域资源资产会计要素的确认

赖敏等（2020）提到自然资源资产负债表三大基本要素有：自然资源资产、负债和所有者权益，这是学术界公认的理论。海域资源资产会计核算也遵循此理。因此，本书要先明确海域资源资产，海域资源负债和海域资源所有者权益三个会计要素的确认条件，在此基础上展开研究。

9.5.1 海域资源资产的确认条件

根据海域资源资产的定义和特性加以确认，海域资源资产的确认，必须同时满足以下条件。

第一，该海域资源具有稀缺性。这是海域资源成为海域资源资产的基本条件。凡是不稀缺的，就不是严格意义上的海域资源资产。当然，海域资源本身也必须是稀缺的。

第二，该海域资源具有可定义性。它包含两层含义。首先，该海域资源具有可界定性。可界定性是指可以准确地对该海域资源的内涵划定边界，使

① 国务院办公厅：《编制自然资源资产负债表试点方案》，2015 年 11 月 8 日。

得该海域资源与其他资源之间不会混淆（产生语义上的歧义或含义上的重叠）；其次，该海域资源具有可确定性。可确定性是指该海域资源的内容可确定、用途可明确。

第三，该海域资源能给使用者带来经济效益、生态效益和社会效益。它包含两层含义。首先，该海域资源能给使用者带来效益。给使用者带来利益是指该海域资源所包含的经济利益很可能流入资源使用者，如果某一海域资源预期不能给资源使用者带来经济利益，就不能确认为海域资源资产；其次，海域资源给使用者带来经济利益包括经济效益、生态效益和社会效益。

第四，该海域资源能够可靠计量。它包含两层含义。首先，该海域资源的实物量能够可靠计量，即可以采用一定的方式从实物量上对该海域资源的存量、流量或增减量进行测算；其次，该海域资源的价值量能够可靠计量，即可以采用货币性指标从价值量上对该海域资源的存量、流量或增减量进行测算。

9.5.2 海域资源资产的确认

根据海域资源资产的定义和特性，本书认为海域资源资产的确认，必须同时满足四个条件：第一，该海域资源具有稀缺性。具有稀缺性是一项基本条件，如果不具备此条件，就不是严格意义上的海域资源资产。第二，该海域资源具有可定义性。此处有两层含义：一方面，可以根据海域资源的内涵准确划定边界，不同其他资源内涵混淆或产生歧义；另一方面，该海域资源的内容和用途均可明确。第三，该海域资源能给使用者带来确切的利益。此处有两层含义：首先，该海域资源所包含的经济利益很可能流入资源使用者或所有者；其次，这里所指的利益包括经济、生态和社会三重效益。第四，该海域资源能够可靠计量。即实物量和价值量均能可靠计量。实物量核算以物理单位表示海域资源资产的保有量和变化量，价值量核算以货币单位表示海域资源资产价值以及价值变动情况。

9.5.3 海域资源负债的确认

关于自然资源负债的定义，较多的观点认为它是在过去利用自然资源过程中形成的现时义务。尽管国外研究没有明确提及“自然资源负债”的概念，但也有研究涉及自然资源负债的相关内容，如 SEEA2012 中将资源价值的减少计入成本。对自然资源负债进行核算是学术界较为一致的观点，这也是满足自然资源资产负债表编制要求的前提条件。自然资源的使用者或所有者已发生或将会发生的经营活动对生态环境产生负面影响，带来的损失即为自然资源负债，它包含的内容有：过度的资源耗减、环境损毁、生态破坏。

综合以上观点，本书认为海域资源负债包括两方面内容。一是海域资源过度耗损。对可再生海域资源的利用已超过海域最大持续产量，或者对不可再生资源的利用超过限量或在利用过程中造成浪费。从资源利用的可持续发展角度出发，应该对投入超过收益的经济活动进行经济补偿，将这类经济补偿记为海域资源负债。二是海域生态环境损害。如海上工程作业等经济活动排放废弃物，超过该海域生态环境承载力，损害了环境自我恢复力，导致海域生态系统服务价值降低。这方面的负债体现为污染治理成本和生态补偿成本。

9.5.4 海域资源所有者权益的确认

封志明等（2017）提出海域资源所有者权益可以理解为除去国家投入治理海域经营活动产生的环境污染、生态破坏的资金后，国家拥有的剩余权益。海域资源、环境和海洋经济三者之间有着错综复杂的关系，难以直接计量海域资源所有者权益。操建华等（2015）通过等式“资产 - 负债 = 净资产”计算自然资源净资产。借鉴此方法，本书以海域资源资产扣除负债反映期末时点海域资源资产与负债对比的结果，即海域资源所有者权益是海域资源资产扣除负债后可为使用者或所有者享有的剩余权益。

10

海域资源资产的空间属性分类

海域资源资产按照空间属性可分为海岸线、海岛、滩涂和海域四大类。

10.1 海　岸　线

海岸线是指由海陆相互作用形成的海岸线。根据海岸线自然状态的改变与否，将海岸线划分为自然海岸线和人工海岸线。

10.1.1 自然海岸线

自然海岸线是指保持自然海岸属性特征，没有受到人类活动影响而改变形态与属性的海岸线。根据海岸线所在潮间带的底质特征与海岸线空间形态，可将海岸线划分为基岩海岸线、砂质海岸线、淤泥质海岸线、生物海岸线和河口海岸线。

（1）基岩海岸线。基岩海岸线的潮间带底质以基岩为主，是由第四纪冰川后期海平面上升，淹没了沿岸的基岩山体、河谷，再经过长期的海洋动力过程作用形成岬角、港湾相间的曲折岸线。基岩海岸线曲折度大，岬角突出海面、海湾深入陆地。岬角岸段一般以侵蚀为主，侵蚀下来的物质在波浪和海流的作用下，被输移到海湾岸段堆积。

（2）砂质海岸线。砂质海岸线的潮间带底质主要为沙砾，是由粒径大小为0.063~2毫米的沙、砾等沉积物质在波浪的长期作用下形成的相对平直海岸线。砂质海岸线多具有包括水下岸坡、海滩、沿岸沙坝、海岸沙丘及潟湖等组成的完整地貌体系。

（3）淤泥质海岸线。淤泥质海岸线的潮间带底质基本为粉砂淤泥，是由粒径为0.05~0.01毫米的泥沙沉积物长期在潮汐、径流等动力作用下淤积形成的底质为淤泥的相对平直海岸线。淤泥质海岸线多分布在有大量细颗粒泥沙输入的大河入海口沿岸。淤泥质海岸线地势平坦开阔，海滩宽达几千米，甚至十几千米，是滨海滩涂湿地的主要集中分布区。

（4）生物海岸线。生物海岸线的潮间带是由某种生物特别发育而形成的一种特殊海岸空间。生物海岸线多分布在低纬度的热带地区，主要有红树林海岸线、珊瑚礁海岸线、贝壳堤海岸线等。

（5）河口海岸线。河口海岸线分布于河流入海口，是河流与海洋的分界线。在河口区域，河流水面与海洋水面连为一体，没有明显的海陆分界线。因此，河口海岸线与其他自然海岸线的海陆分界特点不同，它是河流水面与海洋水面的分界线，一般以河流入海河口区域的陡然增宽处为界。有些河口形状复杂，需要根据具体的地形特征、咸淡水混合区域、管理传统等确定。

10.1.2 人工海岸线

人工海岸线是指通过人工修筑堤坝、围堰等海岸工程方式，将自然海岸形态改变成为人工海岸形态的人造海岸线。根据海岸线毗邻海域、陆域的使用功能或用途，可将海岸线划分为渔业岸线、港口码头岸线、临海工业岸线、旅游娱乐岸线、矿产能源岸线、城镇岸线、保护岸线、特殊用途岸线8类功能或用途类型。

（1）渔业岸线。渔业岸线指用于渔业生产和重要渔业品种保护的海岸线，包括用于渔港和渔业设施基地建设、养殖、增殖、捕捞生产，以及重要渔业品种的产卵场、索饵场、越冬场和洄游通道等功能或用途的海岸线。

（2）港口码头岸线。港口码头岸线指用于港口码头建设的海岸线，包括用于码头、防波堤、港池、航道、仓储区等建设功能或用途的海岸线。

（3）临海工业岸线。临海工业岸线指用于建设用填海和围海（港口建设除外）发展临海工业的海岸线。临海工业岸线是中国快速发展起来的一类新型海岸线。曹妃甸循环经济产业园区、营口鲅鱼圈鞍山钢铁工业园区、海南洋浦经济开发区等工业园区毗邻的海岸线都属于临海工业岸线。

（4）旅游娱乐岸线。旅游娱乐岸线指用于各类旅游、娱乐、休闲活动的海岸线，包括被各类风景旅游区、海水浴场、海上游乐场、海上运动场及辅助设施等开发功能或用途的海岸线。

（5）矿产能源岸线。矿产能源岸线指用于油气开采、盐业生产、海洋矿产资源开发等矿产能源开发的海岸线，包括用于盐田、盐业取排水口、油气开采、海洋矿产资源开采等功能或用途的海岸线。

（6）城镇岸线。城镇岸线指用于城市、城镇、滨海新区公共和基础设施建设、城镇居民亲海、赶海等功能或用途的海岸线。

（7）保护岸线。保护岸线指位于各类海岸保护区内的海岸线及其各类需要保护的海岸线，包括位于国家自然保护区、国家海洋特别保护区范围内的海岸线，地方（省、市、县）各类保护区范围内的海岸线，以及具有特别的自然、历史文化、开发利用价值，需要保护的海岸线。

（8）特殊用途岸线。特殊用途岸线指用于一些特定用途的海岸线，包括用于防护海洋灾害的防护海岸线、用于科研教育的科教海岸线、用于军事的军事海岸线等。

10.2 海　　岛

根据《关于开展市县级海岛保护规划编制工作的通知》，将现行市县级海岛规划分为保护类、利用类和保留类三类海岛（这三类海岛主要考虑无居民海岛）。

10.2.1 保护类海岛

保护类海岛是指在维护国家海洋权益和保障国家海上安全方面具有重要价值，或指在已建或待建海洋自然保护区、海洋特别保护区范围内，以及具有其他特殊功能的无居民海岛。

（1）国家权益类海岛。包括我国领海基点岛、主权归属存在争议岛屿，以及其他具有重要政治利益、经济利益在内的无居民海岛。

（2）海洋自然保护类海岛。位于已建或待建的海洋自然保护区内的无居民海岛，岛屿及岛屿周围海域具有典型的海洋生态系统、高度丰富的海洋生物多样性以及珍稀濒危动植物物种集中分布地等。

（3）自然遗迹和非生物资源保护类海岛。岛屿及岛屿周围海域具有重大科学文化价值的海洋自然遗迹（如具有独特海洋地质地貌资源的海域、海岸、岛屿、湿地等）与海洋文化遗存（如古代沉船、历史文物、古代建筑遗址等），而需保护的无居民海岛。

（4）海洋特别保护类海岛。位于已建或待建的海洋特别保护区内的无居民海岛，岛屿及岛屿周围海域具有典型海洋生态系统和重要生态服务功能；或是资源密度大且类型复杂、相关涉海产业多、开发强度高，需协调管理的海岛；或是海洋资源与生态环境亟待恢复、修复和整治等的海岛。

（5）重要渔业品种保护类海岛。周围海域具有一定渔业资源，或为重要产卵场、索诱场的无居民海岛。

10.2.2 利用类海岛

利用类海岛是指，规划期内，因岛屿及岛屿周围海域具有较为丰富的港口、岸线、滩涂、旅游、生物、矿产、土地、景观等方面的资源，根据当地经济、社会发展的需要，进行适度开发建设的无居民海岛。

（1）围海（涂）类海岛。因围海、围涂工程建设的需要，与周边岛屿或陆地相连，部分改变海岛属性与功能的无居民海岛。

（2）港口与工业类利用海岛实施港口航运、仓储中转、临港工业等项目开发的无居民海岛。

（3）工程类海岛。利用岛屿建设跨海桥梁、防波堤、海底物质输送管道、海底供水管道、电力供应设施、海底信息光缆等工程，或是开放利用海洋能、风能等能源工程，或是建设导航、禁航、测量基点、通信塔台等设施的无居民海岛。

（4）渔业类海岛。利用岛屿建设围塘养殖场和管理人员、鱼汛期渔民的临时居住设施，以及利用岛屿周围海域实施水产养殖、繁育的无居民海岛。

（5）农林牧类海岛。气候、土壤、淡水资源等适合农、林、牧业开发利用的无居民海岛。

（6）旅游类海岛。利用岛屿及岛屿周围海域进行观光旅游、休闲旅游，以及适度建设旅游接待所需的宾馆、码头、商业设施的无居民海岛。

（7）科学实验类海岛。利用岛屿及岛屿周边海域实施物种引种、培育示范，以及进行海洋水文、气象观测的无居民海岛。

（8）特殊开发类海岛。利用岛屿作为临时救助站、接待站、危险品储存、垃圾处理等用途的无居民海岛。

10.2.3 保留类海岛

保留类海岛是指，在规划期限内，以目前的技术手段和认识水平，难以判别其资源禀赋优势而进行开发功能定位的无居民海岛。

10.3 滩涂

根据滩地物质组成的不同，可将海岛潮间带类型分为淤泥质滩、砂质滩、砾石滩和岩滩。

10.3.1 淤泥质滩

淤泥质滩指由粉砂和淤泥等细颗粒物质所组成的坡度平缓的海岸。淤泥质滩一般有黏性，滩面软、承载力小，滩面宽度大（5~10 千米）。其按形态可分为水道边滩（带状滩）、湾岙充填的袋状滩、岛影与流影区形成的舌状滩、水道之间或两岛之间形成的脊岭状滩等。

10.3.2 砂质滩

砂质滩是由河流携带入海和沿岸岩石风化的泥沙在水动力的横向运动和纵向运动作用下形成的。砂质滩分布较广，多分布在海岛四周的海湾里，通常规模较小，出露宽度窄（2~5 千米）。

10.3.3 砾石滩

砾石滩是由卵石、砾石等粗颗粒沉积物构成，其形成过程分为岩石风化、崩塌阶段和岩石碎块在水动力作用下搬运、磨圆、再堆积阶段。

10.3.4 岩滩

岩滩指落潮后出露的海蚀平台、连岛礁坝、干出礁等石质性质的滩地，在大部分基岩岛上都有发育。岩滩多位于基岩海岸的迎风向浪场所，是基岩海岸受强烈海水动力作用侵蚀不断后退形成的。

10.4 海　　域

以海域用途为主要分类依据，遵循对海域使用类型的一般认识，并与海洋功能区划、海洋及相关产业等的分类相协调，将海域资产分类为农渔业区海域、工业与城镇用海区海域、港口航运区海域、旅游休闲娱乐区海域、矿产与能源区海域、特殊海域和保留区海域。

10.4.1 渔业用海

渔业用海，指为开发利用农渔业资源、开展海洋渔业和农业生产所使用的海域。

（1）渔业基础设施用海，指用于渔船停靠、进行装卸作业和避风，以及用以繁殖重要苗种的海域，包括渔业码头、引桥、堤坝、渔港港池（含开敞式码头前沿船舶靠泊和回旋水域）、渔港航道、附属的仓储地、重要苗种繁殖场所及陆 SH 市水养殖场延伸入海的取排水口等所使用的海域。

（2）围海养殖用海，指筑堤围割海域进行封闭或半封闭式养殖生产的海域。用海方式为围海养殖。

（3）开放式养殖用海，指无须筑堤围割海域，在开敞条件下进行养殖生产所使用的海域，包括筏式养殖、网箱养殖及无人工设施的人工投苗或自然增殖生产等所使用的海域。用海方式为开放式养殖。

（4）人工鱼礁用海，指通过构筑人工鱼礁进行增养殖生产的海域。用海方式为透水构筑物。

（5）农业填海造地用海，指通过筑堤围割海域，填成土地后用于农、林、牧业生产的海域，用海方式为农业填海造地。

10.4.2 工业与城镇用海区用海

工业与城镇用海区用海，指开展工业生产所使用的海域。

（1）船舶工业用海，指船舶（含渔船）制造、修理、拆解等所使用的海域，包括船厂的厂区、码头、引桥、平台、船坞、滑道、堤坝、港池（含开敞式码头前沿船舶靠泊和回旋水域，船坞、滑道等的前沿水域）及其他设施等所使用的海域。

（2）电力工业用海，指电力生产所使用的海域，包括电厂、核电站、风电场、潮汐及波浪发电站等的厂区、码头、引桥、平台、港池（含开敞式码头前沿船舶靠泊和回旋水域）、堤坝、风机座墩和塔架、水下发电设施、取排水口、蓄水池、沉淀池及温排水区等所使用的海域。

（3）其他工业用海，指上述工业用海以外的工业用海，包括水产品加工厂、化工厂、钢铁厂等厂区、企业专用码头、引桥、平台、港池（含开敞式码头前沿船舶靠泊和回旋水域）、堤坝、取排水口、蓄水池及沉淀池等所使用的海域。

（4）城镇建设填海造地用海，指通过筑堤围割海域，填成土地后用于城镇（含工业园区）建设的海域。

（5）废弃物处置填海造地用海，指通过筑堤围割海域，用于处置工业废渣、城市建筑垃圾、生活垃圾及疏浚物等废弃物，并最终形成土地的海域。

10.4.3 港口航运区海域

工业与城镇用海区用海，指为满足港口、航运、路桥等交通需要所使用的海域。

（1）港口用海，指供船舶停靠、进行装卸作业、避风和调动等所使用的海域，包括港口码头（含开敞式的货运和客运码头）、引桥、平台、港池（含开敞式码头前沿船舶靠泊和回旋水域）、堤坝及堆场等所使用的海域。

（2）航道用海，指交通部门划定的供船只航行使用的海域（含灯桩、立标及浮式航标灯等海上航行标志所使用的海域），不包括渔港航道所使用的海域。

（3）锚地用海，指船舶候潮、待泊、联检、避风及进行水上过驳作业等所使用的海域。

（4）路桥用海，指连陆、连岛等路桥工程所使用的海域，包括跨海桥梁、跨海和顺岸道路等及其附属设施所使用的海域，不包括油气开采用连陆、连岛道路和栈桥等所使用的海域。

10.4.4 旅游休闲娱乐区海域

旅游休闲娱乐区海域，指开发利用滨海和海上旅游资源，开展海上娱乐活动所使用的海域。

（1）旅游基础设施用海，指旅游区内为满足游人旅行、游览和开展娱乐活动需要而建设的配套工程设施所使用的海域，包括旅游码头、游艇码头、引桥、港池（含开敞式码头前沿船舶靠泊和回旋水域）、堤坝、游乐设施、景观建筑、旅游平台、高脚屋、旅游用人工岛及宾馆饭店等所使用的海域。

（2）浴场用海，指专供游人游泳、戏水的海域。

（3）游乐场用海，指开展游艇、帆板、冲浪、潜水、水下观光及垂钓等海上娱乐活动所使用的海域。

10.4.5 矿产与能源区海域

（1）盐业用海，指用于盐业生产的海域，包括盐田、盐田取排水口、蓄水池、盐业码头、引桥及港池（船舶靠泊和回旋水域）等所使用的海域。

（2）固体矿产开采用海，指开采海砂及其他固体矿产资源所使用的海域，包括海上以及通过陆地挖至海底进行固体矿产开采所使用的海域。

（3）油气开采用海，指开采油气资源所使用的海域，包括石油平台、油气开采用栈桥、浮式储油装置、输油管道、油气开采用人工岛及其连陆或连岛道路等所使用的海域。

（4）海水综合利用用海，指开展海水淡化和海水化学资源综合利用等所使用的海域。包括海水淡化厂、制碱厂及其他海水综合利用工厂的厂区、取排水口、蓄水池及沉淀池等所使用的海域。

10.4.6 特殊用海

特殊用海，指用于科研教学、军事、自然保护区及海岸防护工程等用途的海域。

（1）科研教学用海，指专门用于科学研究、试验及教学活动的海域。

（2）军事用海，指建设军事设施和开展军事活动所使用的海域。

（3）海洋保护区用海，指各类涉海保护区所使用的海域。

（4）海岸防护工程用海，指为防范海浪、沿岸流的侵蚀及台风、气旋和寒潮大风等自然灾害的侵袭，建造海岸防护工程所使用的海域，用海方式为非透水构筑物。

10.4.7 保留区海域

保留区海域：指上述用海类型以外的用海。

11

海域资源资产的计量、记录和报告

11.1 海域资源资产的计量

11.1.1 海域资源资产的实物量核算

海域资源资产实物量核算即真实描述某一特定区域在某一时点海域资源资产的存量和某一期间内的变化量情况，通常以各类资源管理部门的统计数据为基础，以实物单位为计量单位，是编制海域资源资产负债表的数据基础。本书参考 SEEA－2012 环境经济核心体系构建海域资源资产实物量表，分析海域资源资产的期初存量、变动量以及期末存量，如表 11－1 所示。

表 11－1　　海域资源资产实物量核算表

分类			期初存量	增加量	减少量	期末存量
海岸线	自然海岸线	基岩海岸线				
		砂质海岸线				
		淤泥质海岸线				
		生物海岸线				
		河口海岸线				

续表

分类			期初存量	增加量	减少量	期末存量
海岸线	人工海岸线	渔业岸线				
		港口码头岸线				
		临海工业岸线				
		旅游娱乐岸线				
		矿产能源岸线				
		城镇岸线				
		保护岸线				
		特殊用途岸线				
海岛	保护类岛屿	国家权益类				
		海洋自然保护类				
		自然遗迹和非生物资源保护类				
		海洋特别保护类				
		重要渔业品种保护类				
	利用类岛屿	围海（涂）类				
		港口与工业类				
		工程类				
		渔业类				
		农林牧类				
		旅游类				
		科学实验类				
		特殊开发类				
	保留类岛屿	保留类				
滩涂	泥滩					
	沙滩					
	岩滩					
	生物滩					

续表

分类			期初存量	增加量	减少量	期末存量
海域	农渔业区海域	渔业基础设施海域				
		围海养殖海域				
		开放式养殖海域				
		人工鱼礁海域				
		农业填海造地海域				
	工业与城镇用海区海域	船舶工业海域				
		电力工业海域				
		其他工业海域				
		城镇建设填海造地海域				
		废弃物处置填海造地海域				
		其他城镇海域				
	港口航运区海域	港口海域				
		航道海域				
		锚地海域				
		路桥海域				
	旅游休闲娱乐区海域	旅游基础设施海域				
		浴场海域				
		游乐场海域				
	矿产与能源区海域	固体矿产开采海域				
		油气开采海域				
		盐业海域				
		海水综合利用海域				
	特殊海域	科研教学海域				
		军事用海				
		海洋保护区海域				
		海岸防护工程海域				
	保留区海域					

11.1.2 海域资源资产的价值量核算

由于不同的海域资源，开发方式和资源属性不同，价值量核算的方法不尽相同，主要有市场价值法、收益还原法、替代市场法、成果参照法等。对海洋资源的价值量核算，要客观考察其作为自然资源的价值，还要把时间、社会发展阶段等动态要素纳入其中，考察其价值变化量。

（1）海岸线的价值量核算。海岸带的评估应按照分等定级评估，生产力理论、区位理论和地租理论是海岸带资源分等定级估价的理论基础，在分等定级的条件下进行收益还原法评估。

（2）海岛的价值量核算。《中华人民共和国海岛保护法》指出海岛分为有居民海岛和无居民海岛，海岛的价值量计算公式如下：

$$有居民海岛价格 = 平均基准地价 + 生态系统服务价值 \tag{11-1}$$

$$无居民海岛价格 = 平均海域使用金 + 生态系统服务价值 \tag{11-2}$$

（3）滩涂的价值量核算。根据滩涂服务功能的效益不同，分动植物产品价值评估、旅游休闲价值评估和科研教育价值评估，分别采用市场价值法、专家评估法、旅行费用法评估方法。

（4）海域的价值量核算。根据《海域评估技术指引》，海域价格评估的主要方法有收益法、成本法、假设开发法、市场比较法和基准价格系数修正法，各个方法有各自的适应范围。

11.2 海域资源资产的核算账户

11.2.1 海域资源资产核算的会计科目

结合经济管理要求，对比分析会计核算具体对象，通过科学分类并依据各类别的内容特征赋予其名称，从而形成了会计科目。其分类标准有许多种，最基本的一种是按会计要素分为六类，分别是：资产类、负债类、共同类、所有者权益类、成本类和损益类。也可依据提供信息的详细程度，分为总分类和明细类两类科目。海域资源资产会计科目是对海域资源资产会计核算具体对象划分类别后所形成的项目。设置海域资源资产会计科目是海域资源资产会计核算的依据，它可以反映资金的运动变化。

11.2.2 海域资源资产核算的会计账户

基于对海域资源资产的分类，依据各级分类来设置核算科目，便于明确海域资源资产核算对象。海域资源资产会计科目没有结构，它只是分类的标志，无法反映经济业务内容。但海域资源资产账户可以用来反映经济业务引起的会计核算具体对象的增减变化。一般的会计核算账户主要分为资产类账户、负债类账户、成本费用类账户和损益类账户四类。基于本书主要研究海域资源资产负债表编制，因此本节对资产类账户、负债类账户和损益类账户进行分析。

第一类是资产类账户，用以体现海域资源资产原值以及折旧损耗。“海域资源资产”账户体现总体情况，根据具体的海域资源资产分类构成二级科目，如“渔业资源资产”科目、“旅游资源资产”科目等，对各类海域资源资产的原值或增值变动进行核算。“海域资源资产累计折旧损耗”科目用来反映经营活动造成资源耗减的价值损失。

第二类是负债类账户，用于核算开发利用海域资源过程中产生的负债业务。二级科目具体反映因经营活动过度耗费资源而必须承担环保义务所花费的成本，可设置“应付海域污染治理费”“应付海域生态补偿费”等。

第三类是损益类账户，用于核算开发利用海域资源过程中取得的收入以及应计入当期利润的损失和利得。如“实收资本——国家资本”科目，国家作为海域资源资产的所有者，开发利用海域资源的投资活动可用此科目进行记录。“海域资源资产利润”科目，反映收入扣除相关支出、税金等费用后海域资源资产的净额。

11.3 海域资源资产负债表的编制

自然资源资产负债表包括正表和附表，正表反映所有的海域资源资产信息，附表是反映具体明细类别的海域资源资产信息。具体包括：(1) 海域资源资产负债表的正表；(2) 海域资源资产负债表的附表。其中，自然资源资产负债表的正表和附表，按计量单位不同，又分为实物量计量和价值量计量，以及实物量和价值量汇总。

11.3.1 海洋资源资产负债表

表 11－2 是基于实物量和价值量核算的海域资源资产负债表，或者称为海洋资源资产负债表（实物量和价值量）。

表 11－2　　海洋资源资产负债表（实物量和价值量）

××市（县、乡、镇）（核算主体的名称）

20××年　　单位：

资产	期初		本期增加		本期减少		期末	
	实物量	价值量	实物量	价值量	实物量	价值量	实物量	价值量
海岸线								
海岛								
滩涂								
海域								
资产总计								

表 11－3、表 11－4、表 11－5 和表 11－6 是海域资源资产负债表的附表，反映海域资源资产负债表内主要海域资源类别，即海岸线资源、海岛资源、滩涂资源和海域资源，其明细类别和实物量、价值量变动的报表。

11.3.2 海岸线资源资产负债表

表 11-3　　海岸线资源资产负债表（实物量和价值量）

××市（县、乡、镇）（核算主体的名称）

20××年

资产	期初		本期增加		本期减少		期末	
	实物量	价值量	实物量	价值量	实物量	价值量	实物量	价值量
人工岸线								
自然岸线								
海岸线总计								

11.3.3 海岛资源资产负债表

表 11-4　　海岛资源资产负债表（实物量和价值量）

××市（县、乡、镇）（核算主体的名称）

20××年　　　　单位：

资产	期初		本期增加		本期减少		期末	
	实物量	价值量	实物量	价值量	实物量	价值量	实物量	价值量
国家权益类								
海洋自然保护类								
自然遗迹和非生物资源保护类								
海洋特别保护类								
重要渔业品种保护类								
保护类海岛小计								
围海（涂）类								

续表

资产	期初		本期增加		本期减少		期末	
	实物量	价值量	实物量	价值量	实物量	价值量	实物量	价值量
港口与工业类								
工程类								
渔业类								
农林牧类								
旅游类								
科学实验类								
特殊开发类								
利用类海岛小计								
保留类海岛								
海岛总计								

11.3.4 滩涂资源资产负债表

表 11－5　　　　滩涂资源资产负债表（实物量和价值量）

××市（县、乡、镇）（核算主体的名称）

20××年　　　　　　　　单位：

资产	期初		本期增加		本期减少		期末	
	实物量	价值量	实物量	价值量	实物量	价值量	实物量	价值量
淤泥质滩								
砂质滩								
砾石滩								
岩滩								
滩涂总计								

11.3.5 海域资源资产负债表

表 11－6　　海域资源资产负债表（实物量和价值量）

××市（县、乡、镇）（核算主体的名称）

20××年　　　　单位：

资产	期初		本期增加		本期减少		期末	
	实物量	价值量	实物量	价值量	实物量	价值量	实物量	价值量
农渔业区海域								
港口航运区海域								
工业与城镇用海区海域								
矿产与能源区海域								
旅游休闲娱乐区海域								
特殊利用区海域								
保留区海域								
海域总计								

12

海域资源资产的分类账户

12.1　海岸线资源资产账户

12.1.1　核算范围和分类标准

根据海岸线自然状态的改变与否，将海岸线划分自然海岸线和人工海岸线。海岸线的分类如表 12－1 所示。

表 12－1　　海岸线的分类

二级分类	三级分类	含义
自然海岸线	指保持自然海岸属性特征，没有受到人类活动改变形态与属性的海岸线	
	基岩海岸线	潮间带底质以基岩为主的海岸线
	砂质海岸线	潮间带底质主要为沙砾的海岸线
	淤泥质海岸线	潮间带底质基本为粉砂、淤泥的海岸线
	生物海岸线	潮间带是由某种生物特别发育而形成的海岸线
	河口海岸线	河流与海洋的分界线
人工海岸线	指通过人工修筑堤坝、围堰等海岸工程方式，将自然海岸形态改变成为人工海岸形态的人造海岸线	
	渔业岸线	指用于渔业生产和重要渔业品种保护的海岸线
	港口码头岸线	指用于港口码头建设的海岸线

续表

二级分类	三级分类	含义
人工海岸线	临海工业岸线	指用于建设用填海和围海（港口建设除外）发展临海工业的海岸线
	旅游娱乐岸线	指用于各类旅游、娱乐、休闲活动的海岸线
	矿产能源岸线	指用于油气开采、盐业生产、海洋矿产资源开发等矿产能源开发的海岸线
	城镇岸线	指用于城市、城镇、滨海新区公共和基础设施建设、城镇居民亲海、赶海等功能用途的海岸段
	保护岸线	指位于各类海岸保护区内的海岸线及其各类需要保护的海岸线
	特殊用途岸线	指用于其他特殊功能用途的海岸线

12.1.2 核算表式

海岸线资源资产账户包括海岸线资源资产存量及变动表、海岸线资源资产价值量变动表，分别见表 12 –2 和表 12 –3。

表 12 –2　　海岸线资源资产存量及变动表

20××年

单位（章）：　　　　　　计量单位：

项目	代码	期初存量	增加量	减少量	期末存量
合计					
自然海岸线					
基岩海岸线					
砂质海岸线					
淤泥质海岸线					
生物海岸线					
河口海岸线					
人工海岸线					

续表

项目	代码	期初存量	增加量	减少量	期末存量
渔业岸线					
港口码头岸线					
临海工业岸线					
旅游娱乐岸线					
矿产能源岸线					
城镇岸线					
保护岸线					
特殊用途岸线					

单位负责人：　　填表人：　　联系电话：　　报出日期：　　年　　月　　日

表 12－3　　海岸线资源资产价值量变动表

20××年

单位（章）：　　　　计量单位：

项目	代码	期初存量	增加量	减少量	期末存量
合计					
自然海岸线					
基岩海岸线					
砂质海岸线					
淤泥质海岸线					
生物海岸线					
河口海岸线					
人工海岸线					
渔业岸线					
港口码头岸线					
临海工业岸线					
旅游娱乐岸线					
矿产能源岸线					

续表

项目	代码	期初存量	增加量	减少量	期末存量
城镇岸线					
保护岸线					
特殊用途岸线					

单位负责人：　　填表人：　　联系电话：　　报出日期：　　年　　月　　日

12.1.3 计算方法

根据海岸带情况，从海岸带资源的丰度和品质、海岸带资源的稀缺性、海岸带资源的环境条件、地理位置和社会因素五个方面对海岸带进行分等定级（优秀为90~100分，良好为80~90分，合格为60~80分，不及格为60分以下）并计算得分，如表12-4所示。在此基础上，运用收益还原法评估海岸带的价值。具体计算步骤如下。

第一步，海岸线的分等定级。

表12-4　　海岸线分等定级表

海岸带情况	海岸带资源的丰度和品质	海岸带资源的稀缺性	海岸带资源的环境条件	地理位置	社会因素
分数	K_1	K_2	K_3	K_4	K_5

注：优秀为90~100分，良好为80~90分，合格为60~80分，不及格为60分以下。

第二步，计算海岸带的最终得分：$K=\frac{K_1+K_2+K_3+K_4+K_5}{500}$　　(12-1)

第三步，运用具体收益还原法计算海岸线的价值：$P=\frac{R-(1+i)I-T}{S\times i}\times K$

(12-2)

式(12-1)、式(12-2)中，P为海岸线的价值；R为旅游、养殖业等收入的总和；I为海岸线各类养护的成本；T为税率；i为收益还原率，采用当年的银行利率；S为养殖面积；K为分等定级因素。

12.2 海岛资源资产账户

海岛是指四面环海并在高潮时高于水面的自然形成的陆地区域，包括有居民海岛和无居民海岛。此处海岛资源主要考虑无居民海岛。

12.2.1 核算范围和分类标准

海岛资源账户核算范围包括我市辖区海域内的所有无居民岛。根据《关于开展市县级海岛保护规划编制工作的通知》，将现行市县级海岛分类如表12－5所示。

表12－5 海岛分类

一级指标	二级指标	含义
保护类岛屿	在维护国家海洋权益和保障国家海上安全方面具有重要价值，或在已建或待建海洋自然保护区、海洋特别保护区范围内，以及具有其他特殊功能	
	国家权益类	我国领海基点岛、主权归属存在争议岛屿，以及其他具有重要政治利益、经济利益在内的无居民海岛
	海洋自然保护类	岛屿及岛屿周围海域具有典型的海洋生态系统、高度丰富的海洋生物多样性以及珍稀濒危动植物物种集中分布地等
	自然遗迹和非生物资源保护类	岛屿及岛屿周围海域具有重大科学文化价值的海洋自然遗迹与海洋文化遗存
	海洋特别保护类	岛屿及岛屿周围海域具有典型海洋生态系统和重要生态服务功能；或是资源密度大且类型复杂、相关涉海产业多、开发强度高，需协调管理；或是海洋资源与生态环境亟待恢复、修复和整治等
	重要渔业品种保护类	周围海域具有一定渔业资源，或重要的产卵场、索诱场

续表

一级指标	二级指标	含义
利用类岛屿	规划期内，因岛屿及岛屿周围海域具有较为丰富的港口、岸线、滩涂、旅游、生物、矿产、土地、景观等方面的资源，根据当地经济、社会发展的需要，进行适度开发建设的无居民海岛	
	围海（涂）类	因围海、围涂工程建设的需要，与周边岛屿或陆地相连，部分改变海岛属性与功能的无居民海岛
	港口与工业类	利用海岛实施港口航运、仓储中转、临港工业等项目开发的无居民海岛
	工程类	利用岛屿建设跨海桥梁、防波堤、海底物质输送管道、海底供水管道、电力供应设施、海底信息光缆等
	渔业类	利用岛屿建设围塘养殖场和管理人员、鱼汛期渔民的临时居住设施，以及利用岛屿周围海域实施水产养殖、繁育
	农林牧类	气候、土壤、淡水资源等适合农、林、牧业开发利用的无居民海岛
	旅游类	利用岛屿及岛屿周围海域进行观光旅游、休闲旅游，以及适度建设旅游接待所需的宾馆、码头、商业设施的无居民海岛
	科学实验类	利用岛屿及岛屿周边海域实施物种引种、培育示范，以及进行海洋水文、气象观测
	特殊开发类	利用岛屿作为临时救助站、接待站、危险品储存、垃圾处理等用途
保留类岛屿	保留类	规划期限内，以目前的技术手段和认识水平，难以判别其资源禀赋优势而进行开发功能定位的无居民海岛

12.2.2 核算表式

海岛资源资产账户分为海岛资源存量及变动表（见表12－6）和海岛资源价值量及变动表（见表12－7）。

表 12－6　　海岛资源存量及变动表

20××年

单位（章）：　　　　　　　　　　　　计量单位：

指标名称	代码	期初存量	增加量	减少量	期末存量
合计					
保护类海岛					
国家权益类					
海洋自然保护类					
自然遗迹和非生物资源保护类					
海洋特别保护类					
重要渔业品种保护类					
利用类海岛					
围海（涂）类					
港口与工业类					
工程类					
渔业类					
农林牧类					
旅游类					
科学实验类					
特殊开发类					
保留类海岛					

单位负责人：　　填表人：　　联系电话：　　报出日期：　　年　　月　　日

表 12－7　　海岛资源价值量及变动表

20××年

单位（章）：　　　　　　　　　　　　计量单位：

指标名称	代码	期初存量	增加量	减少量	期末存量
合计					
保护类海岛					
国家权益类					

续表

指标名称	代码	期初存量	增加量	减少量	期末存量
海洋自然保护类					
自然遗迹和非生物资源保护类					
海洋特别保护类					
重要渔业品种保护类					
利用类海岛					
围海（涂）类					
港口与工业类					
工程类					
渔业类					
农林牧类					
旅游类					
科学实验类					
特殊开发类					
保留类海岛					

单位负责人：　　填表人：　　联系电话：　　报出日期：　　年　　月　　日

12.2.3　计算方法

海岛除了陆地区域可进行开发利用外，海岛及其周边海域还具有生态系统服务价值，因此海岛价格主要有两部分组成，其中无居民海岛价格包括平均海域使用金和生态系统服务价值，计算公式如下：

$$无居民海岛价格=平均海域使用金+生态系统服务价值 \quad (12-3)$$

12.2.4　指标解释

（1）平均海域试用金。无居民海岛海域使用金的测算方法参考《无居民海岛使用金评估规程（试行）》。2010 年 3 月 1 日起正式生效实施的《中华人民共和国海岛保护法》将无居民海岛有偿使用作为该法确立的基本制度之一，明确规定“经批准开发利用无居民海岛的，应当缴纳使用金”；

2010年6月13日财政部和国家海洋局联合下发了《关于印发〈无居民海岛使用金征收使用管理办法〉的通知》，进一步明确了我国的无居民海岛有偿使用制度，并规定“无居民海岛使用权出让前由具有资产评估资格的中介机构对出让加快进行评估”。为了落实无居民海岛有偿使用制度，依《海岛保护法》和《无居民海岛使用金征收使用管理办法》的相关规定，2010年，国家海洋局组织编制了《无居民海岛使用金评估规程（试行)》和《无居民海岛使用测量规范（草案)》；同年7～11月，国家海洋局组织技术单位分别在河北省唐山市菩提岛、山东省即墨市①驴岛进行实地测量和评估试点，并根据实际评估和测量所发现的问题进行了修改和完善。2011年6月正式发布了《无居民海岛使用测量规范》，并就《无居民海岛使用金评估规程（试行)》进行了意见征询，无居民海岛评估技术体系已初步形成。

（2）生态系统服务价值。海岛生态系统在地域上包括海岛陆地部分和环岛近海。海岛生态系统兼有陆地和海洋的生态系统特征，同时海岛生态系统的功能不是岛陆子系统与近海子系统的简单叠加，而应具备岛陆子系统和近海子系统所不具有的特殊的功能。海岛生态系统服务价值评估体系如表12－8所示。生态系统服务价值的计算参照滩涂部分。

表12－8　海岛生态系统服务体系分类

类别	生态系统服务	表现形式
A　供给功能	A_1　食品生产	渔业生产（养殖、捕捞）种植业
	A_2　O_2 生产	海洋初级生产产生氧气森林产氧
	A_3　原料生产	作为工业原料。在价值评估中，因此部分包括在 A_1 中，故不重复计算
B　调节功能	B_1　生物多样性维持与保护	海洋：海洋保护区维护成本 陆地：因自然保护区而放弃的森林经济
	B_2　气候调节	海洋：初级生产过程中光合作用吸收 CO_2 陆地：森林吸收 CO_2 等
	B_3　废弃物处理	海水自净功能
	B_4　涵养水源	森林涵养水源功能

① 2017年10月30日，即墨市撤销，设立青岛市即墨区。

续表

类别	生态系统服务	表现形式
C 文化功能	C_1 休闲娱乐	旅游价值
	C_2 文化用途	海洋的文化价值
	C_3 科研价值	科研经费投入量

12.3 滩涂资源资产账户

12.3.1 核算范围和分类标准

根据滩地物质组成的不同，可将海岛潮间带类型分为淤泥质滩、砂质滩、砾石滩和岩滩。滩涂的分类如表 12－9 所示。

表 12－9　　　　滩涂分类

二级类	含义
淤泥质滩	指由粉砂和淤泥等细颗粒物质所组成的坡度平缓的滩地
砂质滩	由河流携带入海和沿岸岩石风化的泥沙在水动力的横向运动和纵向运动作用下形成的滩地
砾石滩	由卵石、砾石等粗颗粒沉积物构成的滩地
岩滩	指落潮后出露的海蚀平台、连岛礁坝、干出礁等石质滩地

12.3.2 核算表式

滩涂资源资产账户包括滩涂资源存量及变动表、滩涂价值量变动表，分别是表 12－10 和表 12－11。

表 12－10　　　　　　滩涂资源资产存量及变动表

20××年

单位（章）：　　　　　　　　　　　　　　　　计量单位：

项目	代码	期初存量	增加量	减少量	期末存量
合计					
淤泥质滩					
砂质滩					
砾石滩					
岩滩					

单位负责人：　　填表人：　　联系电话：　　报出日期：　　年　　月　　日

表 12－11　　　　　　滩涂资源资产价值量变动表

20××年

单位（章）：　　　　　　　　　　　　　　　　计量单位：

项目	代码	期初存量	增加量	减少量	期末存量
合计					
淤泥质滩					
砂质滩					
砾石滩					
岩滩					

单位负责人：　　填表人：　　联系电话：　　报出日期：　　年　　月　　日

12.3.3　计算方法

主要从动植物产品价值评估、旅游休闲价值评估和科研教育价值评估三方面开展滩涂价值评估。不同价值类型的评估方法不同，具体评估方法如表 12－12 所示。

表 12 – 12　　　　滩涂价值评估方法

价值类型	评估方法
（1）动植物产品价值	市场价值法
（2）旅游休闲价值	旅行费用法
（3）科研教育价值	专家评估法

因此，滩涂价值 = 动植物产品价值评估 + 旅游休闲价值评估 + 科研教育价值评估。

（1）动植物产品价值，采用市场价值法评估，公式如下：

$$D_f = d_f \times S \times aD_f = d_f \times S \times a \tag{12-4}$$

其中，D_f 为动植物产品价值，d_f 为研究单位海域动植物的价值，S 为研究海域的面积，a 为平均利润率。

（2）旅游休闲价值，采用旅行费用法评估，公式如下：

旅游价值 = 旅游费用支出 + 旅行时间价值 + 其他费用　（12 – 5）

其中，旅游费用支出分为交通费用和当地的其他支出（包括餐饮、食宿、门票、游船等），而旅行时间价值用游客的滞留日数乘以其收入水平得到。

（3）科研教育价值，采用专家评估法，公式如下：

科研教育价值 = 生态系统的科考平均价值 × 滩涂面积　（12 – 6）

按照我国单位面积湿地生态系统的科考价值 382 元/公顷和科斯坦扎（Costanza）等人对全球湿地生态系统科考旅游的功能价值 861 美元/公顷的平均值 3 897. 2 元/公顷作为瑞安市滩涂的科考旅游功能的价值。

12. 4　海域资源资产账户

12. 4. 1　核算范围和分类标准

以海域用途为主要分类依据，遵循对海域使用类型的一般认识，并与海洋功能区划、海洋及相关产业等的分类相协调，将海域分为农渔业区海域、工业与城镇用海区海域、港口航运区海域、旅游休闲娱乐区海域、矿产与能源区海域、特殊海域、保留区海域，海域的分类如表 12－13 所示。

表 12－13　海域分类表

二级分类	三级分类	含义
农渔业区海域	指为开发利用农渔业资源、开展海洋渔业和农业生产所使用的海域	
	渔业基础设施海域	指用于渔船停靠、进行装卸作业和避风，以及用以繁殖重要苗种的海域
	围海养殖海域	指筑堤围割海域进行封闭或半封闭式养殖生产的海域
	开放式养殖海域	指无须筑堤围割海域，在开敞条件下进行养殖生产所使用的海域
	人工鱼礁海域	指通过构筑人工鱼礁进行增养殖生产的海域
	农业填海造地海域	指通过筑堤围割海域，填成土地后用于农、林、牧业生产的海域
工业与城镇用海区海域	指开展工业生产所使用的海域	
	船舶工业海域	指船舶（含渔船）制造、修理、拆解等所使用的海域
	电力工业海域	指电力生产所使用的海域
	其他工业海域	指上述工业用海以外的工业用海
	城镇建设填海造地海域	指通过筑堤围割海域，填成土地后用于城镇（含工业园区）建设的海域
	废弃物处置填海造地海域	指通过筑堤围割海域，用于处置工业废渣、城市建筑垃圾、生活垃圾及疏浚物等废弃物，并最终形成土地的海域
	其他城镇海域	指上述城镇用海以外的城镇用海
港口航运区海域	指为满足港口、航运、路桥等交通需要所使用的海域	
	港口海域	指供船舶停靠、进行装卸作业、避风和调动等所使用的海域
	航道海域	指交通部门划定的供船只航行使用的海域
	锚地海域	指船舶候潮、待泊、联检、避风及进行水上过驳作业等所使用的海域
	路桥海域	指连陆、连岛等路桥工程所使用的海域

续表

二级分类	三级分类	含义
旅游休闲娱乐区海域	开发利用滨海和海上旅游资源，开展海上娱乐活动所使用的海域	
	旅游基础设施海域	指旅游区内为满足游人旅行、游览和开展娱乐活动需要而建设的配套工程设施所使用的海域
	浴场海域	指专供游人游泳、嬉水的海域，用海方式为浴场
	游乐场海域	指开展游艇、帆板、冲浪、潜水、水下观光及垂钓等海上娱乐活动所使用的海域
矿产与能源区海域	指开采海砂及其他固体矿产资源所使用的海域	
	固体矿产开采海域	指开采海砂及其他固体矿产资源所使用的海域
	油气开采海域	指开采油气资源所使用的海域
	盐业海域	指用于盐业生产的海域
	海水综合利用海域	指开展海水淡化和海水化学资源综合利用等所使用的海域
特殊海域	指用于科研教学、军事、自然保护区及海岸防护工程等用途的海域	
	科研教学海域	指专门用于科学研究、试验及教学活动的海域
	军事用海	指建设军事设施和开展军事活动所使用的海域
	海洋保护区海域	指各类涉海保护区所使用的海域
	海岸防护工程海域	指为防范海浪、沿岸流的侵蚀及台风、气旋和寒潮大风等自然灾害的侵袭，建造海岸防护工程所使用的海域
保留区海域		指上述用海类型以外的用海

12.4.2 核算表式

海域资源资产账户包括海域资源存量及变动表、海域价值量变动表，分别是表 12 – 14 和表 12 – 15。

表 12－14　　海域资源资产存量及变动表

20××年

单位（章）：　　计量单位：

项目	代码	期初存量	增加量	减少量	期末存量
合计					
农渔业区海域					
渔业基础设施海域					
围海养殖海域					
开放式养殖海域					
人工鱼礁海域					
农业填海造地海域					
工业与城镇用海区海域					
船舶工业海域					
电力工业海域					
其他工业海域					
城镇建设填海造地海域					
废弃物处置填海造地海域					
其他城镇海域					
港口航运区海域					
港口海域					
航道海域					
锚地海域					
路桥海域					
旅游休闲娱乐区海域					
旅游基础设施海域					
浴场海域					
游乐场海域					
矿产与能源区海域					
固体矿产开采海域					
油气开采海域					

续表

项目	代码	期初存量	增加量	减少量	期末存量
盐业海域					
海水综合利用海域					
特殊海域					
科研教学海域					
军事用海					
海洋保护区海域					
海岸防护工程海域					
保留区海域					

单位负责人：　　填表人：　　联系电话：　　报出日期：　　年　　月　　日

表 12-15　　海域资源资产价值量变动表

20××年

单位（章）：　　计量单位：

项目	代码	期初存量	增加量	减少量	期末存量
合计					
农渔业区海域					
渔业基础设施海域					
围海养殖海域					
开放式养殖海域					
人工鱼礁海域					
农业填海造地海域					
工业与城镇用海区海域					
船舶工业海域					
电力工业海域					
其他工业海域					
城镇建设填海造地海域					
废弃物处置填海造地海域					
其他城镇海域					

续表

项目	代码	期初存量	增加量	减少量	期末存量
港口航运区海域					
港口海域					
航道海域					
锚地海域					
路桥海域					
旅游休闲娱乐区海域					
旅游基础设施海域					
浴场海域					
游乐场海域					
矿产与能源区海域					
固体矿产开采海域					
油气开采海域					
盐业海域					
海水综合利用海域					
特殊海域					
科研教学海域					
军事用海					
海洋保护区海域					
海岸防护工程海域					
保留区海域					

单位负责人：　　填表人：　　联系电话：　　报出日期：　　年　　月　　日

12.4.3 计算方法

根据《海域评估技术指引》，海域价格评估的主要方法有收益还原法、成本法、假设开发法、市场比较法和基准价格系数修正法。

1. 收益还原法

收益还原法是在预测待估海域未来的正常纯收益的基础上，选择适当的还原利率，将未来每年的纯收益折算到评估基准日的现值累加之和作为待估海域价格的一种方法。收益还原法有三个基本要素，分别是预期纯收益、还原利率和收益年限。收益还原法的基本公式如下。

$$P = \sum_{i=1}^{n} \frac{a_i}{(1+r_1)(1+r_2)\cdots(1+r_n)} \tag{12-7}$$

式（12-7）中，P 表示待估海域价格；a_i 表示第 i 年待估海域的纯收益，$i=1$，2，…，n；r 表示第 i 年还原利率，$i=1$，2，…，n；n 表示待估海域的使用年限。

运用收益还原法进行评估时，待估对象需要具备三个前提条件：

（1）待估对象具有独立的、能够连续获得收益的能力；

（2）预期的未来收益是可以量化进行计算的；

（3）预期的未来收益中包含风险收益，但是风险是可以估算的。

2. 成本法

成本法是在海域开发所需的各项费用的基础上，加上正常的利息、利润、税费和增值收益来估算海域价格的一种方法。成本法的基本公式如下。

$$P = (Q + D + B + I + T) \times K \tag{12-8}$$

式（12-8）中，P 表示待估海域价格；Q 表示海域资源取得费；D 表示海域资源开发费；B 表示海域开发利息；I 表示海域开发利润；T 表示税费；K 表示海域使用年期修正系数。

海域的开发利息按照海域的正常开发周期、各项费用的投入期限和资本年利息率，根据开发过程中各期的投入来估算。开发利润一般参考投资项目所属行业的平均利润水平来确定。税费指海域开发过程中必须支付的有关税收和费用。

成本法一般适用于海域市场发育尚不完全、交易案例较少的地区的工业、旅游用海等。

3. 假设开发法

假设开发法又被称为剩余法、倒算法，是一种根据待估海域开发完成后的预期价值扣除正常的开发成本、税费和利润等来估算待估海域在估算时点的价值的一种方法。假设开发法的基本公式如下。

$$P = V - Z - I \tag{12-9}$$

式（12-9）中，P 表示待估海域价格；V 表示估价对象开发完成后的价值；Z 表示开发成本；I 表示开发利润。

假设开发法在使用时要求海域最后的估价结果不能低于海域开发前其收益资本化的评估价格，对于开发前后性质改变的海域，其评估结果不能低于海域综合效益的补偿价格。假设开发法一般比较适用于填海造地、游乐场等构筑物用海价格的评估。

4. 市场比较法

市场比较法是根据替代原理，将待估海域与估价时点相近的已经发生交易的类似海域进行比较，并依据类似海域的交易价格，对待估海域进行交易情况、到期日及个别因素等的修正得出待估海域价格的一种方法。市场比较法的基本公式如下。

$$P = P_B \times K_1 \times K_2 \times K_3 \times K_4 \tag{12-10}$$

式（12-10）中，P 表示待估海域价格；P_B 表示比较实例的海域价格；K_1 表示交易情况修正系数；K_2 表示海域使用年期修正系数；K_3 表示评估基准日修正系数；K_4 表示海域价格影响因素修正系数。

交易情况修正是指排除交易行为中的一些特殊情况所造成的比较实例的价格偏差，将其成交价格修正为正常市场价格。评估人员可通过已掌握的交易资料进行分析计算，将特殊因素对海域价格的影响程度求和，确定修正系数。

海域使用年期修正是指将各种比较案例的不同使用年期修正到评估对象的使用年期，得出修正系数，以消除海域使用年期不同对价格带来的影响。

评估基准日修正是将比较实例在其成交日期的价格调整为评估基准日的价格。

海域价格影响因素修正是对比较实例的价格影响因素进行修正，价格影响因素分为区域因素和个别因素，区域因素主要包括配套设施完善程度、交通便捷程度、海域所在地区经济发展水平等一系列因素的修正，个别因素主要包括用海面积、水文、生物状况、自然灾害发生频率等。

运用市场比较法进行评估时，首先要确定评估对象与比较实例具有相同或类似的交易市场，并且这个市场是正常的、公开的、完全的市场。在选择比较实例时，需要在类似交易市场选择与待估海域各方面条件类似的实例用于比较。具体来说，选取的比较实例应符合以下条件：

（1）与待估海域属于同一单元或者质量评价相当的海域；

（2）与待估海域属于同一用海类型并且具体开发用途相同；

（3）与待估海域有着相同或相近的交易方式；

（4）与待估海域的评估基准日相近；

（5）比较实例必须为正常交易，没有其他特殊因素影响，或者其可以修正为正常交易。

一般来说，市场比较法适用于海域市场发达、有着充足的可替代的海域、交易实例可选择的地区。

5. 基准价格系数修正法

基准价格系数修正法是以不同使用类型、不同等别海域的基准价格为基础，利用各类各等用海的因素优劣度评价标准表和对应的系数修正表，对待估海域的区域因素和个别因素进行综合分析，判断待估海域价格对于基准价格的修正幅度，从而确定待估海域价格的方法。基准价格系数修正法的基本公式如下。

$$P = P_j \times (1 + K) \times K_j \qquad (12-11)$$

式（12－11）中，P 表示待估海域价格；P_j 表示某一海域使用类型的海域基准价格；K 表示海域价格影响因素总修正总幅度；K_j 表示其他修正系数。

海域价格影响因素总修正总幅度，指根据海域基准价格修正体系和评估对象的具体条件确定的各影响因素修正系数之和；其他修正系数指评估基准日修正系数、海域使用年期修正系数、交易情况修正系数的乘积。基准价格系数修正法适用于已经公布海域基准价格的区域。

13

基于价值评估的海域资源资产负债表编制

编制自然资源资产负债表有助于掌握自然资源状况及管理效果，最终达到合理利用自然资源、保护自然环境的目的。海域资源资产负债表可以为海域管理或海域资源交易制度、海域生态破坏赔偿制度等相关政策的颁布提供有用信息。借鉴会计学平衡原理，海域资源资产负债表满足“海域资源资产=海域资源负债+海域资源所有者权益”等式，它既反映某一时点海域资源资产、海域资源负债和海域资源所有者权益的实物量信息，又反映相关要素的价值量信息，其核算对象是海域资源。海域资源所有权属于国家，因此应以国家为主体编制海域资源资产负债表。

资产负债表在企业中的运用已十分成熟，它反映了企业某一特定日期财务状况，从形式上看有报告式和账户式两种。账户式资产负债表分为左右两列，左列为资产项目，右列为负债和所有者权益的各个项目。资产负债表已有的技术和形式都为海域资源资产负债表的编制提供理论依据和实践指导。本书按账户式结构设计海域资源资产负债表，反映海域资源资产现状，让政府部门和相关职能部门掌握海域资源资产实际情况，提高海域资源使用效率。

13.1 海域资源资产负债表编制的原则和路径

13.1.1 海域资源资产负债表编制的原则

（1）基本原则。海域资源资产负债表要与自然资源资产负债表一脉相承，海域资源是自然资源中的一种，编制海域资源资产负债表受自然资源资产负债表的统筹和控制。对于海域资源的核算研究是对现有自然资源核算体系的补充和完善，因此在编制海域资源资产负债表的实践应用过程中应符合自然资源核算体系的要求。报表编制在现有研究和实践应用的基础上，尽可能与其他自然资源核算体系相联系，完善自然资源资产负债表整体体系。

（2）价值计量原则。资产负债表最终是要以货币形式体现资产的价值，因此在海域资源资产实物量核算的基础上，进一步对海域资源资产价值量核算进行分析。“实物量”与“价值量”反映海域资源数量实际变化情况的同时，兼顾反映质量状况。依照权责发生制要求，海域资源资产负债表要同时体现“实物量核算”和“价值量核算”的结果。海洋特殊的流动性决定了海域资源具有很强的变化性，结合实物量的变化和价值量的变化，统筹分析经济活动带来的利弊，例如污染对海域造成的影响在时间上具有持续性，表现在当期或者以后的时间范围内；在影响范围上具有扩散性，污染可能波及邻近海域，这些损失都应包含在价值量核算范围内。如果价值发生变化但实物权责未变，也应进行记账。

（3）实用性原则。海洋资源资产负债表既要能推广至其他类海洋资源的资产负债表编制使用，又能为报表使用者提供真实可靠的信息。海域资源是海洋资源的一部分，各类资源间存在丰富的物质交换，会产生新的价值，因此海洋资源还有广阔的探索研究空间。海域资源资产会计核算和报表编制是完善海域资源资产会计研究体系的基础工作，通过海域资源资产负债表向使用者准确提供有效信息，体现其使用价值。

13.1.2 海域资源资产负债表编制的路径

在自然资源资产的研究中，肖序等（2015）设计了一个动静结合的报表体系。海域资源种类繁多，对其数量、价值量的列报在结构和格式方面都较为复杂，一张报表不足以清楚反映实质内容。因此，本书也设计一套适于海域资源资产管理的报表体系，充分体现对海域资源状况的掌控。在前文对海域资源资产分类和产权分析的基础上，以“先实物后价值，先分类后汇总”的逻辑，分三个步骤编制海域资源资产负债表。

第一步，编制海域资源资产、负债和所有者权益实物量表。在实物量表的基础上，运用价值评估方法，以货币形式体现海域资源资产、负债、所有者权益价值，并编制价值量表。表式设计遵循平衡等式：期末存量 = 期初存量 + 本期增加量 - 本期减少量，反映出海域资源资产、负债以及所有者权益的期初和期末的实物量，期初和期末的价值量，当期实物量和价值量的变化情况。

第二步，编制海域资源资产表和负债表。基于实物量核算和价值量核算，以分列式的结构，构建海域资源资产表和海域资源负债表。

第三步，编制海域资源资产负债表。遵循账户式报表结构，结合平衡等式“资产 = 负债 + 所有者权益”，分列实物量结果和价值量结果，反映海域资源资产负债的实际情况。

13.2 海域资源的实物量资产负债表

13.2.1 海域资源会计要素的实物量核算

自然资源资产核算体系由实物量核算和价值量核算共同构成，满足平衡等式：期末存量 = 期初存量 + 本期增加量 - 本期减少量。并且自然资源资产的实物量核算是前提，在明确资产实际保有量的情况下，价值核算才是有意义的研究。因此，本书首先对海域资源资产的实物量核算进行分析。

在国家已设置自然资源实物量核算的基础上，本书依据海域资源会计要素及其分类，编制海域资源资产实物量表。依前文所述，海域资源资产分为渔业资源资产、港航资源资产、旅游资源资产、矿能资源资产、生物资源资产、生态环境资源资产和其他海域资源资产等七类，依据这七项指标计算得出海域资源资产总量。因此海域资源资产实物量核算表的横向为具体核算对象即各类海域资源资产，纵向列示其分类统计和总量小计，并且遵循平衡等式：海域资源期末存量 = 海域资源期初存量 + 海域资源本期增加量 - 海域资源本期减少量。除了反映海域资源资产期初存量和期末存量外，还需按照影响因素列示具体海域资源资产的增加量和减少量。具体而言主要是自然因素和人为因素影响海域资源增减变化。自然因素即地壳运动等正常的自然现象引起的海域环境变化、生物总量增减，或者重大自然灾害所导致的资源保有量的显著变化。人为因素即开发利用海域资源对资源总量或生态环境造成的变化。

13.2.2 海域资源资产的实物量表

海域资源资产实物量表中，以物理计量单位作为实物量核算的单位，贺义雄等（2015）提出以公顷或亩为海域资源实物量核算的计量单位。本书选取面积单位公顷对海域资源资产进行实物量统计，以便不同类型海域之间进行统一比较，明确各类海域资源的使用状况和增减变化情况。因不同类型海域资源特征差异较大，各类海域资源资产可依据各自特征或属性进行二级划分，在二级划分下进行实物量统计分析。统计数据以自然资源部、海洋局、统计局或相关部门公布数据为准。环境经济核算体系 SEEA - 2012 提供了广为认可的核算理论和方法。借鉴此理论构建海域资源资产实物量表，以做好海域资源资产负债表编制工作的前期准备，如表 13 - 1 所示。

表 13-1　　海域资源资产实物量表

编制部门：　　编制日期：　　单位：

项目	渔业资源资产	港航资源资产	旅游资源资产	矿能资源资产	生物资源资产	生态环境资源资产	其他海域资源资产
期初存量	A_1	A_2	A_3	A_4	A_5	A_6	A_7
当期增加量小计	P_1	P_2	P_3	P_4	P_5	P_6	P_7
自然增加	i_1	i_2	i_3	i_4	i_5	i_6	i_7
人为技术增加	b_1	b_2	b_3	b_4	b_5	b_6	b_7
新发现存量	g_1	g_2	g_3	g_4	g_5	g_6	g_7
当期减少量小计	M_1	M_2	M_3	M_4	M_5	M_6	M_7
自然耗损	j_1	j_2	j_3	j_4	j_5	j_6	j_7
人为开发	k_1	k_2	k_3	k_4	k_5	k_6	k_7
未知因素减少	v_1	v_2	v_3	v_4	v_5	v_6	v_7
期末存量	C_1	C_2	C_3	C_4	C_5	C_6	C_7

A_1、A_2、A_3、A_4、A_5、A_6、A_7 分别表示依据用海功能划分的七类海域资源资产各自的期初实物存量，即渔业资源资产、港航资源资产、旅游资源资产、矿能资源资产、生物资源资产、生态环境资源资产和其他海域资源资产期初实物存量。

P_1、P_2、P_3、P_4、P_5、P_6、P_7 分别表示七类海域资源资产各自的当期实物量增加小计。海域资源资产的变化会受到人为因素和自然因素影响，同时也可能有新的存量被发现，所以 $P_1=i_1+b_1+g_1$，$P_2=i_2+b_2+g_2$，$P_3=i_3+b_3+g_3$，$P_4=i_4+b_4+g_4$，$P_5=i_5+b_5+g_5$，$P_6=i_6+b_6+g_6$，$P_7=i_7+b_7+g_7$。

M_1、M_2、M_3、M_4、M_5、M_6、M_7 表示七类海域资源资产各自的当期实物量减少小计。海域资源资产变化受人为因素和自然因素影响，也可能出现暂未探明原因的未知减少，所以 $M_1=j_1+k_1+v_1$，$M_2=j_2+k_2+v_2$，$M_3=j_3+k_3+v_3$，$M_4=j_4+k_4+v_4$，$M_5=j_5+k_5+v_5$，$M_6=j_6+k_6+v_6$，$M_7=j_7+k_7+v_7$。

C_1、C_2、C_3、C_4、C_5、C_6、C_7 分别表示七类海域资源资产各自在期末的实物总量，且 $C_1 = A_1 + P_1 - M_1$，$C_2 = A_2 + P_2 - M_2$，$C_3 = A_3 + P_3 - M_3$，$C_4 = A_4 + P_4 - M_4$，$C_5 = A_5 + P_5 - M_5$，$C_6 = A_6 + P_6 - M_6$，$C_7 = A_7 + P_7 - M_7$。

海域资源资产实物量表能清晰地反映变化量的多少以及变化原因，有助于在决策改进过程中找到根源，有的放矢。但海域资源实物量资产负债表无须体现海域资源增减变动的原因，只需体现期初总量、期末总量以及当期变化量即可。为便于统计分析，特编制海域资源资产实物量简表，如表 13 - 2 所示。相同统计时间，表 13 - 2 具体数据与对应的表 13 - 1 数据一致。

表 13 - 2　　　　海域资源资产实物量简表

编制部门：　　　　编制日期：　　　　单位：

项目	渔业资源资产	港航资源资产	旅游资源资产	矿能资源资产	生物资源资产	生态环境资源资产	其他海域资源资产
期初存量	A_1	A_2	A_3	A_4	A_5	A_6	A_7
当期增加量小计	P_1	P_2	P_3	P_4	P_5	P_6	P_7
当期减少量小计	M_1	M_2	M_3	M_4	M_5	M_6	M_7
期末存量	C_1	C_2	C_3	C_4	C_5	C_6	C_7

13.2.3 海域资源负债的实物量表

海域资源负债实物量表横向与海域资源资产实物量表一致，为核算的海域资源分类指标，因负债确认工作复杂，不做二级划分。纵向列示具体的海域资源负债实物量核算项目，即期初存量、当期变化量和期末存量。在海域资源负债实物量表中体现海域资源数量消耗的变化。若存在增加的情况以“+”记录，若无增加记录为 0，若减少记录为“-”。如表 13 - 3 所示。

表 13-3　　海域资源负债实物量表

编制部门：　　编制日期：　　单位：

项目	渔业资源负债	港航资源负债	旅游资源负债	矿能资源负债	生物资源负债	生态环境资源负债	其他海域资源负债
期初存量	D_1	D_2	D_3	D_4	D_5	D_6	D_7
当期变动量小计	S_1	S_2	S_3	S_4	S_5	S_6	S_7
使用者成本	N_1	N_2	N_3	N_4	N_5	N_6	N_7
污染治理和生态补偿成本	H_1	H_2	H_3	H_4	H_5	H_6	H_7
期末存量	T_1	T_2	T_3	T_4	T_5	T_6	T_7

D_1、D_2、D_3、D_4、D_5、D_6、D_7 分别表示七类海域资源负债各自的期初的实物量。

S_1、S_2、S_3、S_4、S_5、S_6、S_7 分别表示七类海域资源负债各自的当期变动量小计。海域资源负债分为使用者成本、污染治理与生态补偿成本两种，当期变动量小计为二者之和。$S_1 = N_1 + H_1$，$S_2 = N_2 + H_2$，$S_3 = N_3 + H_3$，$S_4 = N_4 + H_4$，$S_5 = N_5 + H_5$，$S_6 = N_6 + H_6$，$S_7 = N_7 + H_7$。

T_1、T_2、T_3、T_4、T_5、T_6、T_7 分别表示七类海域资源负债各自的期末的实物量，期末存量为期初存量与当期变动量之和，$T_1 = D_1 + S_1$，$T_2 = D_2 + S_2$，$T_3 = D_3 + S_3$，$T_4 = D_4 + S_4$，$T_5 = D_5 + S_5$，$T_6 = D_6 + S_6$，$T_7 = D_7 + S_7$。

海域资源负债实物量表能清晰地反映变化量的多少以及发生资源耗损的原因，但海域资源实物量资产负债表无须体现海域资源增减变动的原因，只需体现期初总量、期末总量以及当期变化量即可。为契合海域资源实物量资产负债表编制要求，特编制海域资源负债实物量简表以便数据统计，如表 13-4 所示。相同统计时间，表 13-4 具体数据与对应的表 13-3 数据一致。

表 13-4　　海域资源负债实物量简表

编制部门：　　编制日期：　　单位：

项目	渔业资源负债	港航资源负债	旅游资源负债	矿能资源负债	生物资源负债	生态环境资源负债	其他海域资源负债
期初存量	D_1	D_2	D_3	D_4	D_5	D_6	D_7
当期变动量小计	S_1	S_2	S_3	S_4	S_5	S_6	S_7
期末存量	T_1	T_2	T_3	T_4	T_5	T_6	T_7

13.2.4　海域资源所有者权益的实物量表

海域资源所有者权益由海域资源资产扣除负债计算所得，如表 13-5 所示。相同统计时间，海域资源资产期末存量数据与表 13-2 一致，海域资源负债期末存量数据与表 13-4 一致，通过等式“海域资源所有者权益 = 海域资源资产 - 海域资源负债”计算出海域资源所有者权益实物量表中的结果。故 $E_1 = C_1 - T_1$，$E_2 = C_2 - T_2$，$E_3 = C_3 - T_3$，$E_4 = C_4 - T_4$，$E_5 = C_5 - T_5$，$E_6 = C_6 - T_6$，$E_7 = C_7 - T_7$。

表 13-5　　海域资源所有者权益实物量表

编制部门：　　编制日期：　　单位：

项目	渔业资源所有者权益	港航资源所有者权益	旅游资源所有者权益	矿能资源所有者权益	生物资源所有者权益	生态环境资源所有者权益	其他海域资源所有者权益
海域资源资产期末存量	C_1	C_2	C_3	C_4	C_5	C_6	C_7
海域资源负债期末存量	T_1	T_2	T_3	T_4	T_5	T_6	T_7
海域资源所有者权益期末存量	E_1	E_2	E_3	E_4	E_5	E_6	E_7

13.3 海域资源的价值量资产负债表

13.3.1 海域资源会计要素的价值量核算

环境经济核算体系 SEEA2012 中提到了核算自然资源资产的价值，对于海域资源资产也不应例外。对海域资源的价值量核算，既要考虑到资源自身的价值，还要考虑动态要素造成的价值变化。同样的海域资源的价值量核算也满足平衡等式：期末存量 = 期初存量 + 本期增加量 - 本期减少量。海域资源资产和负债的价值计量基于价值评估方法计算得出，不同的海域资源，价值量核算方法因资源属性不同而存在差异，但均以实物量表的表式结构为基础设计价值量表。

13.3.2 海域资源资产的价值量表

海域资源资产价值量表在海域资源资产实物量表表式结构的基础上完善而成，因此两类表格格式一致，如表 13－6 所示。

表 13－6　　　　海域资源资产价值量表

编制部门：　　　　编制日期：　　　　单位：亿元

项目	渔业资源资产	港航资源资产	旅游资源资产	矿能资源资产	生物资源资产	生态环境资源资产	其他海域资源资产
期初存量	A_{11}	A_{21}	A_{31}	A_{41}	A_{51}	A_{61}	A_{71}
当期增加量小计	P_{11}	P_{21}	P_{31}	P_{41}	P_{51}	P_{61}	P_{71}
自然增加	i_{11}	i_{21}	i_{31}	i_{41}	i_{51}	i_{61}	i_{71}
人为技术增加	b_{11}	b_{21}	b_{31}	b_{41}	b_{51}	b_{61}	b_{71}
新发现存量	g_{11}	g_{21}	g_{31}	g_{41}	g_{51}	g_{61}	g_{71}

续表

项目	渔业资源资产	港航资源资产	旅游资源资产	矿能资源资产	生物资源资产	生态环境资源资产	其他海域资源资产
当期减少量小计	M_{11}	M_{21}	M_{31}	M_{41}	M_{51}	M_{61}	M_{71}
自然耗损	j_{11}	j_{21}	j_{31}	j_{41}	j_{51}	j_{61}	j_{71}
人为开发	k_{11}	k_{21}	k_{31}	k_{41}	k_{51}	k_{61}	k_{71}
未知因素减少	v_{11}	v_{21}	v_{31}	v_{41}	v_{51}	v_{61}	v_{71}
期末存量	C_{11}	C_{21}	C_{31}	C_{41}	C_{51}	C_{61}	C_{71}

A_{11}、A_{21}、A_{31}、A_{41}、A_{51}、A_{61}、A_{71}分别表示七类海域资源资产各自期初的价值存量。

P_{11}、P_{21}、P_{31}、P_{41}、P_{51}、P_{61}、P_{71}分别表示七类海域资源资产各自当期的价值增加量。海域资源资产价值量变化受人为因素和自然因素影响，也可能在开发利用过程中发现新存量，故 $P_{11}=i_{11}+b_{11}+g_{11}$，$P_{21}=i_{21}+b_{21}+g_{21}$，$P_{31}=i_{31}+b_{31}+g_{31}$，$P_{41}=i_{41}+b_{41}+g_{41}$，$P_{51}=i_{51}+b_{51}+g_{51}$，$P_{61}=i_{61}+b_{61}+g_{61}$，$P_{71}=i_{71}+b_{71}+g_{71}$。

M_{11}、M_{21}、M_{31}、M_{41}、M_{51}、M_{61}、M_{71}分别表示七类海域资源资产各自当期的价值减少量。海域资源资产的价值量变化受人为因素和自然因素影响，也可能有暂未查明原因的减少，故 $M_{11}=j_{11}+k_{11}+v_{11}$，$M_{21}=j_{21}+k_{21}+v_{21}$，$M_{31}=j_{31}+k_{31}+v_{31}$，$M_{41}=j_{41}+k_{41}+v_{41}$，$M_{51}=j_{51}+k_{51}+v_{51}$，$M_{61}=j_{61}+k_{61}+v_{61}$，$M_{71}=j_{71}+k_{71}+v_{71}$。

C_{11}、C_{21}、C_{31}、C_{41}、C_{51}、C_{61}、C_{71}分别表示七类海域资源资产各自期末的价值存量，且 $C_{11}=A_{11}+P_{11}-M_{11}$，$C_{21}=A_{21}+P_{21}-M_{21}$，$C_{31}=A_{31}+P_{31}-M_{31}$，$C_{41}=A_{41}+P_{41}-M_{41}$，$C_{31}=A_{51}+P_{51}-M_{51}$，$C_{61}=A_{61}+P_{61}-M_{61}$，$C_{71}=A_{71}+P_{71}-M_{71}$。

海域资源价值量资产负债表只体现价值量增减变化数值，不体现海域资源价值变化的原因，表中包含海域资源的期初价值量、海域资源的价值变动量与海域资源的期末价值量。为契合海域资源价值量资产负债表编制要求，特编制海域资源资产价值量简表，以便对数据进行统计分析，如表 13－7 所示。相同统计时间，表 13－7 具体数据与表 13－6 对应的数据一致。

表 13-7　　海域资源资产价值量简表

编制部门：　　编制日期：　　单位：亿元

项目	渔业资源资产	港航资源资产	旅游资源资产	矿能资源资产	生物资源资产	生态环境资源资产	其他海域资源资产
期初存量	A_{11}	A_{21}	A_{31}	A_{41}	A_{51}	A_{61}	A_{71}
当期增加量小计	P_{11}	P_{21}	P_{31}	P_{41}	P_{51}	P_{61}	P_{71}
当期减少量小计	M_{11}	M_{21}	M_{31}	M_{41}	M_{51}	M_{61}	M_{71}
期末存量	C_{11}	C_{21}	C_{31}	C_{41}	C_{51}	C_{61}	C_{71}

13.3.3　海域资源负债的价值量表

海域资源负债价值量表与海域资源负债实物量表结构一致，如表 13-8 所示。当期负债变动以负债形成原因，分别列示使用者成本、污染治理与生态补偿成本当期变动量，负债价值变化情况。

表 13-8　　海域资源负债价值量表

编制部门：　　编制日期：　　单位：亿元

项目	渔业资源负债	港航资源负债	旅游资源负债	矿能资源负债	生物资源负债	生态环境资源负债	其他海域资源负债
期初存量	D_{11}	D_{21}	D_{31}	D_{41}	D_{51}	D_{61}	D_{71}
当期变动量小计	S_{11}	S_{21}	S_{31}	S_{41}	S_{51}	S_{61}	S_{71}
使用者成本	N_{11}	N_{21}	N_{31}	N_{41}	N_{51}	N_{61}	N_{71}
污染治理和生态补偿成本	H_{11}	H_{21}	H_{31}	H_{41}	H_{51}	H_{61}	H_{71}
期末存量	T_{11}	T_{21}	T_{31}	T_{41}	T_{51}	T_{61}	T_{71}

D_{11}、D_{21}、D_{31}、D_{41}、D_{51}、D_{61}、D_{71}分别表示七类海域资源负债期初价值量。

S_{11}、S_{21}、S_{31}、S_{41}、S_{51}、S_{61}、S_{71}分别表示七类海域资源负债当期价值变动量小计。本书将海域资源负债分为使用者成本、污染治理与生态补偿成本两种，故当期价值变动量小计为二者变动量之和，即 $S_{11}=N_{11}+H_{11}$，$S_{21}=N_{21}+H_{21}$，$S_{31}=N_{31}+H_{31}$，$S_{41}=N_{41}+H_{41}$，$S_{51}=N_{51}+H_{51}$，$S_{61}=N_{61}+H_{61}$，$S_{71}=N_{71}+H_{71}$。

T_{11}、T_{21}、T_{31}、T_{41}、T_{51}、T_{61}、T_{71}分别为七类海域资源负债期末价值量。且 $T_{11}=D_{11}+S_{11}$，$T_{21}=D_{21}+S_{21}$，$T_{31}=D_{31}+S_{31}$，$T_{41}=D_{41}+S_{41}$，$T_{51}=D_{51}+S_{51}$，$T_{61}=D_{61}+S_{61}$，$T_{71}=D_{71}+S_{71}$。

同样，为契合海域资源价值量资产负债表编制要求，特编制海域资源负债价值量简表以便数据统计，如表 13 －9 所示。相同统计时间，表 13 －9 具体数据与对应的表 13 －8 数据一致。

表 13 －9　　海域资源负债价值量简表

编制部门：　　编制日期：　　单位：亿元

项目	渔业资源负债	港航资源负债	旅游资源负债	矿能资源负债	生物资源负债	生态环境资源负债	其他海域资源负债
期初存量	D_{11}	D_{21}	D_{31}	D_{41}	D_{51}	D_{61}	D_{71}
当期变动量小计	S_{11}	S_{21}	S_{31}	S_{41}	S_{51}	S_{61}	S_{71}
期末存量	T_{11}	T_{21}	T_{31}	T_{41}	T_{51}	T_{61}	T_{71}

13.3.4 海域资源所有者权益的价值量表

海域资源所有者权益价值量由海域资源资产价值量扣除负债价值量所得，表 13 －10 为海域资源所有者权益价值量表。

表 13－10　　海域资源所有者权益价值量表

编制部门：　　编制日期：　　单位：亿元

项目	渔业资源所有者权益	港航资源所有者权益	旅游资源所有者权益	矿能资源所有者权益	生物资源所有者权益	生态环境资源所有者权益	其他海域资源所有者权益
海域资源资产期末存量	C_{11}	C_{21}	C_{31}	C_{41}	C_{51}	C_{61}	C_{71}
海域资源负债期末存量	T_{11}	T_{21}	T_{31}	T_{41}	T_{51}	T_{61}	T_{71}
海域资源所有者权益期末存量	E_{11}	E_{21}	E_{31}	E_{41}	E_{51}	E_{61}	E_{71}

表 13－7 统计出海域资源资产期末价值量，表 13－9 统计出海域资源负债期末价值量，依据等式“海域资源所有者权益＝海域资源资产－海域资源负债”，故 $E_{11}=C_{11}-T_{11}$，$E_{21}=C_{21}-T_{21}$，$E_{31}=C_{31}-T_{31}$，$E_{41}=C_{41}-T_{41}$，$E_{51}=C_{51}-T_{51}$，$E_{61}=C_{61}-T_{61}$，$E_{71}=C_{71}-T_{71}$。

13.4　海域资源资产负债表

基于对海域资源资产实物量核算和价值量核算的分析，分列呈现实物量和价值量的期初值、期末值以及当期变动量，形成海域资源资产表，如表 13－11 所示。同样，以分列呈现实物量和价值量的方式形成海域资源负债表，如表 13－12 所示。最后，基于海域资源实物量和价值量的核算，以及资产表和负债表的基础，遵循平衡等式“海域资源所有者权益＝海域资源资产－海域资源负债”，借鉴账户式结构设计海域资源资产负债表，如表 13－13 所示。

13.4.1 海域资源资产表

表 13-11　　　　海域资源资产表

编制部门：　　　　　　　　　　　　编制日期：

海域资源资产项目类型	期初存量		变动量		期末存量	
	实物量	价值量	实物量	价值量	实物量	价值量
渔业资源资产	A_1	A_{11}	P_1-M_1	$P_{11}-M_{11}$	C_1	C_{11}
港航资源资产	A_2	A_{21}	P_2-M_2	$P_{21}-M_{21}$	C_2	C_{21}
旅游资源资产	A_3	A_{31}	P_3-M_3	$P_{31}-M_{31}$	C_3	C_{31}
矿能资源资产	A_4	A_{41}	P_4-M_4	$P_{41}-M_{41}$	C_4	C_{41}
生物资源资产	A_5	A_{51}	P_5-M_5	$P_{51}-M_{51}$	C_5	C_{51}
生态环境资源资产	A_6	A_{61}	P_6-M_6	$P_{61}-M_{61}$	C_6	C_{61}
其他海域资源资产	A_7	A_{71}	P_7-M_7	$P_{71}-M_{71}$	C_7	C_{71}
资产合计	A_8	A_{81}	P_8-M_8	$P_{81}-M_{81}$	C_8	C_{81}
单位	公顷	万元	公顷	万元	公顷	万元

表 13-11 中，实物量数据与价值量数据均来自对海域资源资产的实物量核算和价值量核算。资产合计为各类海域资源资产分类统计数之和。

即 $A_8=A_1+A_2+A_3+A_4+A_5+A_6+A_7$，$A_{81}=A_{11}+A_{21}+A_{31}+A_{41}+A_{51}+A_{61}+A_{71}$，$P_8-M_8=P_1-M_1+P_2-M_2+P_3-M_3+P_4-M_4+P_5-M_5+P_6-M_6+P_7-M_7$，$P_{81}-M_{81}=P_{11}-M_{11}+P_{21}-M_{21}+P_{31}-M_{31}+P_{41}-M_{41}+P_{51}-M_{51}+P_{61}-M_{61}+P_{71}-M_{71}$，$C_8=C_1+C_2+C_3+C_4+C_5+C_6+C_7$，$C_{81}=C_{11}+C_{21}+C_{31}+C_{41}+C_{51}+C_{61}+C_{71}$。

13.4.2 海域资源负债表

表 13 - 12　　　　海域资源负债表

编制部门：　　　　　　　　编制日期：

海域资源负债项目类型	期初存量		变动量		期末存量	
	实物量	价值量	实物量	价值量	实物量	价值量
使用者成本						
渔业资源负债	D_1	D_{11}	S_1	S_{11}	T_1	T_{11}
港航资源负债	D_2	D_{21}	S_2	S_{21}	T_2	T_{21}
旅游资源负债	D_3	D_{31}	S_3	S_{31}	T_3	T_{31}
矿能资源负债	D_4	D_{41}	S_4	S_{41}	T_4	T_{41}
生物资源负债	D_5	D_{51}	S_5	S_{51}	T_5	T_{51}
生态环境资源负债	D_6	D_{61}	S_6	S_{61}	T_6	T_{61}
其他海域资源负债	D_7	D_{71}	S_7	S_{71}	T_7	T_{71}
污染治理和生态补偿成本						
渔业资源负债	D_1	D_{11}	S_1	S_{11}	T_1	T_{11}
港航资源负债	D_2	D_{21}	S_2	S_{21}	T_2	T_{21}
旅游资源负债	D_3	D_{31}	S_3	S_{31}	T_3	T_{31}
矿能资源负债	D_4	D_{41}	S_4	S_{41}	T_4	T_{41}
生物资源负债	D_5	D_{51}	S_5	S_{51}	T_5	T_{51}
生态环境资源负债	D_6	D_{61}	S_6	S_{61}	T_6	T_{61}
其他海域资源负债	D_7	D_{71}	S_7	S_{71}	T_7	T_{71}
负债合计	D_8	D_{81}	S_8	S_{81}	T_8	T_{81}
单位	公顷	万元	公顷	万元	公顷	万元

表 13 - 12 中，实物量数据与价值量数据均来自对海域资源负债的实物量核算和价值量核算。负债合计为各类海域资源负债分类统计数之和。

即 $D_8 = D_1 + D_2 + D_3 + D_4 + D_5 + D_6 + D_7$，$D_{81} = D_{11} + D_{21} + D_{31} + D_{41} +$

$D_{51}+D_{61}+D_{71}$，$S_8=S_1+S_2+S_3+S_4+S_5+S_6+S_7$，$S_{81}=S_{11}+S_{21}+S_{31}+S_{41}+S_{51}+S_{61}+S_{71}$，$T_8=T_1+T_2+T_3+T_4+T_5+T_6+T_7$，$T_{81}=T_{11}+T_{21}+T_{31}+T_{41}+T_{51}+T_{61}+T_{71}$。

13.4.3　海域资源资产负债表

表 13－13　　**海域资源资产负债表**

编制部门：　　　　编制日期：

海域资源资产	期初余额		期末余额		海域资源负债和所有者权益	期初余额		期末余额	
	实物量（公顷）	价值量（万元）	实物量（公顷）	价值量（万元）		实物量（公顷）	价值量（万元）	实物量（公顷）	价值量（万元）
海域资源资产：					海域资源负债：				
渔业资源资产	A_1	A_{11}	C_1	C_{11}	使用者成本：				
港航资源资产	A_2	A_{21}	C_2	C_{21}	渔业资源负债	D_1	D_{11}	T_1	T_{11}
旅游资源资产	A_3	A_{31}	C_3	C_{31}	港航资源负债	D_2	D_{21}	T_2	T_{21}
矿能资源资产	A_4	A_{41}	C_4	C_{41}	旅游资源负债	D_3	D_{31}	T_3	T_{31}
生物资源资产	A_5	A_{51}	C_5	C_{51}	矿能资源负债	D_4	D_{41}	T_4	T_{41}
生态环境资源资产	A_6	A_{61}	C_6	C_{61}	生物资源负债	D_5	D_{51}	T_5	T_{51}
其他海域资源资产	A_7	A_{71}	C_7	C_{71}	生态环境资源负债	D_6	D_{61}	T_6	T_{61}
					其他海域资源负债	D_7	D_{71}	T_7	T_{71}
					污染治理和生态补偿成本：				
					渔业资源资产	D_1	D_{11}	T_1	T_{11}
					港航资源资产	D_2	D_{21}	T_2	T_{21}
					旅游资源资产	D_3	D_{31}	T_3	T_{31}
					矿能资源资产	D_4	D_{41}	T_4	T_{41}
					生物资源资产	D_5	D_{51}	T_5	T_{51}
					生态环境资源资产	D_6	D_{61}	T_6	T_{61}
					其他海域资源资产	D_7	D_{71}	T_7	T_{71}

续表

海域资源资产	期初余额		期末余额		海域资源负债和所有者权益	期初余额		期末余额	
	实物量（公顷）	价值量（万元）	实物量（公顷）	价值量（万元）		实物量（公顷）	价值量（万元）	实物量（公顷）	价值量（万元）
					负债合计	D_8	D_{81}	T_7	T_{71}
					所有者权益合计	F_8	F_{81}	O_8	O_{81}
资产合计	A_8	A_{81}	C_8	C_{81}	负债及所有者权益合计	A_8	A_{81}	C_8	C_{81}

表 13－13 中实物量数据与价值量数据来源于前文对海域资源资产的实物量核算和价值量核算，对海域资源负债的实物量核算和价值量核算。

14

海域资源资产负债表编制的 N－Z 海域应用

14.1　N－Z 海域资源现状

14.1.1　自然条件现状

A 省是沿海大省，建设海洋经济发展示范区是该省一项重要的国家战略，A 省在打造海洋经济大平台时，N－Z 海域是核心区。2020 年 A 省提出向“全球海洋中心城市”迈进的目标，N 市和 Z 市两座沿海城市共同致力于实现此目标。本书选定 N－Z 海域，核算海域资源资产价值并编制海域资源资产负债表。N－Z 海域地处中国海岸线中部，著名的 N－Z 港是国家综合运输体系的重要枢纽，A 省海洋经济发展依赖于此。据统计，N－Z 海域使用面积逾 800 平方千米，海域使用项目超 2 500 个。N－Z 海域海岛众多，海岛数量占全省海岛总量一半以上，海岛面积超 1 800 平方千米。此海域属我国海岸线资源最丰富的地区之一，海岸线长度超 4 000 千米，滩涂面积也居于全省之首。N－Z 海域优越的区位条件成为当地海洋经济发展的助推剂。

14.1.2　社会经济现状

N－Z 海域工业用海和交通用海规模大且数量多，服务于临港产业和农业，为城市发展提供了广阔的资源。渔业养殖和旅游业的发展因地制宜。海岸线曲折绵长，饵料生物丰富，发展渔业养殖有较大优势，自然景观奇特优美，吸引中外游客。N－Z 海域涉及 N 市和 Z 市两座城市，2018 年该区域实现地区生产总值共计约 12 063 亿元，实现旅游总收入约 2 948 亿元。

14.2　N－Z 海域资源资产价值核算

海域资源资产实物量核算是价值量核算的基础，因此，先统计 N－Z 海域资源资产的实物量，再对 N－Z 海域资源资产价值核算进行分析。鉴于某些海域资源资产价值评估需要更先进的技术，基于现阶段可获得的数据，本书选取 2018 年为研究期间，针对 N－Z 海域内的渔业资源资产、旅游资源资产、港航资源资产进行分析。

14.2.1　渔业资源资产实物量核算表

因此分别就这三类海域资源资产各自的特征属性，对其实物量进行统计，N－Z 海域资源资产实物量核算如表 14－1 所示。

表 14－1 中，期末存量为 2018 年 N－Z 海域资源资产实物量，期初存量为 2017 年 N－Z 海域资源资产实物量。针对不同类型海域资源资产的特有属性，划分不同类别进行实物量核算。N－Z 海域渔业资源资产方面，2018 年海水养殖面积为 37 836 公顷，比上一年增加了 6 610 公顷，但海水养殖产品产量为 207.3 万吨，比上一年减少 9.3 万吨。N－Z 海域港航资源资产方面，2018 年货物吞吐量为 10.84 亿吨，比上一年增加了 0.75 亿吨，集装箱吞吐量为 2 635.57 万标箱，比上一年增加了 174.87 万标箱。N－Z 海域旅游资源资产方面，2018 年海洋自然景观面积为 135 837 公顷，比上一年增加 49 018 公顷，说明在生态环境可控范围内，可开发为旅游资源的自然景观面积较大。2018 年旅客吞吐量为 326.4 万人次，比上一年增加了 18.4 万人次。

表 14－1　　2018 年 N－Z 海域资源资产实物量表

项目			期初存量	增加量	减少量	期末存量
N－Z 海域资源资产	渔业资源资产	海水养殖面积（公顷）	31 226.00	6 610.00	—	37 836.00
		海水养殖产品产量（万吨）	216.60	—	9.30	207.30
	港航资源资产	货物吞吐量（亿吨）	10.09	0.75	—	10.84
		集装箱吞吐量（万标箱）	2 460.70	—	25.10	2 635.57
	旅游资源资产	自然景观资源（公顷）	86 819.00	49 018.00	—	135 837.00
		旅客吞吐量（万人次）	308.00	18.40	—	326.40

本书选取的渔业资源资产、旅游资源资产和港航资源资产均属于可预测未来收益的资产类型，因此运用收益法核算其价值。通过前文的分析，收益法是学术界公认的海洋资源价值评估常用方法之一，在实际计算中很有把握。海域资源资产种类繁多，综合考虑数据的可取性以及价值评估方法的适用条件，本书选择收益法作为海域资源资产价值核算的方法。为使得研究具有连续性，本书分析了 2014～2018 年 N－Z 海域资源资产变化情况，具体编制 2018 年 N－Z 海域资源资产负债表。

14.2.2　渔业资源资产价值核算

A 省渔港众多，其中 N－Z 海域占据多个捕捞区、养殖区等重点区域。依托优越的地理条件，此海域捕捞养殖产量在该省名列前茅。2018 年 N－Z 海域水产品总产量共计 270.42 万吨，各年增减情况不一，但变化均比较微弱。2018 年该海域海水养殖产品产量合计 207.3 万吨，与 2016 年最高值相比产量下降明显。2018 年该海域海水养殖面积合计 37 836 公顷，相较于 2017 年增长了 21%，但 2014～2017 年海水养殖面积一直呈减少的趋势。如表 14－2 和表 14－3 所示。

2018 年，N－Z 海域渔业总产值合计为 246.43 亿元，比 2014 年增长了 22.31%。总体而言，渔业总产值逐年上升，其中 2017 年是比较年份中增长最为缓慢的一年。如表 14－4 所示。

表 14－2　　2014～2018 年 N－Z 海域渔业产量　　单位：万吨

年份	水产品总产量			海水养殖产品产量		
	N 市	Z 市	合计	N 市	Z 市	合计
2014	101.06	166.94	268.00	93.00	166.10	259.10
2015	103.34	176.46	279.80	95.50	175.70	271.20
2016	105.12	156.35	261.47	97.10	189.20	286.30
2017	100.03	167.25	267.28	88.80	127.80	216.60
2018	96.79	173.63	270.42	83.70	123.60	207.30

表 14－3　　2014～2018 年 N－Z 海域海水养殖面积

年份	N 市（公顷）	Z 市（公顷）	合计（公顷）	变化率（%）
2014	35 918.00	5 864.00	41 782.00	
2015	33 117.00	5 779.00	38 896.00	－6.91
2016	32 810.00	4 254.00	37 064.00	－4.71
2017	26 849.00	4 377.00	31 226.00	－15.75
2018	33 435.00	4 401.00	37 836.00	21.17

表 14－4　　2014～2018 年 N－Z 海域渔业总产值

年份	N 市（亿元）	Z 市（亿元）	合计（亿元）	增长率（%）
2014	150.71	50.77	201.48	
2015	162.53	54.53	217.05	7.73
2016	167.71	58.87	226.58	4.39
2017	169.60	63.52	233.11	2.88
2018	177.16	69.27	246.43	5.71

海域渔业资源种类繁多，核算每一个品种的价值量难度巨大，因此本书选择收益法对 N－Z 海域总体渔业资源资产进行核算。在可持续发展的前提下，本书假设海域资源收益年限无限制。其中，依前文所述，折现率＝无风险利率＋风险附加率。安全利率即无风险的资本投资利率，本书以 2014～

2018 年中国银行一年期定期存款利率加权平均值作为无风险利率，计算如表 14－5 所示。[①]

表 14－5　　2014～2018 年银行一年期定期存款利率

日期	调整期限（天）	评估期（天）	权重	利率（%）	加权平均值（%）
2014. 11. 22～2015. 02. 28	99	1 500	0. 0660	2. 75	1. 683
2015. 03. 01～2015. 05. 10	71		0. 0473	2. 50	
2015. 05. 11～2015. 06. 27	48		0. 0320	2. 25	
2015. 06. 28～2015. 08. 25	58		0. 0387	2. 00	
2015. 08. 26～2015. 10. 23	59		0. 0393	1. 75	
2015. 10. 24～2018. 12. 31	1 165		0. 7767	1. 50	

风险附加率的确定与行业风险值相关，其确定具有一定的难度，如前文所述本书采用刘明（2010）的方法，此处以海洋渔业增加值增长率的平均值计算结果作为渔业资源资产的风险附加率。可获得的年鉴数据截至 2016 年，计算 2014～2016 年海洋渔业增加值增长率算术平均值，计算结果（如表 14－6 所示）为 4. 92%。[②] 则折现率 $r=1.68\%+4.92\%=6.6\%$。

根据中国农业信息网统计的 2018 年 2 月和 5 月水产行业运行情况，计算水产品市场成交价格平均值为 1. 63 万元/吨。据悉，水产品直接生产成本约 0. 5 万元/吨，加上其他风险因素，预计为 0. 8 万元/吨。计算 2018 年 N－Z 海域渔业总收入扣除总成本后收益为：$270.42\times(1.63-0.8)=224.45$（亿元）。代入收益法计算公式，计算 2018 年 N－Z 海域渔业资源资产价值为 $P=\frac{224.45}{(1+6.6\%)}=210.55$（亿元）。

① 资料来源：中国银行人民币存款利率［EB/OL］.（2015－10－24）［2020－12－20］. https：//www. bankofchina. com/fimarkets/lilv/fd31/.

② 资料来源：《中国海洋统计年鉴》2017 年。

表 14－6　2013～2016 年海洋渔业增加值

年份	海洋渔业增加值（亿元）	增长率（%）	平均增长率（%）
2013	3 997.60	—	4.92
2014	4 126.60	3.23	
2015	4 317.40	4.62	
2016	4 615.40	6.90	

14.2.3　港航资源资产价值核算

交通用海是 N－Z 海域的主要功能之一，N－Z 海域拥有丰富的海岸线资源，其中 Z 市海域内就拥有深水岸线 286.1 千米，占全省海岸线总量的半数以上。得天独厚的地理条件决定了 N－Z 海域有丰富的港口资源和航道资源，N－Z 海域多优良港口，其中一些港口经济效益突出。由于缺少政府统计数据，而 NB－ZS 港最具代表性，因此本书关于 N－Z 海域港航资源资产价值核算的研究以 NB－ZS 港为主，并选取 NB－ZS 港股份有限公司 2018 年度财务数据作为核算依据。

NB－ZS 港以综合运输为主服务于海洋产业和地方经济发展。2018 年 NB－ZS 港货物吞吐量达 10.84 亿吨，比 2014 年增长了 24.2%，已位列世界第一长达十年之久。NB 港域货物吞吐量 5.77 亿吨，ZS 港域货物吞吐量 5.08 亿吨。同年 NB－ZS 港集装箱吞吐量 2 635.57 万标箱，成为全球第三大集装箱港。如表 14－7 所示。①

表 14－7　2014～2018 年 N－Z 海域港航资源概况

年份	港口货物吞吐量（亿吨）			集装箱吞吐量（万标箱）			港口旅客吞吐量（万人次）		
	NB	ZS	合计	NB	ZS	合计	NB	ZS	合计
2014	5.26	3.47	8.73	1 870.00	74.92	1 944.92	161.50	171.00	332.50
2015	5.10	3.79	8.89	1 982.40	80.22	2 062.62	159.20	166.00	325.20

① 资料来源：相应年度统计年鉴。

续表

年份	港口货物吞吐量（亿吨）			集装箱吞吐量（万标箱）			港口旅客吞吐量（万人次）		
	NB	ZS	合计	NB	ZS	合计	NB	ZS	合计
2016	4.96	4.26	9.22	2 069.60	87.00	2 156.60	147.80	153.00	300.80
2017	5.52	4.58	10.09	2 356.60	104.11	2 460.71	151.00	157.00	308.00
2018	5.77	5.08	10.84	2 510.00	125.57	2 635.57	150.40	176.00	326.40

据NB-ZS港股份有限公司年度报告，2014~2018年中有三年净利润有所下滑，但2018年NB港实现净利润32.07亿元，如表14-8所示，相比2014年增长6.3%。如表14-9所示。

表14-8　　2014~2018年NB-ZS港收益表　　单位：千元

年份	营业总收入	营业总成本	营业利润	利润总额	净利润
2014	13 415 207.00	10 695 586.00	3 430 529.00	3 678 586.00	3 016 276.00
2015	16 520 580.00	14 087 382.00	3 339 689.00	3 410 163.00	2 779 204.00
2016	16 325 329.00	14 091 662.00	3 007 453.00	4 120 504.00	2 489 395.00
2017	18 182 917.00	15 722 844.00	3 591 150.00	3 648 909.00	2 857 531.00
2018	21 879 609.00	19 000 813.00	3 972 809.00	4 023 227.00	3 206 585.00

表14-9　　2013~2016年海洋交通运输业增加值表

年份	海洋交通运输业增加值（亿元）	增长率（%）	平均增长率（%）
2013	4 876.50	—	5.39
2014	5 336.90	9.44	
2015	5 641.10	5.70	
2016	5 699.80	1.04	

运用收益法核算已开发利用的港航资源资产价值。2018年N-Z港实现净利润32.07亿元，以同样的方式计算港航资源资产风险附加率，计算结果

如表 14 - 9 所示为 5.39%,[①] 即折现率 $r=1.68\%+5.39\%=7.07\%$。代入收益法计算公式，得到 2018 年 N - Z 海域的港航资源资产价值为 $P=\frac{32.07}{(1+7.07\%)}=29.95$（亿元）。

14.2.4 旅游资源资产价值核算

2018 年 N - Z 海域共计接待国内游客 1.87 亿人次，2014 ~ 2018 年，接待国内旅游人数逐年上涨，增速较平稳。如表 14 - 10 所示。[②]

表 14 - 10　N - Z 海域国内旅游人数表

年份	N 市（万人次）	Z 市（万人次）	合计（万人次）	增长率（%）
2014	6 875.00	3 366.38	10 241.38	—
2015	7 920.00	3 843.98	11 763.98	14.87
2016	9 198.00	4 576.69	13 774.69	17.09
2017	10 910.00	5 472.73	16 382.73	18.93
2018	12 427.00	6 291.46	18 718.46	14.26

2018 年 N - Z 海域实现旅游总收入约 2 947.9 亿元，入境旅游收入超 5.8 亿美元，国内旅游收入约 2 908.9 亿元。2014 ~ 2018 年旅游总收入和国内旅游总收入逐年上升且增速较平稳。如表 14 - 11、表 14 - 12 所示。

表 14 - 11　N - Z 海域旅游收入

年份	旅游总收入				国内旅游总收入			
	N 市（亿元）	Z 市（亿元）	合计（亿元）	增长率（%）	N 市（亿元）	Z 市（亿元）	合计（亿元）	增长率（%）
2014	1 068.10	477.20	1 545.30	—	1 020.30	467.30	1 487.60	—
2015	1 233.30	552.18	1 785.48	15.54	1 183.90	540.60	1 724.50	15.92

① 资料来源：《中国海洋统计年鉴》(2017 年)。

② 资料来源：相应年度统计年鉴。

续表

年份	旅游总收入				国内旅游总收入			
	N市（亿元）	Z市（亿元）	合计（亿元）	增长率（%）	N市（亿元）	Z市（亿元）	合计（亿元）	增长率（%）
2016	1 446.40	661.62	2 108.02	18.06	1 385.50	645.47	2 030.97	17.77
2017	1 716.00	806.52	2 522.52	19.66	1 649.10	793.23	2 442.33	20.25
2018	2 005.70	942.15	2 947.85	16.86	1 977.90	930.62	2 908.52	19.09

表14－12　　2013～2016年滨海旅游业增加值

年份	滨海旅游业增加值（亿元）	增长率（%）	平均增长率（%）
2013	7 839.70		16.74
2014	9 752.80	24.40	
2015	10 880.60	11.56	
2016	12 432.80	14.27	

运用收益法核算2018年N－Z海域旅游资源资产价值。如表14－12所示，2016年全国滨海旅游业增加值约1.24万亿元。[①] 同年全国旅游业收入为4.69万亿元。[②] 计算得出2018年滨海旅游业增加值率约为26.44%。由于难以获取成本等相关的数据，吴珊珊（2009）等采用海洋交通运输业增加值作为港址资源开发的年纯收益，本书在缺少旅游成本、税费等具体统计数据的情况下借鉴此方法计算旅游资源年纯收益。2018年N－Z海域旅游业增加值率为26.44%，据此算出2018年N－Z海域旅游业年净利润为2 947.85×26.44%＝779.41（亿元）。以同样的方法计算折现率和风险附加率。基于可获得的年鉴数据，计算2013～2016年滨海旅游业增加值增长率算术平均值，计算结果如表14－12所示为16.74%。折现率r＝1.68%＋

① 资料来源：《中国海洋统计年鉴》（2017年）。

② 资料来源：2016年中国旅游业统计公报［EB/OL］.（2017－11－10）［2020－12－20］. http：//travel. gog. cn/system/2017/11/10/016207023. shtml.

16.74% =18.42%，本书以旅游总收入代替纯收益，代入公式计算结果为 $P=\frac{779.41}{(1+18.42\%)}=658.17$（亿元）。

14.3 N－Z 海域资源负债表的编制

14.3.1 N－Z 海域资源资产价值核算

我国近岸海域污染物来源主要有化学需氧量、石油类、镉、铅等，结合前文核算的渔业资源资产、旅游资源资产和港航资源资产价值，针对这三类经济活动可能产生的污染核算负债价值。同样，海域资源负债的价值量核算也是以实物量核算为基础，如表 14－13 所示。2014～2018 年间，N－Z 海域范围内生活污水排放量持续上升，2018 年排放生活污水共计 68 508 万吨，相比 2014 年增长了 36.22%。化学需氧量则呈现逐年下降的形势，2018 年化学需氧量排放量合计 32 257 万吨，相比 2014 年下降 52.35%，降幅十分明显。2018 年环保投入资金合计 43.67 亿元，相比 2014 年增长了 17.82%。如表 14－14 所示。①

N－Z 海域入海排污口主要污染物包括氮磷、化学需氧量等物质。生活污水中主要含氮磷，依据国务院《排污费征收管理办法》，生活污水中处理氮的成本为 0.15 元/吨，处理磷的成本为 0.25 元/吨，两者取平均值为 0.20 元/吨。化学需氧量处理成本为 0.43 万元/吨。根据 2018 年生活污水排放量 68 508 万吨计算生活污水处理成本为 1.37 亿元。化学需氧量排放量 32 257 吨计算处理成本为 1.39 亿元。

依据本书对海域资源负债定义，其价值组成包括使用者成本、污染治理与生态补偿成本，受限于可获得数据，本书列示农渔业区、港口航运区以及旅游区污染物数据，计算得出污染治理成本为 1.37 + 1.39 = 3.76（亿元），同时依据年鉴统计数据得出生态补偿成本为 43.67 亿元，则 2018 年海域资

① 资料来源：两市 2015～2019 年统计年鉴。

源负债价值 1.37＋1.39＋43.67＝46.43（亿元）。

表 14－13　　2014～2018 年 N－Z 海域污染概况

年份	生活污水排放量				化学需氧量（COD）排放量			
	N 市（万吨）	Z 市（万吨）	合计（万吨）	增长率（%）	N 市（吨）	Z 市（吨）	合计（吨）	增长率（%）
2014	45 179	5 113	50 292	—	61 338	6 363	67 701	—
2015	48 988	5 189	54 177	7.72	55 985	6 466	62 451	－7.75
2016	57 288	4 000	61 288	13.13	34 941	1 252	36 193	－42.05
2017	60 733	5 383	66 116	7.88	32 574	910	33 484	－7.48
2018	63 248	5 260	68 508	3.62	31 503	754	32 257	－3.66

表 14－14　　2014～2018 年 N－Z 海域环保投入资金

年份	N 市（万元）	Z 市（万元）	合计（万元）	增长率（%）
2014	366 668	3 990	370 658	
2015	444 073	2 212	446 285	20.40
2016	430 830	2 019	432 849	－3.01
2017	189 673	926	190 599	－55.97
2018	433 758	2 945	436 703	129.12

14.3.2　N－Z 海域资源资产负债表编制

基于可获取的数据，本书选择 2018 年为研究期间，尝试编制 N－Z 海域资源资产负债表。囿于技术限制，本书设计的海域资源资产负债表仅涉及海域资源资产和负债的二级分类，而实物量核算是对海域资源资产和负债进行三级分类后统计得出，故在此仅统计海域资源资产和负债的价值量，计算结果来源于前文对 N－Z 海域渔业资源资产、港航资源资产和旅游资源资产的价值核算分析。期初余额为上一年即 2017 年海域资源资产和负债的价值量，计算方式同 2018 年。N－Z 海域资源资产负债表编制结果如表 14－15 所示。

表 14-15　　N-Z 海域资源资产负债表

编制日期：2018 年　　单位：亿元

海域资源资产	期初余额	期末余额	海域资源负债和所有者权益	期初余额	期末余额
海域资源资产：			海域资源负债：		
渔业资源资产	208.11	210.55	污染治理和生态补偿成本：		
港航资源资产	26.69	29.95	污染治理成本	2.76	2.76
旅游资源资产	563.21	658.17	生态补偿成本	19.06	43.67
			负债合计	21.82	46.43
			所有者权益合计	776.19	852.24
资产合计	798.01	898.67	负债及所有者权益合计	798.01	898.67

14.4　结论与建议

14.4.1　结论

海域资源是自然资源的一部分，更是重要的经济资源、战略资源，在社会发展进程中愈发凸显其价值。海域资源资产的会计核算有助于体现其价值所在，海域资源资产负债表的编制有助于掌握海域资源利用进展、价值变动情况。因此，本书以海域资源资产为研究对象，搭建了海域资源资产会计核算的概念框架，设计出一套与海域资源相关的实物量表和价值量表、资产表和负债表以及资产负债表总表三级报表体系。以期达到掌握海域资源、促进海洋经济持续健康发展的目的。

首先，本章在厘清海域资源资产概念，界定海域资源资产产权内涵的基础上，对海域资源资产会计假设和会计原则等基础内容进行论述，明确了海域资源资产会计要素、类别特征、会计等式核算内容。通过分析总结出两点：一是海域资源资产会计核算依循等式：海域资源资产期末存量 = 海域资源资产期初存量 + 本期增加量 - 本期减少量；二是海域资源资产负债表体系的一级核算体系包括实物量核算表和价值量核算表，通过海域资源资产核算体系掌握海域资源现状。

其次，本章论述了海域资源资产价值评估方法，包括收益法、市场法、成本法、假设开发法四种方法。辨析了各类海域资源资产适用的价值评估方法，基于价值评估方法对海域资源资产进行价值计量。可以发现，不同类别的海域资源资产适用的价值评估方法不同，对于收益明确的一类海域资源资产，运用收益法进行计量不失为一个好选择。

最后，基于海域资源资产会计核算的概念框架和价值计量，依循平衡等式：海域资源所有者权益=海域资源资产-海域资源负债，本章构建了海域资源实物量表和价值量表、海域资源资产表和负债表、海域资源资产负债表总表三级报表体系。可以发现，海域资源资产负债表不仅是一张表格，更是一个全面反映海域资源储量和价值变动量的综合体系。

14.4.2 建议

基于对前文内容的总结分析，提出如下四点建议：

第一，清晰界定海域资源资产产权。产权的界定和明晰是海域资源资产负债表编制的起点，实际经济活动中，明确所有权、使用权、管理权之间的关系，协调各方利益主体的经济关系，完善海域资源资产产权制度，形成公平合理的市场价值，推进海域资源资产的精确核算。推广海域资源资产的有偿使用制度，建立使用惩戒机制，提高海域资源利用效率，减少海域资源流失以及海洋环境破坏等问题的产生。

第二，对海域资源资产进行科学合理分类。分类评估是海域资源资产价值评估的路径，海域资源资产会计核算科目的设置、核算范围的确定都建立在海域资源资产分类的基础上。全面科学的分类有助于价值评估工作的全覆盖，不遗漏任何一项需要核算的资产，确保海域资源资产负债表呈现的内容全面，传达的信息有效。我国海洋资源丰富、人口众多，存在很强的地域性，针对各地差异，通过对海域资源的实地考察，科学、全面地细分海域资源资产，制定合理的法规体系，防止资源浪费。

第三，设计科学完善的海域资源资产会计核算体系。统一海域资源资产会计核算标准，在全国海域范围内推广使用。海域资源资产的会计核算既要有实物量核算又要有价值量核算，价值量核算以实物量核算为基础，制定海域资源资产领域的会计核算准则，出台匹配且适用的相关制度。

第四，建立全国统一的海域资源信息系统，科学编制海域资源资产负债表。整合海域资源信息，完善统计调查制度，及时更新数据，披露不涉密信息，为海域资源资产负债表的编制做好数据支撑和核算准备。从基础数据统计汇编到海域资源资产核算，再到海域资源资产负债表编制层层工作，由各级各部门自下而上逐步完成，由特定的职能部门负责整体工作的推进并确保各环节实施到位，只有这样才能保证海域资源资产负债表能定期公告。

14.4.3 展望

海域资源种类繁多，情况复杂，探测技术要求高，囿于现实条件，本章的研究内容尚存不足，以下两个方面有待完善。

首先，在海域资源资产的计量方面，本章运用收益法对渔业资源资产、旅游资源资产和港航资源资产进行案例分析。鉴于可获得数据有限，尚未使用其他价值评估方法进一步比较分析，也未对所有类别的海域资源资产进行核算。总体而言核算方法还需完善，核算内容还需充实。需要更为权威的参数确定依据和价格数据，提高核算结果的精准度。继续探索更为合理的核算方法，完善核算框架体系，增强核算结果的可靠性。海域资源核算数据量大，既有自然地理数据，也有生态环境数据，还有与生产相关的经济数据，需要进一步明确核算调查项目。

其次，对海域资源资产会计核算及报表编制的分析是基于会计学原理会计平衡等式，从而构建起海域资源资产三级报表体系。但海域资源作为一类自然资源，相关研究还需结合环境科学，加入海域资源环境质量的相关研究；对于资源资产的计量、统计还需更扎实的统计学和经济学等学科知识，完善海域资源资产和负债的实物量核算和价值量核算。因此，海域资源资产会计核算和报表编制的研究尚待加入更多学科，进行全面系统的分析，体现多学科交融的成果，完善海域资源资产负债表体系。

15

基于资产负债表的领导干部海洋资源资产离任审计

15.1 基于资产负债表的海洋资源领导干部离任审计指标体系

15.1.1 海洋资源资产负债实物量表

海洋资源资产实物量核算的本质是精确且严谨的连续统计过程，按照“期初存量 + 当期增加 = 当期减少 + 期末存量”的原则核算海洋资源资产，其中，当期增加量是指该会计周期内海洋资源的自我更新和新发现的数量，当期减少量则是指会计期内海洋资源的开采和损失的数量。海洋资源的实物量核算可以反映会计期间内海洋资源资产存量、流量及其变化情况，侧重的是海洋资源资产和负债的数量变化。

一般来说，实物量核算都以物理单位来计量。海洋生物资源资产的核算可以采用万吨、毫克/立方米进行，海洋空间资源资产的核算可以采用公顷、亩等面积单位，海洋旅游资源资产的核算可以采用个、公顷、亩等单位。由于每个详细账户中使用的度量单位不同，因此无法将各明细科目的实物量合计相加。海洋资源资产负债实物量表样表设计如表 15 - 1 所示。

表 15－1　　　　海洋资源资产负债表（实物量）

××市（县、乡、镇）（核算主体的名称）

20××年　　　　单位：实物量单位

项目	期初存量	本期增加量	本期减少量	期末存量
一、海洋资源资产				
1. 海洋生物资源				
海洋植物				
海洋动物				
海洋微生物				
2. 海洋空间资源				
海岸线				
海岛				
海域				
3. 海洋旅游资源				
海滨度假旅游区				
海滨浴场				
海洋公园				
海上运动场				
海上娱乐场				
二、海洋资源负债				
1. 海洋生物资源负债				
应付污染治理成本				
应付生态补偿成本				
应付使用者成本				
2. 海洋空间资源负债				
应付污染治理成本				
应付生态补偿成本				
应付使用者成本				

续表

项目	期初存量	本期增加量	本期减少量	期末存量
3. 海洋旅游资源负债				
应付污染治理成本				
应付生态补偿成本				
应付使用者成本				

编制单位：××市（县、乡、镇）统计局

15.1.2 海洋资源资产负债价值量表

海洋资源资产和负债的价值量核算是以货币形式表示其价值，基于实物量核算运用估价方法计算而来。根据不同的开发利用方式和资源属性对其价值量有不同的估值方法。在进行海洋资源资产核算时，应该根据不同评价方法的特点、范围和制约因素选择最合适的方法，以保证数据的准确性。具体而言，海洋资源资产的价值主要通过收益还原法、成本法、假设开发法、市场比较法、基本价格系数修正法计算得出。[①] 样表设计如表 15-2 所示。

表 15-2　　海洋资源资产负债表（价值量）

××市（县、乡、镇）（核算主体的名称）

20××年　　单位：价值量单位

项目	期初存量	本期增加量	本期减少量	期末存量
一、海洋资源资产				
1. 海洋生物资源				
海洋植物				
海洋动物				
海洋微生物				

① 赵梦，梁湘波，彭洪兵．海洋资源资产负债表编制初探［J］．海洋开发与管理，2018，35(03)：28-31.

续表

项目	期初存量	本期增加量	本期减少量	期末存量
2. 海洋空间资源				
海岸线				
海岛				
海域				
3. 海洋旅游资源				
海滨度假旅游区				
海滨浴场				
海洋公园				
海上运动场				
海上娱乐场				
二、海洋资源负债				
1. 海洋生物资源负债				
应付污染治理成本				
应付生态补偿成本				
应付使用者成本				
2. 海洋空间资源负债				
应付污染治理成本				
应付生态补偿成本				
应付使用者成本				
3. 海洋旅游资源负债				
应付污染治理成本				
应付生态补偿成本				
应付使用者成本				

编制单位：××市（县、乡、镇）统计局

15.1.3 海洋资源资产负债表

在前述工作的基础上，按照会计恒等式“资产 = 负债 + 所有者权益”从实物量和价值量两方面编制海洋资源资产负债表，反映某一时间点的海洋资源资产和负债的具体情况。① 其中，海洋资源资产负债表（以实物计量）由于各资产和负债类项目所采用的计量单位不同，不能合计相加而无法获得所有者权益的具体情况，因此，海洋资源资产负债表（以实物计量）只包括海洋资源资产和负债这两部分。② 样表设计见表15－3。

表15－3　××市（县、乡、镇）（核算主体的名称）海洋资源资产负债表

20××年

海洋资源资产	期末余额		期初余额		海洋资源负债和所有者权益	期末余额		期初余额	
	实物计量	价值计量	实物计量	价值计量		实物计量	价值计量	实物计量	价值计量
海洋资源资产					海洋资源负债				
海洋生物资源资产：					海洋生物资源负债：				
海洋植物资产					应付污染治理成本				
海洋动物资产					应付生态补偿成本				
海洋微生物资产					应付使用者成本				
合计					合计				
海洋空间资源资产：					海洋空间资源负债：				
海岸线资产					应付污染治理成本				
海岛资产					应付生态补偿成本				
海域资产					应付使用者成本				
合计					合计				
海洋旅游资源资产：					海洋旅游资源负债：				
海滨度假旅游区资产					应付污染治理成本				
海滨浴场资产					应付生态补偿成本				
海洋公园资产					应付使用者成本				

① 高阳，高江波，潘韬，冯喆．海洋资源资产负债表编制探索［J］．国土资源科技管理，2017，34（02）：86－94.

② UN，EU，FAO et al. System of Environmental-Eco-nomic Accounting 2012：Central Framework［M］. NewYork：United Nations，2014.

续表

海洋资源资产	期末余额		期初余额		海洋资源负债和所有者权益	期末余额		期初余额	
	实物计量	价值计量	实物计量	价值计量		实物计量	价值计量	实物计量	价值计量
海上运动场资产					合计				
海上娱乐场资产					海洋资源负债合计				
合计					海洋资源所有者权益				
					海洋生物资源权益				
					海洋空间资源权益				
					海洋旅游资源权益				
					海洋资源所有者权益合计				
海洋资源资产合计					海洋资源负债和所有者权益总计				

编制单位：××市（县、乡、镇）统计局

15.1.4 审计评价的指标体系

基于上文中海洋资源资产负债表的分析，本章阐明了领导干部海洋资源资产离任审计指标体系的设计原则，为设计离任审计评价模型提供依据。再结合我国实际，设计出评价指标体系，并对具体评价指标的内容进行了分析。

在设计评价指标的基础上，建立符合评价方法标准的指标体系是领导干部海洋资源资产离任审计的关键。海洋资源资产负债表为领导干部离任审计提供了客观的量化数据，为离任领导干部的定量指标计算提供依据。在此基础上，可以结合经济、GDP、财政收入等国民经济统计数据和资料，通过构建层次化指标体系来综合评估领导干部海洋资源责任的履行情况。

基于资产负债表的海洋资源资产离任审计评价体系分为三个层次：最高层为决策层（一级指标），即需要评估的领导干部海洋资源责任的履行情况；中间层为准则层（二级指标），它是评价的主指标层，包括基于资产负债表的海洋资源资产状态指标、海洋资源负债责任指标和海洋资源生态保护指标；海洋资源政策执行指标、海洋资源资金投入使用指标及社会公众反馈指标六方面；最底层（三级指标）为次级指标层，即主要评价指标的具体评价，包括总共17个指标。指标具体内容如表15－4所示（其中，＋表示正向指标，－表示负向指标）。

表15－4　基于资产负债表的海洋资源资产离任审计评价指标体系

一级指标	二级指标	三级指标	指标属性
海洋资源资产离任审计评价	海洋资源资产状态指标（A）	海洋资源实物量变化量（A_1）	+
		海洋资源价值量变化量（A_2）	+
	海洋资源负债责任指标（B）	应付污染治理成本变化量（B_1）	-
		应付生态补偿成本变化量（B_2）	-
		应付使用者成本变化量（B_3）	-
	海洋资源生态保护指标（C）	海水富营养化海域面积比例（C_1）	-
		劣Ⅳ类海水水质标准海域面积比例（C_2）	-
		陆源入海排污口总体达标排放率（C_3）	+
	海洋资源政策执行指标（D）	海洋资源相关法律法规数量（D_1）	+
		海洋资源政策执行率（D_2）	+
		海洋资源政策整改率（D_3）	+
	海洋资源资金投入使用指标（E）	海洋环境污染投资占GDP比重（E_1）	+
		海洋环境污染投资增长率（E_2）	+
		海洋资源资金到位比（E_3）	+
	社会与公众反馈指标（F）	海洋环境投诉次数（F_1）	-
		重大海洋环境事故发生次数（F_2）	-
		公众对海洋资源环境满意度（F_3）	+

15.2　指标的详细说明

15.2.1　海洋资源资产状态指标

（1）海洋资源实物量变化量。海洋资源数量变化量＝期末海洋资源数量－期初海洋资源数量。该指标以海洋资源资产负债表中的实物计量为基础，计算一个时期内某类海洋资源实物量的增减变动情况。

（2）海洋资源价值变化量。海洋资源价值变化量＝期末资源价值量－期初资源价值量。该指标以海洋资源资产负债表中的价值量为基础，计算一个时期内价值量的增减变动情况。

海洋资源资产状态指标反映了海洋资源资产在一个时期内实物量及价值量的变化，进而可以反映领导干部对海洋资源资产的开发利用情况。[①] 若一个时期内该类指标过低，则说明该时期内海洋资源资产的开发利用程度较高，这说明当地过度开发利用海洋资源，导致海洋资源资产迅速下降，进而导致海洋生态失衡，不符合可持续发展的要求。

15.2.2 海洋资源负债责任指标

（1）应付污染治理成本变化量。应付污染治理成本变化量＝期末应付污染治理成本价值量－期初应付污染治理成本价值量。

（2）应付生态补偿成本变化量。应付生态补偿成本变化量＝期末应付生态补偿成本变化量－期初应付生态补偿成本变化量。

（3）应付使用者成本变化量。应付使用者成本变化量＝期末应付使用者成本变化量－期初应付使用者成本变化量。

上述三个指标均属于以海洋资源资产负债表上的海洋资源负债的价值量核算为基础的海洋资源资产责任指标，反映了一个时期内污染治理成本、生态补偿成本及使用者成本价值的变动情况。如果海洋资源负债责任指数在一个时期内过高，则意味着该时期内应付的污染治理成本、生态补偿成本和使用者成本有大幅度的增加，进而说明该时期内海洋资源环境不容乐观，海洋污染情况和过度开发利用情况有所加剧，在任职期间的相关领导干部应对海洋环境遭到严重破坏的这一情况负责。

---

① 洪宇．基于自然资源资产负债表的领导干部资源资产离任审计评价指标构建［J］．齐鲁珠坛，2018（04）：50－54.

15.2.3 海洋资源生态保护指标

（1）海水富营养化海域面积比例。海水富营养化海域面积比例=富营养化海域面积/总海域面积。

（2）劣Ⅳ类海水水质标准海域面积比例。劣Ⅳ类海水水质标准海域面积比例=达不到Ⅳ类海水水质标准的海域面积/总海域面积（劣Ⅳ类水即海水水质标准低于Ⅳ类海水水质的海水）。

（3）陆源入海排污口总体达标排放率。陆源入海排污口总体达标排放率=达标排放的陆源入海排污口数/陆源入海排污口总数。

领导干部不仅要有效管理海洋资源，还要尽到保护海洋环境的责任，海洋资源生态保护指标反映了领导干部在职期间海洋环境受保护情况①。当海水富营养化海域面积减少，总体达标的陆源入海口增加，但达不到Ⅳ类海水水质标准的海域面积比例降低时，说明海洋环境受污染情况在逐渐改善。

15.2.4 海洋资源政策执行情况

（1）海洋资源相关法律法规数量。包括地方政府颁布的有关海洋资源的地方性法规、规章、规范性文件及司法文件等。

（2）海洋资源政策执行率。海洋资源政策执行率=实施的海洋资源政策数量/现有海洋资源政策数量。

（3）海洋资源政策整改率。海洋资源政策整改率=整改的海洋资源政策数量/现有海洋资源政策数量。

只有遵循相关法律法规和规章制度，才能进行其他相关工作。因此，要评价领导干部海洋资源资产相关绩效，首先应审查领导干部海洋资源政策执行情况。若海洋资源相关法律法规数量较多，海洋资源政策执行率及海洋资源政策整改率较高，则说明领导干部在依法依规的基础上有效的履行了自己的职责。

---

① 张甜．海洋自然资源离任审计探索与研究［J］．现代经济信息，2018（04）：235.

15.2.5 海洋资源资金投入使用指标

（1）海洋环境污染投资占GDP比重。海洋环境污染投资=环境污染投资额/地区生产总值×100%。

（2）海洋环境污染投资增长率。海洋环境污染投资增长率=(期末环境污染投资支出-期初环境污染投资支出)/期初环境污染投资支出×100%。

（3）海洋资源资金到位比。海洋资源资金到位比=到位的海洋资源资金/拨付的海洋资源资金×100%。

海洋资源资金投入使用指标反映的是领导干部对资金的投入使用情况，是对领导干部海洋资源资金管理进行的审计，以判断其是否合理地预算、拨付和使用有关海洋资源资产的资金。若海洋环境污染投资占国内生产总值的比例，海洋环境污染投资的增长率和到位的专项资金比例都很高，则说明领导干部积极响应国家号召，保护生态环境，促进可持续发展，重视海洋环境污染的治理，投入使用了大量海洋资源资金，且投入比例逐年提高。

15.2.6 社会与公众反馈指标

（1）海洋环境投诉次数。一定时期内公众投诉海洋环境的数量，数据来源为环保局环境保护公报统计的环境投诉次数，以此评价地方领导环境保护情况。

（2）重大海洋环境事故发生次数。一定时期内重大海洋环境事故发生的次数，数据来源于地方政府的统计年鉴，以此评价领导干部环境保护效率效果和相关责任履行情况。

（3）公众对海洋资源环境满意度。公众对海洋资源使用和海洋环境保护的满意程度，可以通过环保局对所评区域居民的满意度调查结果来表示，这反映了地方领导干部是否履行海洋资源和环境保护责任。

社会与公众反馈指标是从社会与公众的角度出发，从外部因素间接评价领导干部海洋资源资产的履职情况，领导干部正确履责的衡量标准是公众满意度以及人与海洋环境稳定和谐发展。若海洋环境投诉次数较少，发生重大海洋环境事故次数较少，公众对海洋资源环境满意度较高，则说明领导干部注重保护海洋环境，且切实履行了保护海洋环境的责任，赢得了当地社会和公众的认可，而对公众进行的满意度调查一方面可以显现出海洋资源环境方面仍存在的问题，另一方面可以起到监督领导干部的作用。

15.3 基于资产负债表的领导干部海洋资源资产离任审计评价模型

在上述工作的基础上，本章采用层次分析法确定了基于资产负债表的海洋资源资产离任审计评价体系中各指标的权重。明确各评价指标的评分标准，最终构建综合评价模型，对被审领导干部履责情况进行准确评价。

15.3.1 确定指标权重

确定指标权重的方法主要有6种，包括3种主观权重分配方法，分别为层次分析法（AHP）、经验估算法和德尔菲法，3种客观权重分配方法，分别为主变异系数法、主成分分析法和熵权法。

上文所构建的领导干部海洋资源资产离任审计评价体系具有多维度、多层次、多指标特征，它包括定量指标也包括定性指标，每个指标都是相互联系和相互制约的。计算定量指标时可从海洋资源资产负债表及政府部门相关资料中获取数据，但大多数的定性指标需要通过其他方法进行量化。层次分析法则可以将影响海洋资源的各个因素通过层级的划分，确定各个指标的评分标准，量化定性指标以确定各个评价指标的重要性影响程度。因此，本书选择AIIP法来确定指标权重。

15.3.2 构建评价模型

第一，评价模型构建的标准。构建评价模型的基础是上文构建的评价指标体系，既包括定量指标也包括定性指标，这两种评价指标所遵循的评价标准不同。

对于定量指标，各个量化指标数值代表的含义不同，且定量指标也分为时点指标和时期指标。对于时点指标，当领导干部离任时，可将领导干部离任时的定量指标的数值与其前任领导干部离任时的对应指标数值进行比较，确定得分；对时期指标，可将领导干部离职时的指标数值与其任职期间对应指标的平均值进行比较，确定得分。具体评分标准可以通过定量指标值的增加或减少来确定，正向定量指标数值增加或反向定量指标数值减少均评为优秀，并根据其变化幅度在85～100分之间进行打分；正向数值减少或负向数值增加按变化幅度评价：0～5%被评为良好，6%～15%被评为合格，15%及以下被评为差，并相应赋予分值。①

针对定性指标，如本指标体系中的公众对海洋资源环境满意度指标，可以通过环保局对所评区域居民的满意度调查结果来表示，分别表现为优秀（85～100分）、良好（75～84分）、及格（60～74分）、和不及格（60分及以下）。

第二，评价模型的构建。在确定了指标权重及构建评价模型的标准的基础上，构建领导干部海洋资源资产离任审计综合评价模型：

$$S = \sum_{1}^{2} A_i \cdot W_i + \sum_{1}^{3} B_i \cdot W_i + \sum_{1}^{3} C_i \cdot W_i + \sum_{1}^{3} D_i \cdot W_i + \sum_{1}^{3} E_i \cdot W_i + \sum_{1}^{3} F_i \cdot W_i$$

其中，S为领导干部海洋资源资产离任审计综合评分；W_i为各三级指标权重；A_i为各海洋资源资产状态指标得分；B_i为各海洋资源负债责任指标得分；C_i为各海洋资源生态保护指标得分；D_i为各海洋资源政策执行指标得分；E_i为各海洋资源资金投入使用指标得分；F_i为各社会与公众反馈指标得分。

结合领导干部海洋资源资产离任审计的实际情况，依据计算得出的领导干部综合得分，可将领导干部管理海洋资源资产和保护海洋环境的责任履行情况分为四个等级：优秀（85～100分）、良好（75～84分）、一般（60～

① 阮佳佳，孟枫平．领导干部自然资源资产离任审计评价指标体系研究——基于AHP的层次分层思想［J］．辽宁工业大学学报（社会科学版），2017，19（06）：38－41.

74 分)、较差（60 及以下）四个等级。[①] 具体见表 15 – 5。

表 15 – 5　　领导干部离任审计评价结果等级

领导干部综合得分	等级	领导干部管理海洋资源资产和保护海洋环境的责任履行情况
85 ~ 100	优	优秀
75 ~ 84	良	良好
60 ~ 74	及格	一般
60 及以下	不及格	较差

15.4 案　　例

15.4.1 案例情况介绍

第一，案例基本情况。本章以 Z 市海洋与渔业局前局长（任职期间：2015 年 11 月至 2018 年 12 月）离任为例，对上文所构建的综合评价模型进行运用。首先介绍了 Z 市海洋资源资产的基本情况，其次进行综合评价模型的实际运用，最后对离任审计结果进行评价及分析。以 2015 年即其上任当年为基准年，2018 年即其离任年度为离任年，按上文所确定的各指标评分标准分别进行打分，结合通过运用层次分析法确定的各指标权重，最终计算出 Z 市海洋与渔业局前局长在任期间的综合得分，评估其在保护海洋环境和管理海洋资源方面的表现。

Z 市海洋资源资产的资料主要来源于 Z 市海洋与渔业管理局、统计局、生态环境局等公布的资料，包括海洋环境公报、财政预决算、部门文件、统计年鉴以及其他相关文献资料。

第二，Z 市海洋资源资产基本概况。Z 市是浙江省辖区内的一个地级市，位于浙江省东北部，海域面积为 20 800 平方米。Z 市有三大支柱产业：

① 苏孜，程霞，卫冰清 . 自然资源经济责任审计评价指标体系探究——基于层次分析法［J］. 南京审计大学学报，2017，14（02）：76 – 84.

渔业、港口和旅游。Z 市拥有庞大的海水产品生产加工和销售产业。Z 市港口众多，水路纵横交错，水深平缓。它是中国为数不多的天然深水港之一。Z 市保存完好的岛屿拥有美丽的自然风光，吸引了众多游客。其附近海域海洋生物资源丰富，海洋生物种类繁多。

第三，Z 市海洋资源资产离任审计的开展情况。对领导干部自然资源资产离任的审计是审计领域的一个全新课题，Z 市大力推进海洋渔业系统领导干部自然资源资产审计，积极开展领导干部海洋资源资产离任审计，创新思路和方法，采取多种措施，对领导干部离任时海洋资源资产方面履职情况进行审计，现已取得初步成果。Z 市下属区县审计局均于 2018 年对其海洋与渔业局局长进行了海洋资源资产离任审计，并出具了审计报告。

15.4.2 评价指标的量化处理

在对上文构建的综合评价模型进行实际运用时，需结合 Z 市海洋资源资产及环境状况进行适当的调整。因海洋资源资产价值量数据及海洋资源负债数据无法获取，因此在实际运用中暂不考虑海洋资源价值变化量指标及海洋资源负债责任指标。在评价打分时，以该领导干部上任当年 2015 年为基准年，将任职期间 2016～2018 年各指标数据均值与基准年同一指标数据进行比较打分（注：2018 年 Z 市海洋环境公报尚未发布，因此表 15－6 至表 15－10 中两年均值代表该领导干部任期内 2016 年、2017 年两年数据均值）。Z 市海洋与渔业局前局长离任审计各评价指标得分具体分析如下。

1. 海洋资源资产状态指标

表 15－6　Z 市海洋与渔业局前局长海洋资源资产状态指标得分

海洋资源资产状态指标（A）	2015 年	2016 年	2017 年	两年均值	变化量	评价得分
海洋生物资源实物量（A_1）	282	270	252	261	－21	82
海洋空间资源实物量（A_2）	84	84	84	84	0	85
海洋旅游资源实物量（A_3）	3	3	3	3	0	85

资料来源：2015～2017 年度 Z 市《海洋环境公报》。

由表 15－6 可知，该领导干部任期内海洋生物资源种类逐年减少，该市海洋生物多样性遭到了一定程度的破坏，因此相应指标得分 82 分；海洋空间资源和海洋旅游资源数量在 2015～2017 年间保持恒定，对应指标得分均为 85 分。总体来说，该市海洋资源资产在其任职期间基本保持稳定，其对海洋资源资产的开发利用较为恰当。

2. 海洋资源生态保护指标

表 15－7　Z 市海洋与渔业局前局长海洋资源生态保护指标得分

海洋资源生态保护指标（B）	2015 年	2016 年	2017 年	两年均值	变化量	评价得分
海水富营养化海域面积比例（B_1）	89.68%	94.9%	84.15%	89.53%	－0.15%	85
劣Ⅳ类海水水质标准海域面积比例（B_2）	58.13%	51.03%	52.93%	51.98%	－6.15%	87
陆源入海排污口总体达标排放率（B_3）	23.8%	38.9%	48.3%	41.35%	19.55%	95

资料来源：2015～2017 年度 Z 市海洋环境公报。

由表 15－7 可知，该市海水富营养化海域面积比例在 2016 年较 2015 年有所上升，时任 Z 市海洋与渔业局局长积极采取措施，在 2017 年将该比例降为 84.15%，在该指标方面，其总体表现良好，打分 85 分；劣Ⅳ类海水水质标准海域面积比例逐年下降，达标排放的陆源入海排污口逐年增加，因此相应指标得分分别为 87 分和 95 分。这表明该领导干部任职期间该市海洋环境有所改善，其对海洋环境的保护工作做得较好。

3. 海洋资源政策执行指标

表 15－8　Z 市海洋与渔业局前局长海洋资源政策执行指标得分

海洋资源政策执行指标（C）	2015 年	2016 年	2017 年	两年均值	变化量	评价得分
海洋资源相关法律法规数量（C_1）	15	16	18	17	2	86
海洋资源政策执行率（C_2）	95%	95%	97%	96%	1%	85
海洋资源政策整改率（C_3）	0	8.5%	15%	11.75%	11.75%	90

资料来源：2015～2017 年度 Z 市海洋环境公报、统计公报及相关新闻报道。

由表15－8可知，在2015～2017年，该市海洋资源相关法律法规数量逐年增加，海洋资源政策执行率和海洋资源政策整改率稳步提高，因此该领导干部此类指标得分分别为海洋资源相关法律法规数量指标86分、海洋资源政策执行率指标85分、海洋资源政策整改率指标90分，其海洋资源政策执行工作方面表现良好。

4. 海洋资源资金投入使用指标

表15－9　Z市海洋与渔业局前局长海洋资源资金投入使用指标得分

海洋资源资金投入使用指标（D）	2015年	2016年	2017年	两年均值	变化量	评价得分
海洋环境污染投资占GDP比重（D_1）	1.84%	0.67%	0.94%	0.81%	－1.03%	56
海洋环境污染投资增长率（D_2）	106.74%	－50.5%	－60.4%	－55.43%	－162.17%	43.5
海洋资源资金到位比（D_3）	95.74%	94.84%	92.86%	93.85%	－1.89%	80

资料来源：Z市2015～2017年度海洋环境公报及统计年鉴。

由表15－9可知，该领导干部任期内海洋环境投资逐年减少，海洋环境污染投资增长率在2016～2017年一直为负增长，且专项资金到位比例也有所下降，将其任期内此类指标数据与其上任前2015年相应指标数据进行对比，对其任职期间海洋资源资金投入使用指标进行打分，其得分分别为56分、43.5分和80分，整体得分偏低，这说明其在任职期间存在海洋污染治理投入过少、专项资金不到位等问题，其应对这些问题负领导责任。

5. 社会与公众反馈指标

表15－10　Z市海洋与渔业局前局长社会与公众反馈指标得分

社会与公众反馈指标（E）	2015年	2016年	2017年	两年均值	变化量	评价得分
海洋环境投诉次数（E_1）	20	19	19	19	－1	85.5
重大海洋环境事故发生次数（E_2）	0	0	0	0	0	85
公众对海洋资源环境满意度（E_3）	70.45%	71.9%	85.18%	78.54%	8.09%	93

资料来源：2015～2017年度Z市环保局统计数据及海洋环境公报。

由表 15－10 可知，在该领导干部任职的 2016～2017 年这两年内，该市海洋环境投诉次数较其上任前有所减少，且均无重大海洋环境事故发生，据Z 市环保局民意调查结果显示，该市公众对海洋资源环境的满意度也有所提升，因此该领导干部此类指标得分分别为海洋环境投诉次数指标 85.5 分、重大海洋环境事故发生次数指标 85 分、公众对海洋资源环境满意度指标 93分，这表明该市市民较为认可其在职期间履职情况。

15.4.3 确定指标权重

本书将海洋资源资产状态指标（A）、海洋资源生态保护指标（B）、海洋资源政策执行指标（C）、海洋资源资金投入使用指标（D）、社会与公众反馈指标（E）设置为相同权重，根据各准则层下的各个具体指标的相对重要性，运用 yaahp 软件确定各准则层下的各具体指标的权重，具体分析如下。

（1）一级指标海洋资源资产离任审计评价的判断矩阵、各二级指标的权重及其一致性检验结果如表 15－11 所示。

表 15－11　　领导干部海洋资源资产离任审计评价指标判断矩阵

领导干部海洋资源资产离任审计评价指标	A	B	C	D	E	W_I
海洋资源资产状态指标（A）	1	1	1	1	1	0.2
海洋资源生态保护指标（B）	1	1	1	1	1	0.2
海洋资源政策执行指标（C）	1	1	1	1	1	0.2
海洋资源资金投入使用指标（D）	1	1	1	1	1	0.2
社会与公众反馈指标（E）	1	1	1	1	1	0.2
一致性比例：0.0000 <0.1，比较矩阵具有一致性。λ_{max}：5.0000						

（2）二级指标海洋资源资产状态指标、海洋资源生态保护指标、海洋资源政策执行指标、海洋资源资金投入使用指标和社会与公众反馈指标的判断矩阵、各三级指标的权重及其一致性检验结果见表 15－12。

表 15-12　　海洋资源资产离任指标对应各指标的权重 W_I

海洋资源资产状态指标（A）	A_1	A_2	A_3	W_I
海洋生物资源实物量变化量（A_1）	1	1	2	0.4000
海洋空间资源实物量变化量（A_2）	1	1	2	0.4000
海洋旅游资源实物量变化量（A_3）	1/2	1/2	1	0.2000
一致性比例：0.0000<0.1，比较矩阵具有一致性。λ_{max}：3.0000				

海洋资源生态保护指标（B）	B_1	B_2	B_3	W_I
海水富营养化海域面积比例（B_1）	1	1/2	2	0.2970
劣Ⅳ类海水水质标准海域面积比例（B_2）	2	1	3	0.5396
陆源入海排污口总体达标排放率（B_3）	1/2	1/3	1	0.1634
一致性比例：0.0088<0.1，比较矩阵具有一致性。λ_{max}：3.0029				

海洋资源政策执行指标（C）	C_1	C_2	C_3	W_I
海洋资源相关法律法规数量（C_1）	1	1/5	1/2	0.1220
海洋资源政策执行率（C_2）	5	1	3	0.6483
海洋资源政策整改率（C_3）	2	1/3	1	0.2297
一致性比例：0.0036<0.1，比较矩阵具有一致性。λ_{max}：3.0037				

海洋资源资金投入使用指标（D）	D_1	D_2	D_3	W_I
海洋环境污染投资占 GDP 比重（D_1）	1	4	1/2	0.3234
海洋环境污染投资增长率（D_2）	1/4	1	1/6	0.0890
海洋资源资金到位比（D_3）	2	6	1	0.5876
一致性比例：0.0088<0.1，比较矩阵具有一致性。λ_{max}：3.0092				

社会与公众反馈指标（E）	E_1	E_2	E_3	W_I
海洋环境投诉次数（E_1）	1	1	1/6	0.1250
重大海洋环境事故发生次数（E_2）	1	1	1/6	0.1250
公众对海洋资源环境满意度（E_3）	6	6	1	0.7500
一致性比例：0.0000<0.1，比较矩阵具有一致性。λ_{max}：3.0000				

（3）综合上述分析结果，得出最终的领导干部海洋资源资产离任审计评价指标权重分配表，如表 15-13 所示。

表 15 - 13　　领导干部海洋资源资产离任审计指标权重分配

海洋资源资产状态指标（A）：0.2				W_I
海洋生物资源实物量变化量（A_1）	1	1	2	0.0800
海洋空间资源实物量变化量（A_2）	1	1	2	0.0800
海洋旅游资源实物量变化量（A_3）	1/2	1/2	1	0.0400
海洋资源生态保护指标（B）：0.2				W_I
海水富营养化海域面积比例（B_1）	1	1/2	2	0.0594
劣Ⅳ类海水水质标准海域面积比例（B_2）	2	1	3	0.1079
陆源入海排污口总体达标排放率（B_3）	1/2	1/3	1	0.0327
海洋资源政策执行指标（C）：0.2				W_I
海洋资源相关法律法规数量（C_1）	1	1/5	1/2	0.0244
海洋资源政策执行率（C_2）	5	1	3	0.1297
海洋资源政策整改率（C_3）	2	1/3	1	0.0460
海洋资源资金投入使用指标（D）：0.2				W_I
海洋环境污染投资占 GDP 比重（D_1）	1	4	1/2	0.0647
海洋环境污染投资增长率（D_2）	1/4	1	1/6	0.0178
海洋资源资金到位比（D_3）	2	6	1	0.1175
社会与公众反馈指标（E）：0.2				W_I
海洋环境投诉次数（E_1）	1	1	1/6	0.0250
重大海洋环境事故发生次数（E_2）	1	1	1/6	0.0250
公众对海洋资源环境满意度（E_3）	6	6	1	0.1500

由表 15 - 13 可知，在该评价体系中，公众对海洋资源环境满意度指标所占权重最大，表明离任审计评价注重公众满意度，注重社会公众是否认可被审领导干部在职期间工作表现；其次是海洋资源政策执行率、海洋资源资金到位比、劣Ⅳ类海水水质标准海域面积比例，这表明在离任审计评价中，审计重点为相关政策法律法规有效执行、专项资金到位、海水水质改善情况。

15.4.4 计算综合得分

根据量化的各指标分数以及确定的指标权重，计算各指标的加权分数，见表15－14。

表15－14　　Z市海洋与渔业局前局长海洋资源资产离任审计指标加权分数

海洋资源资产离任审计指标		各项分数	综合权重	评价得分
海洋资源资产状态指标（A）	海洋生物资源实物量变化量（A_1）	82	0.0800	6.56
	海洋空间资源实物量变化量（A_2）	85	0.0800	6.80
	海洋旅游资源实物量变化量（A_3）	85	0.0400	3.40
海洋资源生态保护指标（B）	海水富营养化海域面积比例（B_1）	85	0.0594	5.05
	劣Ⅳ类海水水质标准海域面积比例（B_2）	87	0.1079	9.39
	陆源入海排污口总体达标排放率（B_3）	95	0.0327	3.11
海洋资源政策执行指标（C）	海洋资源相关法律法规数量（C_1）	86	0.0244	2.10
	海洋资源政策执行率（C_2）	85	0.1297	11.02
	海洋资源政策整改率（C_3）	90	0.0460	4.14
海洋资源资金投入使用指标（D）	海洋环境污染投资占GDP比重（D_1）	56	0.0647	3.62
	海洋环境污染投资增长率（D_2）	43.5	0.0178	0.77
	海洋资源资金到位比（D_3）	80	0.1175	9.40
社会与公众反馈指标（E）	海洋环境投诉次数（E_1）	85.5	0.0250	2.14
	重大海洋环境事故发生次数（E_2）	85	0.0250	2.13
	公众对海洋资源环境满意度（E_3）	93	0.1500	13.95
离任审计综合得分		83.58		

由表15－14可知，Z市海洋与渔业局前局长海洋资源资产离任审计评价综合得分为：$S=\sum_{1}^{3}A_i \cdot W_i+\sum_{1}^{3}B_i \cdot W_i+\sum_{1}^{3}C_i \cdot W_i+\sum_{1}^{3}D_i \cdot W_i+\sum_{1}^{3}E_i \cdot W_i=83.58$，根据上文中表15－5领导干部离任审计评价结果等级表可知，83.58分处于75～84分之间，属于良好等级，表明该领导干部在任职期间履职情况较好。

15.5 案例分析与政策建议

15.5.1 评价结果分析

在本案例中，Z 市海洋与渔业局前局长离任审计综合得分为 83.58 分，这表明其在任职期间较好地履行了管理海洋资源资产和保护海洋环境的责任，该评价体系评价结果与现实审计结果相符。

Z 市海洋与渔业局前局长离任审计评价结果在肯定其成果的同时，发现了其在海洋资源资金投入使用方面得分较低，这能够提醒该市海洋与渔业局现任局长今后的工作重点以及整改方向。在管理海洋资源和保护海洋环境时，一是应加大海洋污染治理的投入，增加海洋环境污染投资占 GDP 的比例；二是应加强对海洋专项资金使用的监督管理，建立海洋资源大额资金支付的审查和核查机制，加强合同管理；三是建立海洋资源专项资金跟踪管理制度，保障专项资金使用的真实性和绩效性，提高海洋资源资金到位比。

15.5.2 Z 市应用该评价体系的结论

（1）关于评价体系的研究结论。本章基于海洋资源资产负债表的分析，设计了包括海洋资源资产状态指标、海洋资源负债责任指标、海洋资源生态保护指标、海洋资源政策执行指标、海洋资源资金投入使用指标和社会与公众反馈指标六个方面在内的领导干部海洋资源资产离任审计评价体系。之后运用层次分析法来确定权重，并确定了各指标的评分标准，最后构建了综合评价模型并加以实际运用。

（2）关于评价体系应用的研究结论。本章结合 Z 市海洋与渔业局前局长的离任审计，验证了海洋资源资产离任审计评价体系在实践中的适用性。评价体系的案例应用，主要从海洋资源资产状态情况、海洋生态环境保护情况、相关政策执行情况、专项资金投入使用情况及社会与公众反馈情况等五个方面，对被审计领导干部就职期间的绩效进行全面评估。案例中的评价指标数据取自于海洋资源资产负债表，数据来源真实可靠；在实际运用时，结合被审领导干部所在地区的实际情况，对评价体系进行了相应的调整，这在一定程度上满足了差异化评价的需要。

案例应用结果表明，本书所构建基于资产负债表的领导干部海洋资源资产离任审计评价指标体系较为全面完整，具有切实可行性，且审计评价结果真实可信。但该指标体系仍存在许多问题，如少数指标基础数据缺失、未充分落实差异化评价需要以及被审领导干部责任认定不清等，因此该评价体系仍需不断完善。

15.5.3 相关政策建议

针对通过案例分析所发现的几个问题，本书认为评价体系的构建、完善及应用过程中，应该注重以下方面。

（1）降低指标数据的获取难度。我国尚未形成一套统一的海洋资源资产负债表，因此本书中评价体系所涉及的海洋资源资产价值量指标以及海洋资源负债责任指标数据较难获取，应通过建立数据库、统一统计口径以及由具体职能部门负责等措施，降低指标数据的获取难度，提高数据的准确度和代表性。

（2）建立差异化评价体系。为实现差异化评价，必须在运用评价体系时，充分考虑现实因素，结合被审领导所属地区实际情况适当调整评价体系，落实全国主体功能区规划；并针对不同的评价指标设定弹性的评价标准值，解决由于使用统一静态的评价标准值而带来的评价结果缺乏弹性变化的问题，在考虑空间差异的基础上，也要充分考虑时间差异。

（3）建立全过程评价体系。通过分析领导干部行为与结果之间的因果关系，可以在一定程度上认定其需履行的责任以及该履责行为所导致的结果，基于此建立的全过程评价体系，可以在一定程度上界定领导干部受托管理责任，明确各自权责。

第三篇

基于评价指标的海洋资源资产责任审计评价

16

海洋资源资产责任审计评价的研究框架

16.1 海洋资源资产责任审计研究的意义

16.1.1 现实意义

从自然资源资产离任审计的提出到试点方案的出台，再到2018年全面推开，基于自然资源资产离任审计提出进行领导干部海洋资源资产离任审计具有重大现实意义，主要体现在以下几个方面。

（1）拓展自然资源资产离任审计的审计领域。虽然就目前的审计项目数据而言，已有试点项目800多个，但是大多数试点项目集中于水、森林、草地等自然资源，较少涉及海洋资源，相关理论研究也较为缺乏。本篇研究领导干部海洋资源资产离任审计能拓展自然资源资产离任审计的审计领域，丰富审计理论研究，为后续全方位、多领域的审计实施提供经验和启示。

（2）建立责任型政府，加快生态文明建设。领导干部海洋资源资产离任审计，最终目的是对领导干部的海洋资源环境责任实施监督和产生约束力，敦促地方政府领导干部认真履行海洋资源环境保护的职责，强化领导干部的海洋资源环境责任意识。唯有在责任型政府的基础上，才能实现“绿水青山就是金山银山”“像对待生命一样对待生态环境”，强化绿色发展理念，加快推进生态文明建设，实现可持续发展。

（3）发挥海洋资源优势。自2013年习近平同志提出建设“一带一路”

的倡议，“一带一路”倡议已成为我国当前积极拓展双边和多边海洋合作的外交新格局，也成为我国实现海洋强国目标的重要战略步骤。全力推进领导干部海洋资源资产离任审计，考察海洋资源资产的开发与利用、海洋生态环境保护情况，对领导干部的海洋资源责任提出更高要求，有利于我国海洋资源优势的发挥与壮大，对于建设海洋强国意义重大。

16.1.2 理论价值

目前海洋资源资产离任审计相关理论研究较少，无论是在实践层面还是学术层面，对于领导干部海洋资源资产离任审计的审计内容、重点、方法等都存在不同看法，尚未形成一致的系统理论，本书的理论价值主要体现在以下几个方面。

（1）厘清海洋资源资产离任审计的实施基础，界定相关概念。本书基于政策、理论、现实三项分析基础，明确了领导干部海洋资源资产离任审计的实施基础，凸显实施的必要性、重要性和可行性。同时，分别对海洋资源、海洋资源资产、海洋生态环境和领导干部海洋资源资产离任审计进行概念界定，层层递进清晰规定领导干部海洋资源资产离任审计的概念范围，为系统构建理论框架奠定概念基础。

（2）构建领导干部海洋资源资产离任审计的理论框架。在分析基础和概念界定的基础上，本书以审计的要素、方法和步骤三大部分为结构，构建了领导干部海洋资源资产离任审计的理论框架。具体而言，对审计的主体、客体、对象和内容要素理论进行了完善，统一了财政资金审计、责任审计、绩效审计和现代信息技术审计方法理论，规范了审计的模式、程序、流程理论。

（3）构建领导干部海洋资源资产离任审计的指标体系。一方面，本书基于PSR模型构建了领导干部海洋资源资产离任审计的评价指标，从海洋资源环境压力、状态和响应三大角度对地区海洋资源资产和海洋生态环境状况进行评价，丰富了领导干部海洋资源资产离任审计的审计方法。另一方面，本书进一步构建综合评价模型，基于评价指标得分评价地区海洋资源资产和海洋生态环境状况优劣，形成相对完善丰富的领导干部海洋资源资产离任审计的指标体系理论。

16.2 海洋资源资产责任审计评价的研究现状

16.2.1 国外研究现状

领导干部自然资源资产离任审计，作为一项全新的审计制度，既是我国在审计理论上的创新，也是我国在审计实务中的新尝试。国外虽然没有相关的研究先例，但与之相关的环境审计研究却可追溯至20世纪70年代。最早开展环境审计的是美国，随后扩展到英国、加拿大、荷兰等国家，除了设立专门的环境审计部门外还基于审计实践颁布了系列环境审计法案和指南，形成了相对完善环境审计体系。学者们认为环境审计是环境管理的工具和手段，也是环境评估和复核的过程，对整个生态环境状况的审计具有整体性和系统性（Lightbody，2000；Bebbington，2001）。世界最高审计机关国际组织在1995年《开罗宣言》中将财务审计、合规审计和绩效审计确立为环境审计的基本框架。一些学者则认为环境审计内容应涉及以下三个方面：环境治理与开发的专项资金、环境保护的法律法规、环境保护项目工程的有效性（Hryciuk R B et al.，1996）。

为讨论环境审计的特征、趋势以及驱动力，有学者对加拿大75家私营企业的环境审计情况进行了调查（Thompson D and Wilson M J，1994），研究世界最高审计机关组织（INTOSAI）环境审计工作组（WGEA）多次环境审计工作调查结果发现，大部分加拿大企业、大多数国家都从1993年开始有效开展了环境审计等方面的工作（Sylvia van leeuwen，2004）。然而由于环境审计涉及的自然资源领域广、专业性强也面临着不少挑战，学者们也关注了审计标准制定的困难和审计成员专业能力不足两方面的问题（Martinov-Bennie N and Hecimovic A，2010），提出环境审计应由审计人员与相关专业人员组成团队（R K Jain et al.，2016）。在界定环境审计的目标及其必要性的基础上，认为环境审计是提高生产安全和实现自然资源可持续发展的重要环节（DAS Bakhyiyar，2015）。尽管存在挑战，政府部门进行环境审计也是检验公共政策对环境影响的实践方法（Hugh Barton，2014），同时政府大力加强实施环境审计工作也能提高环境审计的效益（Alvarez Larrauri，2014）。

在研究环境审计的同时，环境绩效评价和自然资源价值核算的概念也应运而生。挪威统计局于1978年首次采用实务指标设立了自然资源核算账户，开始自然资源核算和环境核算的研究工作，并于1987年初步建立了自然资源实物核算框架（Alfsen K H and Greaker M，2007）。联合国可持续发展委员会专家组于2001年第一次发布了《环境管理核算的规程与原则》（Development UNDFS，2001），之后又发布了SEEA-2003，明确了核算过程中涉及的核算对象和核算方法（Walker B H，Pearson L，Smith R，2007）。荷兰政府则主要从森林资源核算、环保费用支出和空气污染调查等方面对自然资源核算体系进行研究（Akerman M and Peltola T，2012），并在借鉴SEEA的基础上进行了本国水资源核算（Edens B and Gravel C，2014）。日本为推进企业生产和产品消费的可持续发展也在创造性研究SEEA的基础上，设计了环境核算账户（EMA）（Burritt R L and Saka C，2006）。

在环境绩效评价方面，1994年加拿大特许注册会计师协会（CICA）发布的《环境绩效报告》中，以土地、空气、水资源等15个方面的审计结果来评价企业环境业绩。2006年全球报告倡议组织（GRI）又进一步指出环境审计评价指标体系涉及水、土地、空气、生态系统四个环境要素的16个核心指标和19个附加指标。学者们从可持续发展的角度和具有环境管理系统的高等教育机构的环境关键绩效指标方法，对环境绩效审计评价指标进行了深入研究探讨（Ljubisavljevid，2017；Vanesa G，2018）。基于环境绩效指标的研究，设置了11个环境指标，综合分析发达国家与发展中国家的政府环境审计政策，发现发展中国家的环境政策体系及审计工作部署较为落后（Choida Jamtsho，2012）。对可持续森林管理（SFM）标准和指标（C&I）在不同政府间的发展进程进行了探索，同时讨论了C&I流程在不同国家成功推行或停滞不前的原因（Stefanie Linser，2018）。

就海洋资源方面而言，多位学者已揭示了人类行为对海洋资源的巨大影响，指明了海洋资源审计的必要性（Lawrence，1996；Robert Costanza，1997），海洋资源价值体系的研究也全面完善了海洋资源审计方法，为海洋资源的资产化管理指明了道路。分析了海洋经济开发的重要性及政策部署，详细阐述了海洋资源管理的问题（Haripriya Gundimeda et al.，2007），并进一步评价了滨海旅游业、海岸海岛的生态环境承载力（Quicoy，2009；Nam，2010）。基于归纳整理的海洋资源绩效审计内容，有学者认为审计内容应包括与水资源保护有关的理念、科技能力等与水资源利用保护有关的行为（Barrington et al.，2013），并进一步构建了以环境效益、社会效益和经济效益为主要指标的海洋资源审计评价指标体系（Vilanova and Filho，2015）。

16.2.2 国内研究现状

1. 领导干部自然资源资产离任审计的基础研究

2013 年中共十八届三中全会通过了《中共中央关于全面深化改革若干重大问题的决定》，要求“探索编制自然资源资产负债表，对领导干部实行自然资源资产离任审计”这一政策，既推进自然资源资产审计在我国的实施，也加快了国内学者对这一极具中国特色的审计活动的理论研究进程。领导干部自然资源资产离任审计是一项以国家审计机关为一元审计主体（安徽省审计厅课题组，2014；蔡春、毕铭悦，2014）或以国家审计机关、内部审计机构及社会审计机构为多元审计主体（陈献东，2014），对地方党政领导干部任期内自然资源开发利用和保护情况进行审计的活动。也有学者（郭旭，2017）认为审计客体还应包括国务院及责任部门领导干部、国企领导者。进一步将自然资源资产审计与经济责任审计结合，诸多学者利用自然资源资产负债表的理论框架（黄溶冰，2015；耿建新，2015），研究自然资源资产负债的总体情况，并提出在自然资源资产离任审计基础上推动建立环境保护追究责任制（顾奋玲，2017）。基于自然资源资产负债表的实践探索，相关学者（房巧玲，2018）也开始尝试构建领导干部资源环境离任审计评价体系。领导干部自然资源资产离任审计自 2014 开始在土地、矿产、森林等自然资源领域进行了较为深入的研究，但其中针对海洋资源资产领域的研究仍较为缺乏。

2. 领导干部海洋资源资产离任审计的理论拓展

当前，我国海洋经济在国民经济中所占比重不断加大，但海洋经济的资源依赖性使诸多海洋资源负荷接近超载，同时海洋灾害、海洋污染事件的频发（迁婕，2017），都对海洋资源的可持续发展敲响了警钟。并且，海洋资源开发中存在利用过度和环境破坏的不合理现象，也存在海洋资源资产流失的问题，历年审计中也发现了海域使用权审批不当、资金不合理使用的问题（张甜，2018）。因此，领导干部海洋资源资产离任审计具有立即实施的必要性，也有深入进行相关理论拓展的必要性。

海洋资源资产审计在领导干部自然资源资产离任审计研究中进展缓慢，一大原因在于海洋资源资产界定存在一定争议。首先，海洋资源与海洋资源资产间就存在着本质区别，并非所有的海洋资源均是海洋资源资产。资源转化为资源资产必须具有一定的资产属性，即能产生效益并且具有明确的所有者（赵梦、梁湘波，2018）。根据资产的定义，海洋资源资产应具有稀缺性、权属性和收益性的特点，能够供人类开发利用且价值可计量的稀缺性海洋资源才能称为资产（李彦平，2018）。其中，海水、海洋化学物质等稀缺性并不明显的资源就不应确认为资产，按照海洋资源的性质可将海洋资源资产分类为海洋物质资产、海洋环境资产和海洋无形资产（庄晓萌，2017）。

基于自然资源资产审计的理论基础，领导干部海洋资源资产离任审计的审计内容主要体现在海洋资源资产相关政策的执行和制定、海洋管理机构的管理有效性、海洋资源资产的开发利用等方面（黄佳蕾，2018）。为反映海洋资源资产状况，实现领导干部海洋资源资产离任审计目标，相关学者开始探索编制海洋资源资产负债表（商思争，2016），并基于主体假设、持续发展假设、价值计量假设等假设，将海洋资源资产分类为固定资产、流动资产、无形资产，从实物量与价值量两方面进一步设计了海洋资源资产负债表（张小凡，2018）。同时，在数据背景下，领导干部海洋资源离任审计构筑云审计平台的设想也多次被提及，审计及数据人员可以借助数据挖掘技术快速实现多维度、多角度、多层次的分析，发现传统审计难以发现的深层次问题（商思争，2018）。在目前我国领导干部海洋资源资产离任审计实施中仍存在相关政策及法规的漏洞，以及领导干部承担职责界定不清的现象，需要加快健全海洋资源法律体系，探索“同审同责”及责任追究机制（邓楚蓉，2018）。

16.2.3 研究述评

欧美国家在环境审计领域的研究相对成熟，对环境审计、环境绩效评价、自然资源价值核算的必要性、有效性和方法论等进行了深入的探讨。基于环境审计理论与实践，我国提出了对领导干部自然资源资产进行离任审计的实务探索要求，目前在理论框架、审计评价方法等方面取得了一定程度的审计理论创新。由于海洋资源的地域性、变动性等特征，海洋资源领域的离任审计实践进展较为缓慢，相关理论框架也不够健全，审计方法也不太成熟。本篇在文献研究基础上，试图为领导干部海洋资源资产的离任审计构建一个理论框架，并设计领导干部海洋资源资产离任审计的指标体系，以期丰富海洋资源领域离任审计的评价方法。在此基础上，进一步将N市审计实践置于框架中进行经验分析与审计评价，检验理论框架和指标体系的适用性。

16.3 海洋资源资产责任审计的研究内容与方法

16.3.1 研究内容

第一部分：绪论。这一部分主要介绍选题背景与选题意义；国内外的相关研究现状；研究内容与研究方法；研究重点与创新点。

第二部分：领导干部海洋资源资产离任审计的分析基础和概念界定。这一部分将首先从政策基础、理论基础和现实基础三个方面对领导干部海洋资源资产离任审计的实施基础进行分析，解释领导干部海洋资源资产离任审计实施的充分性和必要性。然后，将针对海洋资源、海洋资源资产、海洋生态环境以及领导干部海洋资源资产离任审计三个重要概念，对其进行概念界定，为构建领导干部海洋资源资产离任审计理论框架提供支持。

第三部分：领导干部海洋资源资产离任审计的理论框架。这一部分将以审计要素、审计方法、审计步骤三个模块构建领导干部海洋资源资产离任审计的理论框架。审计要素模块包含审计主体、客体、对象和内容四项基本理论，也是领导干部海洋资源资产离任审计理论框架下的基础性理论。审计方法模块包括了财政资金审计、责任审计、绩效审计、现代信息技术审计四大审计方法。审计步骤模块包括审计模式、审计程序和审计流程三个部分。

第四部分：领导干部海洋资源资产离任审计的指标体系。这一部分为丰富领导干部海洋资源资产离任审计的审计方法，进一步提出构建领导干部海洋资源资产离任审计的指标体系。主要内容为：第一，分析指标体系的构建原则和依据，原则表现在科学性、全面性和适用性三个方面，依据为审计对象的要求和 PSR 模型；第二，进行指标选取和解释，从压力指标、状态指标和响应指标三个方面选取直接或间接表征指标并解释意义；第三，采用熵值法确定各评价指标的权重；第四，构建指标体系，并结合灰色关联模型构建综合评价模型，完善指标体系的评价机制。

第五部分：领导干部海洋资源资产离任审计的 N 市实践。这一部分主要是在理论框架的基础上，将理论与实践相结合，选取 N 市领导干部海洋资源资产离任审计的试点实践作为案例分析对象。主要内容为：第一，N 市基本情况介绍，从海洋资源和领导干部海洋资源资产离任审计两个方面对 N 市进行了基本介绍；第二，理论框架下的 N 市实践，主要从审计要素、审计方法和审计步骤三个方面对 N 市审计试点实践进行综合理论分析；第三，N 市领导干部海洋资源资产离任审计的经验，主要包括实施经验和理论框架构建启示。

第六部分：领导干部海洋资源资产离任审计指标体系的 N 市应用。这一部分结合指标体系，对 N 市海洋资源环境状况进行评价。主要内容为：第一，指标体系的应用，包括数据说明、指标选取和权重确定以及构建灰色关联模型三个部分；第二，N 市指标评价值分析，主要包括综合评价值分析和 PSR 指标评价值分析两个部分；第三，N 市指标体系应用效果分析，分为审计评价结果分析和指标体系应用效果两大部分。

第七部分：结论与建议。这一部分主要总结论文的研究内容和研究结论，并针对研究结论提出相关政策建议。

16.3.2 研究方法

（1）文献研究法。搜索和整理有关“环境审计”和“领导干部海洋（自然）资源资产离任审计”的文献资料，梳理现有的研究成果，了解研究现状，形成研究的理论基础；搜索和整理有关“领导干部海洋资源资产离任审计”的新闻材料和政策文件，了解政策颁布和试点实施的现状，形成研究的政策基础和现实基础。

（2）案例分析法。为检验本书构建领导干部海洋资源资产离任审计的理论框架和指标体系，选取了 N 市进行的领导干部海洋资源资产离任审计实践作为案例分析对象。在对其实践经验进行分析和总结的同时，也检验理论框架和指标体系的适用性，探讨改进方向。

（3）PSR 模型——构建定量评价指标。为丰富和完善领导干部海洋资源资产离任审计的审计方法，设计了领导干部海洋资源资产离任审计的定量评价指标体系。其中，评价指标体系设计以 PSR 模型为基础，主要包括三个方面的指标：海洋资源环境的状态（S）指标，即特定时间阶段的海洋资源资产和海洋生态环境的状态和变化情况；海洋资源环境的压力（P）指标，即人类的经济和社会活动对海洋资源资产和海洋生态环境的作用；海洋资源环境的响应（R）指标，即社会和个人如何行动来减轻、阻止、恢复和预防人类活动对海洋资源资产和海洋生态环境的负面影响。

（4）熵值法——确定权重。为计算评价指标体系的综合得分，采用熵值法确定评价指标体系中各项指标的权重，具体方法如下。

构建评价指标体系的判断矩阵：$A=\begin{pmatrix} y_{11} & \cdots & y_{1m} \\ \vdots & \ddots & \vdots \\ y_{n1} & \cdots & y_{nm} \end{pmatrix}$，计算 y_{ij} 为第 j 个指标下第 i 个评价单元占该指标的比重：$P_{ij}=\dfrac{y_{ij}}{\sum_{i=1}^{n} y_{ij}}$，$j=1, 2, \cdots, m$；则第 j 项指标的熵值可计算为：$e_j=\left(-\dfrac{1}{\ln m}\right)\sum_{i=1}^{m} p_{ij}\ln(p_{ij})$；其中 $0<e_{ij}<1$。之后，确定指标权重为：$w_j=\dfrac{(1-e_j)}{\sum_{j=1}^{m}(1-e_j)}$。

（5）灰色关联理论——构建综合评价模型。灰色关联是指事物之间不确定的关联，或系统因子之间对主行为之间的不确定关联。评定待评价对象各项指标与理想对象之间的关联程度，并进行优劣排序的方法称为灰色关联综合评判法。

考虑量纲问题，选用极差变换法，对正向指标进行正向标准化处理，对负向指标进行负向标准化处理，公式如下：

当 x_{ik} 为正向指标时：$y_{ik}=\frac{x_{ik}-\min x_{ik}}{\max x_{ik}-\min x_{ik}}$；当 x_{ik} 为负向指标时：$y_{ik}=\frac{\max x_{ik}-x_{ik}}{\max x_{ik}-\min x_{ik}}$。

其中，y_{ik} 为标准化后的指标值，x_{ik} 为原始数据。

标准化处理后的各指标值组成评价样本，记 y_{ik}（$i=1,2,\cdots,n$；$k=1,2,\cdots,m$）为第 i 个待评对象的第 k 个指标值。选取所有评价样本中各项指标的最优值，建立理想样本，记 y_{0k}（$j=1,2,\cdots,m$）为理想样本集。最优值的选取原则在于：如果某项指标属正效指标，则数值越大越好；若为负效指标，则数值越小越佳。由于本书相关指标数据进行了正负向标准化处理，因此最优值均是指标数值越大越好。

以评价样本的无量纲化值构成参考数列 $y_i=[y_{i1},y_{i2},\cdots,y_{im}]$，以理想样本的无量纲化值构成比较数列 $y_o=[y_{o1},y_{o2},\cdots,y_{om}]$。

关联系数的公式如下：

$$\Delta_{ik}=|y_{ok}-y_{ik}| \quad (i=1,2,\cdots,n;\ k=1,2,\cdots,m) \tag{16-1}$$

二级最小差：$\Delta\min=\min_t\min_k|y_{ok}-y_{ik}|$　（16－2）

二级最大差：$\Delta\max=\max_t\max_k|y_{ok}-y_{ik}|$　（16－3）

关联系数：$r_{ik}=\frac{\Delta\min+\rho\Delta\max}{\Delta_{ik}+\rho\Delta\max}$　（16－4）

其中，ρ 为分辨系数，一般取值为0.5，$i=1,2,\cdots,n$；$k=1,2,\cdots,m$。

最终可构建出关联系数矩阵：$E=\begin{pmatrix} r_{11} & \cdots & r_{1k} \\ \vdots & \ddots & \vdots \\ r_{i1} & \cdots & r_{ik} \end{pmatrix}$。

根据关联系数矩阵和由熵值法确定的各项指标权重，得到领导干部海洋资源资产离任审计的灰色关联评价模型：

$$R_{ik}=E\times W_j=\begin{pmatrix} r_{11} & \cdots & r_{1k} \\ \vdots & \ddots & \vdots \\ r_{i1} & \cdots & r_{ik} \end{pmatrix}\times\frac{(1-e_j)}{\sum_{j=1}^{m}(1-e_j)} \tag{16-5}$$

其中，$i=1,2,\cdots,n$，$k=1,2,\cdots,m$。R_{ik} 表示第 i 个样本在第 j 个评价

指标下相对于理想样本在第 j 个评价指标下最优值的关联度。在此基础上，可进一步求得 $R_i = \sum_{k=1}^{m} R_{ik}$，即第 i 个样本相对于理想样本的关联度。不论是 R_{ik} 还是 R_i 均是关联度越高，评价结果越优秀。

16.4　海洋资源资产责任审计评价的研究重点

16.4.1　研究重点

（1）构建领导干部海洋资源资产离任审计的理论框架。当前有关海洋资源资产离任审计的研究较少，理论探讨也存在各方不同见解，本篇重点对领导干部海洋资源资产离任审计的理论框架构建进行研究。通过对审计主体、客体等相关审计要素进行深入探讨，对财政资金审计、责任审计等相关审计方法进一步统一，以及规范化审计模式、程序及流程，最终构建一个完善的领导干部海洋资源资产离任审计理论框架，为实施海洋资源资产离任审计提供理论依据。

（2）构建领导干部海洋资源资产离任审计的指标体系。海洋资源资产离任审计由于其审计资源的特殊性，对审计方法提出了挑战。为保障审计效果和审计质量，丰富海洋资源资产离任审计方法，本篇还重点对领导干部海洋资源资产离任审计的指标体系构建进行研究。基于 PSR 模型设计了领导干部海洋资源资产离任审计的评价指标，辅以灰色关联评价模型完善指标的评价功能，构建全面评价的指标体系。

（3）理论框架和指标体系的应用与检验。在构建领导干部海洋资源资产离任审计的理论框架和指标体系的基础上，本篇选取了重点试点地区 N 市进行应用。一方面，通过分析 N 市实践过程和经验，检验理论框架的完善性和适用性，得出理论框架的构建启示；另一方面，评价 N 市的海洋资源环境状况，检验指标体系的科学性与可操作性，发现指标体系的完善与改进方向。

16.4.2 创新点

一是以海洋资源领域为研究视角。就目前的研究成果而言，领导干部离任审计大多针对自然资源资产整体范畴，讨论审计主体、客体、内容等审计概念，或是地区实践经验。深入研究细分领域，也以水资源、矿产资源、森林资源等领域的离任审计研究居多，少见海洋资源领域的离任审计探讨。本篇创新性选取海洋资源资产为研究视角，一定程度上可扩展自然资源资产离任审计的研究视角，丰富研究领域。此外，对海洋资源资产离任审计进行理论框架和指标体系构建，也将使研究内容更具针对性。

二是以 PSR 评价指标和灰色关联评价模型共同构建指标体系。PSR 模型可生动反映环境与人类活动间的动态变化关系，目前以此模型为基础评价海洋资源环境状况的研究仍较少。灰色关联评价模型则是以理想样本为参照评价样本值的优劣，本篇创造性地结合了 PSR 评价指标和灰色关联评价模型构成指标体系，评价地区海洋资源环境状况，反映领导干部海洋环境治理与保护的履责情况，也是对海洋资源资产离任审计方法的一大创新。

17

海洋资源资产责任审计评价指标的构成

17.1 审计评价指标体系的构建原则

17.1.1 科学性和依法依规性原则

领导干部海洋资源资产离任审计指标体系的构建，目的在于评价地方政府领导干部在海洋环境责任履行情况。评价指标设置的科学性影响针对领导干部评价结果的公平性和公正性，构建科学的指标体系才能客观、真实地反映领导干部履责情况。

审计工作的开展以法律为准绳，同理进行领导干部海洋资源资产离任审计也要坚持依法依规原则，相关法律法规及规章制度是评价领导干部履责情况最基本的评价依据。在进行评价指标设置和体系构建时，应严格遵守《海洋环境保护法》《党政领导干部生态环境损害责任追究办法（试行）》等相关法律法规以及规章制度的要求，严守法律红线。

17.1.2 全面性和重要性原则

领导干部海洋资源资产离任审计指标体系，应该全面审查和监督领导干部的履责行为，从宏观和整体的角度进行考虑，尽可能设置覆盖海洋资源资产管理和海洋生态环境保护两个方面的评价指标，力求全方位多角度考核领导干部的海洋资产管理和海洋生态环境保护的责任。

但是评价指标的设置与选取也并不是越多越好，过度全面化也会增加审计工作量和审计工作时间，无法在审计过程中突出重点。因此，指标体系的构建应在全面性原则下兼顾重要性原则，评价指标的设置应突出海洋资源资产和海洋生态环境的特点和领导干部离任审计的重点，力争简明扼要。

17.1.3 定量和定性结合原则

基于资产负债表设计的大多数评价指标都是定量指标，资产负债表可提供可靠的相关数据；但对于领导干部海洋资源资产责任履行情况的评价，还要包括对其政策执行情况、推进制定相关法律法规等的评价，这属于定性指标的范畴。因此，构建评价体系需要遵循定量指标和定性指标相结合的原则，从而全面地对领导干部进行综合评价，提高海洋资源资产领导干部离任审计的质量。

17.1.4 适用性和可操作性原则

构建的领导干部海洋资源资产离任审计指标体系，应该具有一定的适用性，能够适用沿海地区的审计需求，满足当地实施领导干部海洋资源资产离任审计的审计目标。指标体系的构建，应考虑不同地区海洋资源资产特性和海洋生态环境要素禀赋，使得指标体系的适用范围更为广阔。

与此同时，从领导干部海洋资源资产离任审计的实务需求上而言，指标体系也应该立足实际，具备可操作性。不论是评价指标需求数据的可获得性、审计可行性，还是审计工作人员、被审计对象的特性等，都需要进行综合考量。

17.1.5 动态性与稳定性原则

海洋资源资产的数量在不断变化，国家政策在不断调整，科学技术在不断进步。因此，在设计海洋资源资产离任审计评价体系时要坚持动态性原则，根据不同地区和不同时期的海洋资源资产特点，修改评价体系中的某些评价指标，也要适时进行修改各自的权重系数，使该评价体系具有更强的实用性，满足审计差异化评价的需要。①

17.2 审计评价指标体系的构建依据

17.2.1 基于审计对象的指标体系构建

领导干部海洋资源资产离任审计主要是对各级地方政府党政主要领导干部以及相关海洋主管部门主要领导干部、对海洋资源资产管理和海洋生态环境保护两方面履行责任的情况进行审计。在构建领导干部海洋资源资产离任审计的指标体系时，指标体系的设计将从海洋资源资产和海洋生态环境两大方面出发，一方面评价当前海洋资源资产消耗、储藏等现状，另一方面评价当前海洋生态环境污染、监管等状态。最后，将以此为依据进一步考核领导干部是否积极地履行了海洋资源资产管理和海洋生态环境保护的责任。

17.2.2 基于 PSR 的指标体系构建

加拿大统计学家 David Rapport 等于 20 世纪 70 年代最早提出了 PSR（pressure-state-response）模型，将其用于构建经济预算和环境问题的指标分析体系。在 20 世纪八九十年代，在经济合作与发展组织（OECD）和联合国环境规划署（UNEP）的完善和改进下，PSR 模型被优化为支撑以动因 - 现状 - 反应为链条的环境事务可持续发展的逻辑框架，后来又进一步被广泛应用于交通规划、区域生态环境安全、土地利用、可持续发展等多元研究领域。PSR 模型是一个动态的模型结构，遵循“压力 - 状态 - 响应”的基本思路，将其变化或影响的过程进行了上下双向延伸，描述了自然环境的变化机理和调控过程。

---

① 钟文胜，张艳．地方领导干部自然资源资产离任审计评价指标体系构建的思考［J］．中国内部审计，2018（04）：83 - 87.

17.3 基于审计内容的审计评价指标体系

基于《规定》中的七大审计内容，N市审计局在《海洋资源审计实务指引（初稿）》中明确了海洋资源审计的主要内容、审计重点及审计目的后，将N市海洋资源资产审计的内容确定为以下五大方面。

（1）海洋资源法律法规、政策措施执行情况和效果。包括：政策和制度制定执行情况；规划的编制情况；规划的贯彻落实情况；监督考核情况；海洋工程建设项目环境影响评价和三制度同时执行情况。

（2）海洋资源约束性指标和目标责任制完成情况。包括：围填海总量控制指标；大陆自然岸线保有率指标；近岸海域水质指标；整治和修复海岸线长度指标。

（3）海洋资源管理保护重大决策情况。包括：海域使用权审批情况；海域使用权供应情况。

（4）履行海洋资源监督管理责任情况。包括：海洋执法情况；海洋污染防治；海岛保护和利用；海洋环境突发事件处置；以前年度发现问题的督促整改情况。

（5）海洋资源相关资金征、管、用和项目建设运行情况。包括：海域使用金征收管理使用情况；海洋生态修复、生态补偿等专项资金使用情况；海洋、海岸线等重大项目建设情况。

在参考N市海洋资源离任审计内容的基础上，本书构建了“基于审计内容的领导干部海洋资源离任审计评价指标体系”（见表17-2）。

17.4 基于资产类别的审计评价指标体系

17.4.1 海洋资源资产类别

海洋资源资产负债表为领导干部的离任审计提供了客观的基础量化数据

（家底情况），对离任领导干部的量化评价提供依据。在此基础上，可以结合经济、GDP、财政收入等国民经济统计数据，[①] 通过构建层次化指标体系来综合评估领导干部海洋资源责任的履行情况。

17.4.2 基于资产类别的指标体系

基于资产类别的海洋资源资产离任审计评价指标体系分为三个层次：最高层为决策层（一级指标），即需要评估的领导干部海洋资源责任的履行情况；中间为准则层（二级指标），是评价的主指标层，包括海洋资源资产状态指数、海洋资源负债责任指数和资源环境投入指数三方面；最底层（三级指标）为子指标层，是对主评价指标的具体化，[②] 共包括 9 个指标。指标具体内容如表 17－1、表 17－2 所示。

表 17－1　基于资产负债表的海洋资源资产离任审计评价指标体系

<table>
<tr><th>一级指标</th><th>二级指标</th><th>三级指标</th><th>三级指标解释说明</th></tr>
<tr><td rowspan="6">海洋资源离任审计评价</td><td rowspan="3">海洋资源资产状态指数</td><td>资源数量变化量</td><td>期末资源数量－期初资源数量</td></tr>
<tr><td>资源质量变化量</td><td>期末资源质量－期初资源质量</td></tr>
<tr><td>资源价值变化量</td><td>期末资源价值量－期初资源价值量</td></tr>
<tr><td rowspan="3">海洋资源负债责任指数</td><td>资源过耗维护成本变化量</td><td>期末资源过耗价值量－期初资源过耗价值量</td></tr>
<tr><td>环境破坏维护成本变化量</td><td>期末环境破坏价值量－期初环境破坏价值量</td></tr>
<tr><td>生态损害维护成本变化量</td><td>期末生态损害价值量－期初生态损害价值量</td></tr>
</table>

① 杨桂花，颜景金．自然资源资产负债表的编制——基于自然资源资产离任审计的视角［J］．财会月刊，2018（13）：119－126.

② 洪宇．基于自然资源资产负债表的领导干部资源资产离任审计评价指标构建［J］．齐鲁珠坛，2018（04）：50－54.

续表

一级指标	二级指标	三级指标	三级指标解释说明
海洋资源离任审计评价	资源环境投入指数	环境污染投资占 GDP 比重	环境污染投资额/地区生产总值×100%
		环境污染投资增长率	(期末环境污染投资支出-期初环境污染投资支出)/期初环境污染投资支出×100%
		环境污染治理法律法规数量	包括地方政府每年出台的关于海洋资源的保护与治理的地方性法规、规章、规范性文件及司法文件等

表 17-2　基于审计内容的领导干部海洋资源离任审计评价指标体系

一级指标	二级指标	三级明细指标	指标解释
海洋资源法律法规、政策措施执行情况	政策和制度制定执行情况	出台政策文件数	考察任期内出台有关海洋资源的政策规定情况
		制度落实率	考察任期内制定的有关制度是否有落实到位，如“滩长制”
		执行行动汇报数	考察任期内执行政策和制度的情况
	规划的编制和贯彻落实情况	规划编制与修订合计数	考察任期内编制或修订有关海洋资源保护与利用规划的情况
		规划覆盖范围	考察任期内编制或修订的相关规划覆盖了海洋资源的哪些方面
		规划内容分解落实率	对任期内编制或修订的相关规划目标分解，考察具体目标的落实情况
	监督考核情况	监督考核次数	—
		监督考核覆盖部门数	—
		监督考核覆盖到市（区、县）的数量	—
		监督考核达标率	—
		监督考核问责率	—

续表

一级指标	二级指标	三级明细指标	指标解释
海洋资源法律法规、政策措施执行情况	海洋工程建设项目环境影响评价和三制度同时执行情况	在建工程项目数	统计海洋工程正在建设的项目数量
		在建工程三制度同时完成率	考察海洋工程在建项目是否同时设计、施工和投产使用了防治海洋污染和环境破坏的设施
		完工项目数	统计已完成建设的海洋工程项目数量
		完工项目环评达标率	考察已完工海洋工程项目是否达到环境评价标准
海洋资源管理保护重大决策情况	海域使用权审批情况	项目审批通过率	考察任期内海域使用权项目审批通过情况
		通过审批的海域使用面积	统计任期内海域使用权占用的海域面积
		违规审批通过率	考察任期内是否存在违规审批海域使用权的情况
	海域使用权供应情况	公益性用海项目数量	考察任期内审批通过的海域使用权用于公益性项目的情况
		公益性用海面积	统计任期内审批通过的公益性海域使用面积
		经营性用海项目数量	考察任期内审批通过的海域使用权用于经营性项目的情况
		经营性用海面积	统计任期内审批通过的经营性海域使用面积
		围填海后闲置率	考察任期内审批通过的围填海项目后续使用情况
海洋资源约束性指标和目标责任制完成情况	围填海总量控制指标	围填海总面积	统计任期内审批通过的围填海项目总体占用面积
		围填海面积增长率	考察任期内审批通过的围填海项目的变动情况
	大陆自然岸线保有率指标	大陆自然岸线破坏率	考察任期内审批通过的海洋工程项目对大陆自然岸线的破坏情况
		大陆自然岸线保有率	考察任期内大陆自然岸线保持原貌的情况

续表

一级指标	二级指标	三级明细指标	指标解释
海洋资源约束性指标和目标责任制完成情况	近岸海域水质指标	近岸海域水质当期达标率	考察任期内近岸海域水质情况
		近岸海域水质变化率	与上期比较，考察任期内近岸海域水质变动情况
	整治和修复海岸线长度指标	海岸线破坏率	考察任期内海岸线被破坏情况
		整治和修复海岸线还原率	考察任期内是否对已被破坏的海岸线进行了整治和修复
		整治和修复后海岸线长度变化率	与海岸线历史数据比较，考察任期内海岸线变动情况
履行海洋资源监督管理责任情况	海洋执法情况	违法违规项目数	考察任期内海洋工程违法违规情况
		执法行动次数	考察任期内是否针对违法违规项目采取了监管行动
		处罚措施落实率	考察任期内监管行动的后续措施是否落实到位
	海洋污染防治	陆源入海污染源	统计当地陆源入海污染源数量
		入海排污口水质达标率	考察任期内入海排污口水质情况
		入海河流水质达标率	考察任期内入海河流水质情况
	海洋污染防治	养殖场无尾水处理设施安装	考察任期内近海养殖场无尾水处理情况，是否有安装专业处理设备
		船舶运营废弃物排放量	考察任期内海域船舶运营废弃物排放情况
	海岛保护和利用	违规开发利用无居民海岛比例	考察任期内是否存在违规开发无居民海岛情况
		自然保护类海岛破坏面积	统计任期内因违规开发破坏保护类海岛面积
		有居民海岛禁止、限制或不合规开发项目发生数量	考察任期内是否存在不合理或不合规开发有居民海岛情况
		海岛生态环境恢复面积	考察任期内是否积极履行了保护海岛生态的环境职责

续表

一级指标	二级指标	三级明细指标	指标解释
履行海洋资源监督管理责任情况	海洋环境突发事件处置	海洋环境突发事件发生量	统计任期内海洋环境突发事件发生数量
		海洋环境突发事件及时处理率（黄金4小时内）	考察任期内海洋环境事件突发后是否及时展开处理行动
		海洋环境突发事件处理效果	考察任期内对海洋环境突发事件处理后是否有复发或后遗症
		应急预案设置数	考察任期内是否设置了应急预案
		应急演练数	考察任期内是否组织过应急演练
		应急设备、物资储备量	考察任期内是否有足够的应急设备或物资
	以前年度发现问题的督促整改情况	以前年度发现问题数量	统计以前年度发现的海洋环境问题数量
		经督促已整改率	考察任期内是否已针对以前年度问题进行了整改
海洋资源相关资金征、管、用和项目建设运行情况	海域使用金征收管理使用情况	未及时征收海域使用金	考察任期内是否存在未及时征收海域使用金的情况
		违规减免海域使用金	考察任期内是否存在违规减免海域使用金的情况
		不规范使用海域使用金	考察任期内是否存在征收海域使用金违规使用的情况
	海洋生态修复、生态补偿等专项资金使用情况	侵占、挪用或截留的相关专项资金	考察任期内是否存在侵占、挪用或截留相关专项资金的情况
		虚假申报获取的专项资金	考察任期内是否存在虚假申报获取专项资金的情况
		滞留项目资金	考察任期内是否存在专项项目资金滞留的情况
	海洋、海岸线等重大项目建设情况	重大项目建设期投入资金	考察任期内重大项目的资金投入情况
		重大项目建成后效益	考察任期内重大项目建成后是否产生效益
		重大项目建成率	考察任期内重大项目建成情况

18

基于保护利用的海洋资源资产责任审计评价

18.1 基于保护利用的责任审计评价指标体系

18.1.1 海洋资源资产审计评价的指标选取

考虑到数据的可获得性和审计评价的全面性和完整性，对于 N 市的领导干部海洋资源资产离任审计实践应用，本章从审计海洋资源开发利用情况、审计海洋资源保护情况以及审计海洋资源可持续发展能力三个维度，设计领导干部海洋资源资产离任审计指标体系。接着运用熵值法来确定各维度下面各指标的权重，最后依托构建的评价体系和熵值法，基于 2010 ~ 2015 年 N 市相关海洋数据，选取相关变量，应用构建的指标体系，明确领导干部在任期间对海洋资源责任的履行情况及有效性，以此形成有效的激励和约束。

基于数据科学性、可获得性的原则，为突出激励和约束并重的考核以及对领导干部在任期间履行职责的审计，本章采用了审计海洋资源开发利用情况、审计海洋资源保护情况以及审计海洋资源可持续发展能力三个维度，下设 21 个指标进行评价。

18.1.2 海洋资源开发利用情况维度的指标选取

第一，指标选取说明。在审计海洋资源开发利用情况维度的指标选择时，考虑科学性、合理性和数据可获性，基于生态用海的理念，确定与领导干部离任审计相关的主要指标，选择了海洋总产量、海洋生物药业产值、海洋年发电量、海水利用量、海洋电力工业总产值以及海洋捕捞产量这六个二级指标。

（1）海洋总产量：反映海洋经济总体水平，由海洋渔业产量、海洋矿业产量、海洋盐业产量等综合形成。

（2）海洋生物药业产值：依靠海洋生物医药新产品带动的海洋经济发展。

（3）海洋年发电量：通过可再生的海洋能进行发电，反映海洋资源的开发利用情况。

（4）海水利用量：海水利用包括海水淡化、海水直接利用和海水化学元素利用三个方面。

（5）海洋电力工业总产值：依靠海洋发电的工业企业产生的经济总产值。

（6）海洋捕捞产量：对海洋中各种天然水生动植物进行的捕捞活动。

第二，指标选取列示。基于上述说明，参考《中国省域生态文明建设评价报告》（ECI 2015）中指标体系的构建思路，构建了表 18－1 中的海洋资源开发利用维度的审计指标体系（表 18－1 中的指标属性“＋”表示激励型指标，“－”表示约束型指标）。

表 18－1　海洋资源开发利用情况的评价指标体系

一级评价指标	二级评价指标	单位	指标属性
审计海洋资源利用开发情况	海洋总产量	万吨	+
	海洋生物药业产值	万元	+
	海洋年发电量	万千瓦时	+

续表

一级评价指标	二级评价指标	单位	指标属性
审计海洋资源利用开发情况	海水利用量	万吨	+
	海洋电力工业总产值	万元	+
	海洋捕捞产量	万吨	-

18.1.3 海洋资源保护情况维度的指标选取

第一，指标选取说明。关于审计海洋资源保护情况维度的指标选取，主要选取了水质优良率、功能达标率、较清洁海域面积占比、重度污染海域面积占比、沿海地区污水处理率、海洋工业废水排放量、海洋机动渔船、查处海洋违法案件这八个二级指标。

（1）水质优良率：优于Ⅲ类水质的比例，评判海水水质指标。

（2）功能达标率：每个功能区类别对应的水质指标值不超出该类水质标准值的为达标。

（3）较清洁海域面积占比：较清洁海域面积占海洋面积份额，评判海水的清洁度。

（4）重度污染海域面积占比：重度污染海域面积占海洋面积份额，评判海水的污染程度。

（5）海洋污水处理率：处理过的海洋污水占污水排放总量的比例，可以评价在任领导干部对海洋资源的保护情况。

（6）海洋工业废水排放量：反映工业废水对海洋环境污染情况，用沿海地区工业废水排放总量表示。

（7）海洋机动渔船：海洋机动渔船的数量直接影响到海洋捕捞产量，并且两者成正比。

（8）查处海洋违法案件：海洋违法案件的数量能够代表在任领导对海洋资源的保护情况。

第二，指标选取列示。基于上述说明，参考《中国省域生态文明建设评价报告》（ECI 2015）中指标体系的构建思路，本书构建了表 18－2 中的海洋资源保护情况维度的评价指标体系（表 18－2 中的指标属性“＋”表示激励型指标，“－”表示约束型指标）。

表 18－2　　海洋资源保护情况的评价指标体系

一级评价指标	二级评价指标	单位	指标属性
审计海洋资源保护情况	水质优良率	%	+
	功能达标率	%	+
	较清洁海域面积占比	%	+
	重度污染海域面积占比	%	－
	沿海地区污水处理率	%	+
	海洋工业废水排放量	万吨	－
	海洋机动渔船	艘	－
	查处海洋违法案件	件	－

18.1.4　海洋资源可持续发展能力的指标选取

第一，指标选取说明。海洋是人类的摇篮，离开海洋人们将无法生存，现如今全球正携手推动海洋可持续发展。领导干部在任职期间应该承担起促进海洋资源可持续发展的责任，推动海洋经济协调发展。基于此，选取了沿海主要港口货物吞吐量、滨海旅客周转量、海洋货运量、海洋客运量、沿海地区人均 GDP、第三产业比重、沿海地区人口死亡率这七个指标对海洋资源可持续能力进行度量。

（1）沿海主要港口货物吞吐量：是指一段时期内经水运输出、输入港区并经过装卸作业的货物总量，是反映港口生产经营活动成果的重要数量指标。

（2）滨海旅客周转量：滨海旅客周转量是指反映一定时期内滨海旅客运输工作总量的指标，计算公式为运送旅客人数与运送距离的乘积，是反映滨海旅游业发展情况的指标。

（3）海洋货运量：海洋货物运输是国际货物运输的主要手段，是反映国际贸易总运量的指标。

（4）海洋客运量：海洋客运量指在一定时期内实际运送的旅客数量，

是反映海洋运输业为国民经济和人民生活服务的数量指标。

（5）沿海地区人均 GDP：反映沿海地区经济发展状况。

（6）第三产业比重：反映海洋经济所处的发展阶段和海洋经济总体水平。

（7）沿海地区人口死亡率：用来衡量沿海地区医疗发展水平及科技进步。

第二，指标选取列示。基于上述说明，参考《中国省域生态文明建设评价报告》（ECI 2015）中指标体系的构建思路，构建了表 18 - 3 中的海洋资源可持续发展能力维度的评价指标体系（表 18 - 3 中的指标属性“ + ”表示激励型指标，“ - ”表示约束型指标）。

表 18 - 3　　海洋资源可持续发展能力的评价指标体系

一级评价指标	二级评价指标	单位	指标属性
审计海洋资源可持续发展能力	沿海主要港口货物吞吐量	万吨	+
	滨海旅客周转量	万人公里	+
	海洋货运量	万吨	+
	海洋客运量	万人	+
	沿海地区人均 GDP	万亿	+
	第三产业比重	%	+
	沿海地区人口死亡率	%	-

18.2　权重确定方法和数据来源

18.2.1　权重的确定方法

考虑到数据的可获性，本书选取了 2010 ~ 2015 年的海洋资源数据，确定的指标有 21 个，不具备使用主成分分析和因子分析的先决条件，而且由于本书所构建的领导干部海洋资源离任审计评价指标的属性各不相同，直接加总不能正确反映不同作用方向指标的综合结果。为了解决不同属性指标的计算问题，本书采用熵值法作为领导干部海洋资源离任审计的综合评价方法。

熵值法是一种根据各项指标的变异程度来确定某项指标权重的数学方法。它以各项指标初始数据的差异大小作为指标赋权的依据，具有很强的客观性，避免了人为因素带来的误差，而且计算相对简便。总的来说，熵值法是一种科学、简便、实用的综合评价方法。具体应用方法如下。

（1）指标标准化处理。论文选取的指标具有不同的量纲、数量级和正负取向，需进行标准化处理，公式如下：

当 x_{ij} 为正向指标时：

$$y_{ij} = \frac{x_{ij} - \min x_{ij}}{\max x_{ij} - \min x_{ij}} \quad (18-1)$$

当 x_{ij} 为负向指标时：

$$y_{ij} = \frac{\max x_{ij} - x_{ij}}{\max x_{ij} - \min x_{ij}} \quad (18-2)$$

式（18－2）中，y_{ij} 为标准化后的指标值，x_{ij} 为某分项原始数据。

（2）指标贡献度计算：构建领导干部海洋资源离任审计评价判断矩阵：

$$A = \begin{pmatrix} y_{11} & \cdots & y_{1m} \\ & \vdots & \\ y_{n1} & \cdots & y_{nm} \end{pmatrix}_{nm} \quad (18-3)$$

计算 y_{ij} 为第 j 个指标下第 i 个评价单元占该指标的比重：

$$P_{ij} = \frac{y_{ij}}{\sum_{i=1}^{n} y_{ij}} \quad j = 1, 2, \cdots, m \quad (18-4)$$

（3）指标熵值计算。第 j 项指标熵值可计算为：

$$e_j = \left(-\frac{1}{\ln m}\right) \sum_{i=1}^{n} p_{ij} \ln(p_{ij}) \quad (18-5)$$

其中，$0 < e_{ij} < 1$。

（4）指标权重确定。

$$\omega_j = \frac{(1 - e_j)}{\sum_{i=1}^{n} (1 - e_j)} \quad (18-6)$$

（5）综合评价得分。

$$Z_i = \sum \omega_j \times y_{ij} \quad (18-7)$$

18.2.2 数据来源

本书所采用的指标数据主要来自《浙江自然资源与环境统计年鉴》（2011—2016 年）、《中国海洋统计年鉴》（2011—2016 年）以及案例所在城市统计年鉴，由于海洋资源数据年份时间短，考虑到数据可得性和实际操作性，在上述三个维度指标的列示中共选取 21 个指标，构成 N 市领导干部海洋资源资产离任审计评价指标体系（见表 18 -4）。

表 18 -4　　N 市领导干部海洋资源资产离任审计评价指标体系

一级评价指标	二级评价指标	三级评价指标	单位	指标属性
领导干部海洋资源资产离任审计评价指标体系	审计海洋资源利用开发情况	海洋总产量	万吨	+
		海洋生物药业产值	万元	+
		海洋年发电量	万千瓦时	+
		海水利用量	万吨	+
		海洋发电工业总产值	万元	+
		海洋捕捞产量	万吨	-
	审计海洋资源保护情况	水质优良率	%	+
		功能达标率	%	+
		较清洁海域面积占比	%	+
		重度污染海域面积占比	%	-
		沿海地区污水处理率	%	+
		海洋工业废水排放量	万吨	-
		海洋机动渔船	艘	-
		查处海洋违法案件	件	-
	审计海洋资源可持续发展能力	沿海主要港口货物吞吐量	万吨	+
		滨海旅客周转量	万人公里	+
		海洋货运量	万吨	+
		海洋客运量	万人	+
		沿海地区人均 GDP	万亿	+
		第三产业比重	%	+
		沿海地区人口死亡率	%	-

18.3　确定后的指标权重

18.3.1　原始数据的标准化

根据式（18－1）、式（18－2），对原始数据进行标准化，得到审计海洋资源利用开发情况、审计海洋资源保护情况以及审计海洋资源可持续发展能力三个维度的结果矩阵，结果保留两位小数，如表18－5、表18－6、表18－7所示。

表18－5　审计海洋资源利用开发情况维度原始数据的标准化处理结果

年份	海洋总产量	海洋生物药业产值	海洋年发电量	海水利用量	海洋工业总产值	捕捞产业产量
2010	0.00	0.53	0.00	0.00	0.00	1.00
2011	1.00	0.15	0.02	1.00	0.01	0.00
2012	0.02	0.00	0.05	0.37	0.01	0.98
2013	0.04	0.44	0.30	0.24	0.27	0.98
2014	0.08	0.79	0.54	0.24	0.75	0.92
2015	0.14	1.00	1.00	0.24	1.00	0.86

表18－6　审计海洋资源保护情况维度原始数据的标准化处理结果

年份	水质优良率	功能达标率	较清洁海域面积占比	重度污染海域面积占比	污水处理率	海洋工业废水排放量	海洋机动渔船	查处海洋违法案件
2010	0.22	0.00	0.08	0.00	0.00	0.21	0.00	0.00
2011	0.11	0.00	0.12	0.54	0.16	0.00	0.00	0.14
2012	0.11	0.47	0.00	0.42	0.34	0.75	0.30	0.18
2013	0.22	0.60	1.00	0.96	0.65	0.49	0.45	0.41
2014	0.00	0.53	0.75	1.00	0.83	0.83	0.54	0.23
2015	1.00	1.00	0.39	0.81	1.00	1.00	1.00	1.00

表 18－7　　审计海洋资源可持续发展能力维度原始数据的标准化处理结果

年份	沿海主要港口货物吞吐量	滨海旅客周转量	海洋货运量	海洋客运量	人均GDP	第三产业比重	人口死亡率
2010	0.00	1.00	0.00	0.37	0.00	0.00	0.29
2011	0.19	0.32	0.33	0.00	0.33	0.13	0.00
2012	0.36	0.19	0.41	0.74	0.52	0.58	1.00
2013	0.73	0.06	0.71	0.86	0.72	0.91	0.17
2014	1.00	0.08	0.86	1.00	0.87	0.75	0.11
2015	0.86	0.00	1.00	0.63	1.00	1.00	0.83

18.3.2　指标权重的计算

对原始数据进行标准化后，分别对审计海洋资源利用开发情况、审计海洋资源保护情况以及审计海洋资源可持续发展能力三个维度指标分别进行熵值法分析，根据式（18－3）、式（18－4）、式（18－5）、式（18－6），得到相应的指标权重，再根据熵的可加性，得到领导干部海洋资源资产离任审计评价指标的权重，计算结果见表 18－8。

表 18－8　　N 市领导干部海洋资源资产离任审计评价指标权重

一级评价指标	二级评价指标	权重（%）	三级评价指标	权重（%）	指标属性
领导干部海洋资源资产离任审计评价指标体系	审计海洋资源利用开发情况	36.25	海洋总产量	10.9	+
			海洋生物药业产值	3.52	+
			海洋年发电量	7.25	+
			海水利用量	4.15	+
			海洋发电工业总产值	8.43	+
			海洋捕捞产量	2	－

续表

一级评价指标	二级评价指标	权重（%）	三级评价指标	权重（%）	指标属性
领导干部海洋资源资产离任审计评价指标体系	审计海洋资源保护情况	36.5	水质优良率	6.45	+
			功能达标率	4.9	+
			较清洁海域面积占比	5.4	+
			重度污染海域面积占比	3.53	-
			沿海地区污水处理率	3.62	+
			海洋工业废水排放量	3.1	-
			海洋机动渔船	5.4	-
			查处海洋违法案件	5.1	-
	审计海洋资源可持续发展能力	27.25	沿海主要港口货物吞吐量	3.45	+
			滨海旅客周转量	7.11	+
			海洋货运量	2.83	+
			海洋客运量	3.5	+
	审计海洋资源可持续发展能力	27.25	沿海地区人均 GDP	2.7	+
			第三产业比重	3.44	+
			沿海地区人口死亡率	5.22	-

表 18－8 显示的是审计海洋资源利用开发情况、审计海洋资源保护情况、审计海洋资源持续发展能力这三个维度下各指标的权重以及领导干部海洋资源资产离任审计评价指标的权重。结果表明，（1）领导干部海洋资源资产离任审计评价指标中，审计海洋资源保护情况的权重最大，占 36.5%；审计海洋资源利用开发情况次之，占 36.25%；这说明在审计领导干部海洋资源资产责任的时候，对于海洋资源的保护和开发利用是至关重要的，这是评判领导干部的核心所在。（2）在审计海洋资源开发利用维度下，海洋总产量占比最高，占 10.9%。（3）在审计海洋资源保护情况维度下，水质优良率占比 6.45%、较清洁海域面积占比 5.4%、海洋机动渔船占比 5.4%，查处海洋违法案件占比 5.1%，这四项指标都占有较高权重。（4）在审计海洋资源可持续发展能力维度下，滨海旅客周转量占比最高，达到 7.11%。

18.4 指标体系在N市的应用

18.4.1 综合评分的计算

经过前面熵值法的分析，确定了审计海洋资源利用开发情况、审计海洋资源保护情况以及审计海洋资源可持续发展能力这三个维度下各指标的权重，再根据公式（18－7）对综合评分进行计算，可以得到各指标的评分，三个维度的评分以及综合评分结果如表18－9所示。

表18－9 N市领导干部海洋资源资产离任审计评价（2010～2015年）

	二级评价指标	三级评价指标	2010年	2011年	2012年	2013年	2014年	2015年
N市领导干部海洋资源资产离任审计指标体系	审计海洋资源利用开发情况	海洋总产量	0.0012	0.0117	0.0017	0.0044	0.0084	0.0122
		海洋生物药业产值	0.0004	0.0038	0.0005	0.0014	0.0027	0.0039
		海洋年发电量	0.0008	0.0078	0.0011	0.0029	0.0056	0.0081
		海水利用量	0.0004	0.0045	0.0006	0.0017	0.0032	0.0046
		海洋工业总产值	0.0009	0.0091	0.0013	0.0034	0.0065	0.0094
		海洋捕捞产量	0.0002	0.0022	0.0003	0.0008	0.0015	0.0022
	审计海洋资源保护情况	水质优良率	0.0008	0.0010	0.0025	0.0054	0.0046	0.0092
		功能达标率	0.0006	0.0008	0.0019	0.0041	0.0035	0.0070
		较清洁海域面积占比	0.0007	0.0009	0.0021	0.0045	0.0038	0.0077
		重度污染海域面积占比	0.0003	0.0004	0.0010	0.0021	0.0018	0.0036
		污水处理率	0.0005	0.0006	0.0014	0.0030	0.0026	0.0052
		海洋工业废水排放量	0.0004	0.0005	0.0012	0.0026	0.0022	0.0044
		海洋机动渔船	0.0007	0.0009	0.0021	0.0045	0.0038	0.0077
		查处海洋违法案件	0.0006	0.0008	0.0020	0.0043	0.0036	0.0073

续表

	二级评价指标	三级评价指标	2010 年	2011 年	2012 年	2013 年	2014 年	2015 年
N市领导干部海洋资源资产离任审计指标体系	审计海洋资源可持续发展能力	沿海主要港口货物吞吐量	0.0018	0.0008	0.0018	0.0014	0.0016	0.0020
		滨海旅客周转量	0.0037	0.0016	0.0037	0.0029	0.0032	0.0042
		海洋货运量	0.0015	0.0006	0.0015	0.0012	0.0013	0.0017
		海洋客运量	0.0013	0.0006	0.0013	0.0010	0.0011	0.0015
		人均 GDP	0.0014	0.0006	0.0014	0.0011	0.0012	0.0016
		第三产业比重	0.0018	0.0008	0.0018	0.0014	0.0016	0.0020
		人口死亡率	0.0027	0.0012	0.0027	0.0022	0.0024	0.0031
	综合评分		0.0226	0.0510	0.0341	0.0564	0.0660	0.1088

18.4.2 计算结果分析

分析表 18-9 和图 18-1 的结果，可得到如下结论。

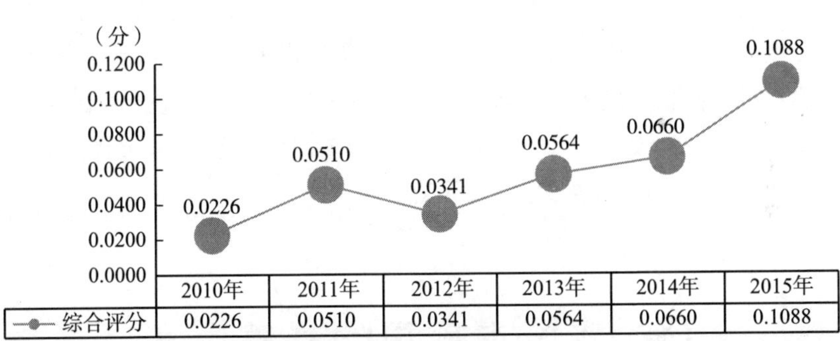

图 18-1 综合评分

2010~2015 年，总体上看，N 市领导干部海洋资源资产离任审计综合评分不断提高。2010 年综合评分为 0.0226 分，2011 年综合评分为 0.0510 分，2012 年综合评分为 0.0341 分，2013 年综合评分为 0.0564 分，2014 年综合评分为 0.0660 分，2015 年综合评分为 0.1088 分，说明 N 市领导干部对海洋资源责任的履行情况不断完善，能够形成有效的激励和约束。尤其 2015 年综合评分显著增加，可以看出这一年领导干部在海洋资源方面的责任履行得比较到位。

审计海洋资源利用开发情况下的海洋总产量、海洋生物药业产值、海洋年发电量、海水利用量、海洋工业总产值以及海洋捕捞产量这六个指标，每年评分呈现递增的趋势，2011 年和 2015 年评分最高，说明这两年领导干部重视海洋资源的开发利用。这六个指标中，海洋总产量所占评分最大，也说明海洋总产量能重点突出审计海洋资源利用开发情况。

审计海洋资源保护情况下的水质优良率、功能达标率、较清洁海域面积占比、重度污染海域面积占比、污水处理率、海洋工业废水排放量、海洋机动渔船、查处海洋违法案件这八个指标，除 2014 年评分较低外，其余几年都呈现增长趋势，说明 2014 年在任的领导干部没能很好地履行对海洋资源的保护。这八个指标中，水质优良率和较清洁海域面积占的评分最高，说明审计海洋资源保护情况的重点在于对水质的保护。

审计海洋资源可持续发展能力情况下的沿海主要港口货物吞吐量、滨海旅客周转量、海洋货运量、海洋客运量、人均 GDP、第三产业比重、人口死亡率这七个指标，2010 年和 2015 年的评分比较高，中间几年的评分较低，可以看出 2010 年和 2015 年在任领导干部比较重视海洋资源的可持续发展能力，而 2011 ~2014 年这几年中，在任领导没能很好地履行对海洋资源可持续发展的责任。这七个指标中，滨海旅客周转量占的评分最高，说明评价海洋资源可持续发展能力的关键是看是否该海洋能够吸引旅客前来旅游，这是海洋资源带来经济增长的关键所在。

18.5 N 市应用的政策意义

18.5.1 结论分析

通过具体的测度分析把握领导干部海洋资源资产离任审计评价情况，对领导在任期间的责任履行情况有激励和约束上的反馈，对寻求有效引导海洋资源资产可持续发展的对策和措施具有重要的现实意义。审计评价不仅仅在于排名评比，更在于找出短板、差距，指导实践，推动海洋强国的建设。本章以建设海洋强国为导向，构建领导干部海洋资源资产离任审计评价指标，以N市为例分析其2010~2015年在任领导对海洋资源责任的履行情况，具有一定的创新性和可借鉴性，为深入研究领导干部海洋资源资产离任审计评价奠定了基础，也为N市在任领导海洋资源履行责任情况提供多视角的依据。本章得出如下结论：一方面，2010~2015年，N市领导干部海洋资源资产离任审计评价得分不断上升，总体上看，审计海洋资源开发利用情况、审计海洋资源保护情况、审计海洋资源可持续发展能力这三个方面各指标呈现稳定上升的态势；另一方面，不同年份之间的责任履行重点存在差异。

18.5.2 政策建议

第一，在现有海洋资源开发利用的背景下，进一步加强落实领导干部海洋资源开发利用责任的履行情况。着重检查被审计领导干部任职期间海洋资源资产的变化以及变化的原因、海洋资源资产开发利用各环节涉及的专项资金的筹集管理使用情况、相关管理机构的设置是否健全，部门职责是否充分履行，有无职能交叉、职责不清、管理无序、效率低下的情况。在海洋资源开发利用技术和产业两方面进行创新，打造面向全球的竞争优势。同时，对于海洋资源的利用，必须做到开发与保护并重，合理开发利用海洋资源，要辩证处理好这个关系，从而使海洋资源可持续利用。

第二，随着新发展理念的深入以及《“十四五”海洋经济发展规划》的提出，我们需要加强领导干部海洋资源的保护行为，进一步从海洋资源保护角度层面检查被审计领导干部责任的履行情况。着重检查被审计领导干部是否坚持生态保护与整治修复并重；检查重大的生态整治修复工程及有关专项资金的管理使用情况；检查海洋污染防治情况。建立海洋环境安全保护系统，加强对海洋重大突发事件和灾害的管控，对海洋真正起到保护作用。

第三，在可持续发展理念的倡导下，实现海洋资源可持续发展至关重要，对于领导干部在任期间的检查也是更加严格。凭借海洋生态建设的良好保障，积极培育与发展海洋后续产业和替代产业，通过科技与政策的“双管齐下”对海洋产业进行多元化生态型改造，促进海洋生态产业的发展与海洋生态经济体系的形成。同时要加大对海洋研究的资金投入，培养高科技海洋人才，加快传统产业的升级改造，促进可持续发展。

第四，继续完善领导干部海洋资源资产离任审计评价体系，积极响应《领导干部自然资源资产离任审计规定》，对于不同地区、单位、部门，应该建立起一套规范的评价体系，从源头上规范领导干部海洋资源资产离任审计工作，在总结试点经验的基础上，不断创新审计方式方法，提高审计质量和水平，全面促进领导干部自然资源资产离任审计由试点阶段进入推进阶段。

19

基于价值评估的海洋资源资产责任审计评价

19.1 海洋资源资产价值评估的基础和方法

19.1.1 海洋资源资产的价值评估基础

第一，海洋资源资产的价值评估。海洋资源资产从宏观上来说仍旧是地区的自然资产，对这样的自然资产依据各种方式进行定价的过程称为海洋资源资产的价值评估。由于海洋资源资产的分类不同，海洋资源资产价值评估的概念也存在差异。如果按照海洋资源资产的类型进行分类，则海洋资源资产的价值评估可以分为矿产资源的价值评估、航路资源的价值评估、渔业资源的价值评估等。如果按照海洋资源资产的用途进行划分，则海洋资源资产的价值评估可以划分为经济价值评估、生态价值评估和社会价值评估。

第二，海洋资源资产的价值构成。海洋资源资产的价值是本书的立论基础，对于海洋资源资产的价值，亚太经合组织（OECD）进行了明确的界定。OECD 将海洋资源资产的价值分为使用价值和非使用价值两类，其中使用价值是指人们能够从海洋资源资产中用于消费或者生产的价值，其又可以分为直接使用价值、间接使用价值和选择价值。直接使用价值是从海洋资源资产中直接获取的价值，如海洋的潮汐能价值、各种渔业价值。间接使用价值是海洋资源资产通过加工能够获得的价值，比如海洋中的矿产开采价值。选择价值指的是人们可以保留给将来使用的价值，如海洋资源资产中可供核能发电的氘。

非使用价值指的是当前无法供人类直接使用的价值，如遗产价值和存在价值，存在价值指的是海洋的净化价值、存碳释氧价值等，这些是海洋固有属性，无法被人类直接利用。而遗产价值指的是人们将海洋资源资产保留给后代使用的价值。

第三，海洋资源资产价值评估与离任审计。常见的海洋资源资产的审计工作主要针对两个方面进行，分别是财务审计和管理审计，前者审查资产、负债和损益情况，后者审查资金运行的效果和效率情况。由于领导干部在任期间的资金运行的效果和效率情况并不对外公布，因而学界对领导干部离任审计的研究主要是针对资产、负债和损益。目前从这三个方面进行海洋资源资产领导干部离任审计的研究文献众多，其中以资产负债表和损益计算为主。

一般而言，海洋资源资产的离任审计直接审计海洋资源资产价值的变动更具直观性，也更容易得出准确的结果。而针对海洋资源资产价值变动进行离任审计就必须对在任期间的海洋资源资产价值进行准确评估。因此，海洋资源资产的价值评估是海洋资源资产离任审计的前提。

19.1.2 海洋资源资产的价值评估方法

1. 实际市场评估

实际市场评估主要采用市场价格法和成本法对海洋资源资产的实际市场价值进行衡量，这种衡量是建立在海洋资源资产可以在市场上自由交易的基础上的。

（1）市场价格法。对于海洋资源资产中的渔业产品、矿产资源以及海岛的土地价值一般采用市场价格法进行衡量，这些资源可以在市场经济环境下自由交易，因而其交易的价格就能反映这些资产当下的实际价值。利用市场价格法对海洋资源资产的评估公式如下：

$$P = P_e \times Q \times i \tag{19-1}$$

其中，P 表示资源总储量价值；Q 表示资源储量；P_e 表示资源单位采出量价值；i 表示资源回收率（%）。

（2）成本法。成本法是对一些还没有在市场上进行交易流通的资产进行评估的方法，由于不存在现有的市场价格，故而采用开发成本来作为该海洋资源资产的价值评估依据。一般而言，决定海洋资源资产开发成本的主要是海洋资源获取成本、开发成本、企业缴纳的税费和企业的合理利润，则基于成本法的海洋资源资产评估公式如下：

$$P = 取得成本 + 开发成本 + 税费 + 利润 \tag{19-2}$$

当然，因为各个地区的政策不同，实际对不同地区的海洋资源资产以成本法进行实际市场价值评估时，还需要考虑其他的成本，如市场准入成本、招投标成本等。

2. 替代市场评估

如果某些海洋资源资产无法在市场上交易，那么这样的海洋资源资产就不能直接用其市场价格或者开发成本来进行计算，此时就需要通过可替代的市场化物品或者劳务来衡量这些没有直接价格的海洋资源资产的价值，这种评估方式被称为替代市场评估。常见的替代市场评估方法主要有旅行费用法恢复和防护费用法以及收益还原法，下面分别进行介绍。

（1）旅行费用法。旅行费用法通常用于反映海洋资源资产的旅游价值，这种方法是通过旅游者滨海旅游时所花费的门票费用、交通费用、时间成本等旅行费用来确定海洋资源资产的旅游价值，其本质上其实也是反映了游客对于使用海洋资源资产旅游价值所支付费用的意愿，由于游客支付能力不同，以旅行费用来计算海洋资源资产的旅游价值并不单独进行，而是以地区的旅游产业总值作为指标。计算公式为

$$V_{in} = f(C_i + T_i + A_i + S_i + Y_i) \tag{19-3}$$

其中，V_{ln} 表示环境资源价值；C_i 表示区域与某环境商品间的往返旅游费用；T_i 表示往返及游玩的全部时间；A_i 表示对该环境商品的偏好；S_i 表示可供区域居民游览的替代场所；Y_i 表示区域内的人均收入水平；i 表示环境商品区域。

（2）恢复和防护费用法。当前面向海洋资源资产的生态保护和生态环境恢复工作正在有力推进，而保护海洋资源资产不受污染或者恢复该海洋资源资产所花费的费用可以在一定程度上体现该海洋资源资产的价值。计算公

式为：

$$L_4 = \sum_{i=1}^{n} C_i \tag{19-4}$$

其中，L_4 表示防护或恢复前的污染损失；C_i 表示第 i 项防护或恢复费用。

(3) 收益还原法。收益还原法又称收益现值法，是指基于限制来推算海洋资源资产未来收益的一种方法。收益还原法也是当前国内对海洋资源资产领导干部离任审计中最常用的一种价值核算方法。一般是把未来的预期收益以适当的还原利率折算为现值。还原利率一般采用银行一年期存款利率，加上风险调整值并扣除通货膨胀因素。计算公式为：

$$P = \frac{A}{i} = \frac{(R-C)}{i} \tag{19-5}$$

其中，P 表示资源价值；A 表示资源开发的年纯收益；R 表示资源开发的年总收入；C 表示资源开发的年总成本；i 表示还原利率。

3. 假想市场评估

对于既没有实际市场价值也没有替代市场价值的海洋资源资产，只能够通过创造假想市场的方式来进行评估。所谓假想市场评估，指的是直接通过问卷调查来了解人们为了使用该海洋资源资产所愿意付出的费用，以人们的支付意愿来作为假想市场的总价值，然后以该意愿的变化情况来衡量海洋资源资产的变动情况，但是由于不同个体消费能力不同，这种评估方式往往缺乏准确性，只是折中的手段。

19.2 基于价值评估的责任审计评价（Q 市案例）

19.2.1 Q 市的海洋资源资产责任审计评价

1. Q 市基本情况

Q 市是中国沿海重要中心城市和滨海度假旅游城市、国际性港口城市。截至 2018 年，全市常住人口 939.48 万人，城镇人口 692.11 万人，城镇化率73.67%。

作为滨海城市，Q市一直重视对海洋资源资产的利用和保护。2009年以来，Q市的海洋生态环境稳中向好，98.5%海水水质都能到达Ⅱ类水质之上，Ⅳ类和劣Ⅳ类水质仅占Q市海域面积的0.6%，主要污染物也只是无机氮和磷酸盐，赤潮、富营养化发生情况显著减少。

2. Q市的海洋资源资产审计情况

2014年以来，Q市所在省审计厅启动了海洋资源资产审计的试点工作，而Q市也是试点之一。2019年Q市在全省率先印发《关于贯彻〈领导干部自然资源资产离任审计规定（试行）〉的实施意见》，文中对Q市海洋资源资产审计情况进行了介绍。目前Q市海洋资源资产审计主要进行了以下工作。

（1）明确了对海洋资源资产离任审计的范围。由于海洋资源资产的内涵比较广泛，因而通过长期的调研，《意见》中将同时具备稀缺性、有用性及产权明确的海洋资源纳入审计视野，主要考察海洋资源资产的经济价值、社会价值和生态价值，而这一考察指标的确定也为本章的指标选择奠定了基础。

（2）明确了海洋资源资产离任审计的主要内容。基于可操作性的原则，该省的海洋资源资产审计主要集中在对海洋资源资产领导贯彻国家相关法律法规、开发利用管辖海域境内的资源资产情况、海洋资源生态保护和生态修复情况以及海洋污染的防治情况四个方面，而由于本书主要针对海洋资源资产进行价值评估，因而海洋资源资产领导贯彻国家相关法律法规并未纳入本书指标中。

（3）明确了地方主要领导干部在海洋自然资源资产管理中应当履行的责任。《意见》中指出需要进行海洋资源资产离任审计的部门包括当前的海洋渔业部门、环保部门、地方财政部门、发展改革委、国土部门等，这些部门对海洋资源资产都有直接管辖的职责。由此也厘清了各个部门之间的权责分配情况。

19.2.2 Q 市的责任审计评价指标选取

1. 海洋资源资产的经济价值指标

海洋资源经济价值包括海洋渔业资源、海洋矿产资源、海洋空间资源、海水资源、海洋旅游资源、海洋能源与海岛资源相应的经济价值。由于 Q 市《海洋环境公报》以及统计年鉴中公布的数据并不全面，考虑到数据的获取以及数据的连续性要求，本书选择 Q 市海洋渔业资源、Q 市海洋旅游资源、Q 市海洋空间资源作为研究对象，以便对海洋资源资产对经济价值进行评估。

作为一个滨海城市，一直以来，渔业都是 Q 市的主要产业之一。2018 年 Q 市的水产品产量更是上升到 104.5 万吨，其中远洋捕捞量已经达到了 14.50 万吨，养殖产量 4.5 万吨，其余均为近海捕捞产量。

港口方面，Q 市目前有五个港口。其中 D 港是最大的港口，建于 1892 年，是中国第二大外贸吞吐量港口，也是我国最大的集装箱码头、原油码头和铁矿码头港口与全球 130 多个国家或者地区的 450 个港口通航。此外，Q 市还拥有中国大陆最大的集装箱中转港、冷藏柜进出口港。

旅游方面，2018 年 Q 市接待游客的总人数超过一亿人次，其中境外游客 153.6 万人次，旅游消费总额达 1 867 亿元。目前 Q 市一共有 A 级景区 122 家，其中 5A 级景区 1 家，4A 级景区 26 家，3A 级景区 74 家。星级酒店方面，Q 市总共有星级酒店 99 家，其中五星级酒店 26 家，四星级酒店 25 家，三星级酒店 60 家。Q 市所有的 5A 级景区以及 4A 级景区都是依靠海洋资源建立的。

2. 海洋资源资产的生态价值指标

海洋资源的生态价值评估有多个指标，由于 Q 市《海洋环境公报》并没有公布太详细的数据，因而本书只对 Q 市海洋资源资产生态价值中的固定二氧化碳、净化水质这些价值进行评估。

2017 年 Q 市共有常住人口 939.48 万人，原煤消耗量达 1 385 万吨、原油消耗量 1 524 万吨、天然气消耗量 5.2 亿立方米，全社会用电量达 401 亿千瓦时。历年数据如表 19 - 1 所示。大量的原煤、原油和天然气消耗必然带来二氧化碳排放量的剧增，而除了依靠陆地植物进行二氧化碳的固定价值之外，海洋浮游植物对二氧化碳的固定价值同样不可小觑。

表 19－1　　　Q 市能源消耗基本情况（2014～2017 年）

年份	原煤消耗量（万吨）	原油消耗量（万吨）	天然气消耗量（亿立方米）	全社会用电量（亿千瓦时）
2017	1 385.00	1 524.00	5.20	401.00
2016	1 271.00	1 520.00	4.40	367.00
2015	1 283.00	1 292.00	4.70	342.00
2014	1 403.80	1 549.20	4.80	337.80

海洋生态方面，2017 年 Q 市近岸海域海水环境质量状况总体良好，98.5% 的海域符合Ⅰ类、Ⅱ类海水水质标准，与 2016 年持平。冬季、春季、夏季、秋季 Q 市近岸符合Ⅰ类、Ⅱ类海水水质标准的海域面积分别为 12 105 平方千米、12 156 平方千米、11 854 平方千米、11 966 平方千米，分别占 Q 市近岸海域面积的 99.2%、99.6%、97.2%、98.1%；污染较重的Ⅳ类和劣Ⅳ类水质海域面积占 Q 市近岸海域面积的 0.6%。春、秋季主要污染物为无机氮，夏季主要污染物为活性磷酸盐，这些污染物质的清除也需要依靠 Q 市海洋资源资产中的净化水质价值，见表 19－2。

表 19－2　　　Q 市近岸各类水质海域面积

水质	冬季（3 月）		春季（5 月）		夏季（8 月）		秋季（10 月）	
	面积（平方千米）	比例（%）	面积（平方千米）	比例（%）	面积（平方千米）	比例（%）	面积（平方千米）	比例（%）
Ⅰ类水质	11 635	95.4	12 026	98.6	11 514	94.4	11 269	92.4
Ⅱ类水质	470	3.9	130	1.1	340	2.8	697	5.7
Ⅲ类水质	77	0.6	17	0.1	176	1.4	152	1.2
Ⅳ类水质	18	0.1	4	0	83	0.7	33	0.3
劣Ⅳ类水质	0	0	23	0.2	87	0.7	49	0.4

3. 海洋资源资产的社会价值指标

一般来讲，海洋资源的社会价值包括提供或创造就业机会、促进相关产业发展、改善投资环境、精神和文化、防灾减灾、国防、人类健康等相应价值，这些方面都很难直接进行价值评估。结合 Q 市公布的各项数据的实际情况，本书选择 Q 市的科研文化价值进行评估，选择以 Q 市海洋资源资产为研究对象的论文数量以及海洋相关数目来衡量 Q 市海洋资源资产的科研文化价值。从中国知网中检索与 Q 市海洋资源资产相关的科研文献，同时在 SooPAT 中查询与海洋相关并且申请人或机构是 Q 市的专利数目，详细数据见表 19－3。

表 19－3　Q 市海洋资源资产相关科研文献数目以及专利数目

年份	科研论文（篇）	专利数目（条）
2017	87	16 588
2016	91	15 047
2015	104	12 757
2014	89	11 381
2013	99	9 283
2012	84	9 117
2011	82	7 863
2010	55	5 719
2009	60	3 418
2008	48	2 308

19.2.3　Q 市的责任审计评价指标权重

1. 权重的确定方法

依据上文选定的海洋资源资产经济价值指标、海洋资源资产生态价值指标和海洋资源资产社会价值指标，各指标的原始数据见表 19－4。

表 19 -4　　各指标原始数据

年份	经济价值指标			生态价值指标			海洋价值指标	
	水产品产量（万吨）	港口吞吐量（亿吨）	旅游消费总金额（亿元）	废水排放（万吨）	浮游植物（种）	二氧化碳排放（亿千克）	科研论文（篇）	专利数目（条）
2017	107.60	5.10	1 640.10	5 613.00	70	314.79	87	16 588
2016	108.10	5.10	1 438.70	6 865.08	113	288.10	91	15 047
2015	109.10	5.00	1 270.00	10 566.00	108	268.47	104	12 757
2014	109.45	4.80	1 061.10	10 989.00	147	265.17	89	11 381
2013	110.50	4.50	937.20	10 661.00	95	266.35	99	9 283
2012	112.44	4.15	807.58	11 145.00	69	249.63	84	9 117
2011	114.41	3.80	681.39	11 229.00	84	246.05	82	7 863
2010	112.00	4.50	580.04	10 800.00	80	229.98	55	5 719
2009	110.14	4.17	489.10	10 800.00	75	203.63	60	3 418
2008	105.74	3.00	420.28	10 402.00	56	196.33	48	2 308

对表 19 -1 中的数据以 Z-score 进行无量纲化处理，之后得到表 19 -5 所示的结果。

表 19 -5　　指标无量纲化处理结果

年份	经济价值指标			生态价值指标			海洋价值指标	
	水产品产量（万吨）	港口吞吐量（亿吨）	旅游消费总金额（亿元）	废水排放（万吨）	浮游植物（种）	二氧化碳排放（亿千克）	科研论文（篇）	专利数目（条）
2017	-0.95137	1.10030	1.70536	-2.17791	-0.73394	1.70665	0.37323	1.53272
2016	-0.73976	1.10030	1.21994	-1.54286	0.86807	0.97120	0.58350	1.20648
2015	-0.31656	0.97640	0.81333	0.33424	0.68179	0.43043	1.26688	0.72168
2014	-0.16844	0.72858	0.30984	0.54878	2.13477	0.33958	0.47837	0.43037
2013	0.27593	0.35686	0.01121	0.38242	0.19746	0.37203	1.00404	-0.01378
2012	1.09695	-0.07682	-0.30120	0.62791	-0.77120	-0.08871	0.21553	-0.04892
2011	1.50746	-0.51050	-0.60535	0.67051	-0.21236	-0.18734	0.11039	-0.31440

续表

年份	经济价值指标			生态价值指标			海洋价值指标	
	水产品产量（万吨）	港口吞吐量（亿吨）	旅游消费总金额（亿元）	废水排放（万吨）	浮游植物（种）	二氧化碳排放（亿千克）	科研论文（篇）	专利数目（条）
2010	0.91074	-0.88223	-0.84963	0.45292	-0.36138	-0.63013	-1.30894	-0.76830
2009	0.12358	-1.29112	-1.06881	0.45292	-0.54766	-1.35627	-1.04610	-1.25543
2008	-1.73853	-1.50177	-1.23469	0.25106	-1.25553	-1.55744	-1.67691	-1.49042

以 SPSS 中的降维对上述数据进行主成分分析，得到表 19-6、表 19-7 所示结果。该模型 KMO 值为 0.72。一般认为 KMO 值在 0.8 以上，非常适合做因子分析；在 0.7~0.8 之间，很适合因子分析；在 0.6~0.7 之间，适合因子分析。该模型 KMO 值为 0.642，可用于后续主成分分析。Bartlett 的显著性为 0.000，具有极显著的差异（P<0.001），结果与 KMO 值相同。

表 19-6　　KMO 与 Bartlett 检验结果

Kaiser-Meyer-Olkin 测量取样适当性	Bartlett 的球形检验		
	大约卡方	Df	显著性
0.72	98.22	28	0

表 19-7　　主成分分析

成分	起始特征值			提取平方和载入			循环平方和载入		
	总计	方差的百分比	累加百分比	总计	方差的百分比	累加百分比	总计	方差的百分比	累加百分比
1	5.341	66.758	66.758	5.341	66.758	66.758	4.828	60.352	60.352
2	1.582	19.780	86.537	1.582	19.780	86.537	2.095	26.185	86.537
3	0.748	9.355	95.892						
4	0.260	4.249	99.142						
5	0.040	0.502	99.644						
6	0.021	0.268	99.912						

续表

成分	起始特征值			提取平方和载入			循环平方和载入		
	总计	方差的百分比	累加百分比	总计	方差的百分比	累加百分比	总计	方差的百分比	累加百分比
7	0.004	0.047	99.959						
8	0.003	0.041	100.000						

提取方法：主成分分析。

由表 19－7 可见，该模型中所有变量都可以由主成分 1 和主成分 2 来解释，二者合计能够解释 86.537% 的变量，以主成分 1 和主成分 2 重新描述各变量，得到主成分的矩阵，见表 19－8。

表 19－8　　　　元件矩阵

指标	主成分	
	1	2
专利数目（条）	0.989	－0.009
港口吞吐量（亿吨）	0.986	0.131
旅游消费总金额（亿元）	0.984	－0.150
二氧化碳排放（亿千克）	0.968	0.003
科研论文（篇）	0.827	0.441
废水排放（万吨）	－0.676	0.676
浮游植物（种）	0.540	0.539
水产品产量（万吨）	－0.225	0.775

提取方法：主成分分析。提取 2 个元件。

2. 权重确定结果

基于表 19－8 所示主成分权重以及表 19－7 所示主成分特征根，以系数＝指标贡献率/对应主成分特征根的平方根，计算线性组合中的系数，结果如表 19－9 所示。

表 19－9 线性组合中的系数

指标	第一主成分	第二主成分
水产品产量（万吨）	0.427942	－0.00716
港口吞吐量（亿吨）	0.426644	0.104152
旅游消费总金额（亿元）	0.425779	－0.11926
废水排放（万吨）	0.418855	0.002385
浮游植物（种）	0.357844	0.350619
二氧化碳排放（亿千克）	－0.29251	0.537457
科研论文（篇）	0.233659	0.428534
专利数目（条）	－0.09736	0.616167

基于表 19－9，以综合得分系数＝(第一主成分方差×指标贡献率＋第二主成分方差×指标贡献率)/(第一主成分方差＋第二主成分方差）计算得到综合得分模型中各指标的系数如表 19－10 所示。

表 19－10 综合得分模型中各指标系数

指标	综合得分模型指标系数
专利数目（条）	32.84956
港口吞吐量（亿吨）	35.29361
旅游消费总金额（亿元）	30.12030
二氧化碳排放（亿千克）	32.36665
科研论文（篇）	35.61970
废水排放（万吨）	10.28030
浮游植物（种）	27.82049
水产品产量（万吨）	6.57333

将表 19－10 中的综合得分模型指标系数进行均一化处理，以计算最终各指标的权重，如表 19－11 所示。

表 19 - 11　　综合模型各指标权重

一级指标	二级指标	二级指标权重	综合权重
海洋资源资产经济价值	港口吞吐量	0.17	0.34
	旅游消费总金额	0.14	
	水产品产量	0.03	
海洋资源资产生态价值	浮游植物种类	0.13	0.33
	二氧化碳排放	0.15	
	废水排放	0.05	
海洋资源资产社会价值	科研论文	0.17	0.33
	专利数量	0.16	

19.3　Q 市的海洋资源资产经济价值评估

19.3.1　海洋航道资源经济价值

本书采用收益还原法和市场价格法对 Q 市的航道交通资源进行评估。假设 Q 市航道资源的收益为无限年限，并且年纯收益和还原利率不变。参照《建设项目经济评价方法与参数（第三版）》，海洋航道资源的还原利率为 8%。因此，Q 市海洋航道资源的经济价值评估公式为：

$$V = \frac{y}{r} \tag{19-6}$$

其中，V 为海洋航道资源经济价值，y 为海洋航道交通运输业增加值，r 为还原率。式中海洋航道交通运输业增加值为单位集装箱经济价值 × 港口总吞吐量。2017 年 Q 市海洋交通运输业生产总值为 411.4 亿元，则单位港口吞吐量的经济价值为 80.67 亿元。将单位港口吞吐量的经济价值乘以当年消费系数，则得到 2008 ~ 2017 年各个年份的单位港口吞吐量经济价值，进而依据上式计算得到 Q 市海洋航道资源的经济价值，见表 19 - 12。

表 19－12　　Q 市海洋航道资源经济价值

年份	港口吞吐量（亿吨）	年 CPI	单位港口吞吐量经济价值（亿元）	海洋航道交通运输业增加值（亿元）	海洋航道资源经济价值（亿元）
2017	5.1	102	80.67	411.42	5 142.71
2016	5.1	102.5	81.07	414.43	5 167.92
2015	5	101.2	80.04	400.19	5 002.33
2014	4.8	102.6	81.14	389.49	4 868.67
2013	4.5	102.5	81.07	364.79	4 559.93
2012	4.15	102.7	81.22	337.08	4 214.48
2011	3.8	105	83.04	315.56	3 944.53
2010	4.5	102.2	80.83	282.90	3 536.23
2009	4.17	100.5	79.48	251.96	3 149.54
2008	3	104.7	82.81	248.42	3 105.20

19.3.2　海洋渔业资源经济价值

本书利用海洋渔业增加值来代替海洋渔业资源的年纯收益。收益还原法评估价值结果的准确性不仅依赖于未来预期收益、收益期限的高准确性，还要求还原率足够准确。还原率的确定可以采用安全利率加行业风险调整值来确定，也就是银行一年期存款利率加上行业风险调整值。因此，基于市场价格法和收益还原法 Q 市海洋渔业资源经济价值计算公式如下：

$$V = \frac{y}{r_1 + r_2} \tag{19-7}$$

其中，V 为海洋渔业资源经济价值，y 为海洋渔业增加值，r_1 为行业风险调整率，r_2 为银行一年期存款的基准利率。海洋渔业增加值为单位水产品产量价值×水产品总产量。2017 年 Q 市海洋渔业生产总值为 93.8 亿元，则单位水产品产量的经济价值为 0.87 亿元。将单位水产品产量的经济价值乘以当年消费系数，则得到 2008～2017 年各个年份的单位水产品产量经济价值，以及历年海洋渔业增加值，见表 19－13。

表 19 – 13　　海洋渔业增加值

年份	水产品产量（万吨）	年 CPI	单位水产品产量价值（亿元）	海洋渔业增加值（亿元）
2017	107.6	102	0.87	93.61
2016	108.1	102.5	0.87	94.51
2015	109.1	101.2	0.86	94.17
2014	109.45	102.6	0.88	95.78
2013	110.5	102.5	0.87	96.61
2012	112.44	102.7	0.88	98.49
2011	114.41	105	0.90	101.57
2010	112	102.2	0.87	97.63
2009	110.14	100.5	0.86	94.41
2008	105.74	104.7	0.89	94.43

以表 19 – 13 中的海洋渔业增加值计算行业风险调整率，同时以央行一年期存款基准利率计算 Q 市海洋渔业资源的经济价值，结果见表 19 – 14。

表 19 – 14　　Q 市海洋渔业资源经济价值

年份	海洋渔业增长率	行业风险调整率（%）	央行一年期存款基准利率（%）	海洋渔业资源经济价值（亿元）
2017	–0.009	–0.001	1.50	6 244.96
2016	0.004		1.50	6 300.53
2015	–0.017		1.50	6 278.17
2014	–0.009		2.75	3 482.97
2013	–0.019		4.25	2 972.50
2012	–0.030		3.00	3 284.14
2011	0.040		4.30	3 077.84
2010	0.034		2.75	3 550.22
2009	0.000		2.25	4 196.12
2008			2.25	4 196.84

19.3.3 海洋旅游资源经济价值

一般对滨海景观资源的价值评估采用替代市场评估中的旅行费用法。因此，本书也采用旅行费用法评估 Q 市海洋旅游资源的经济价值。2017 年 Q 市滨海旅游业实现生产总值 546 亿元，而当年全市旅游消费总额为 1 653 亿元，以此来计算，Q 市滨海旅游业占到了全市旅游消费的 33%。由于 Q 市滨海旅游可以开发利用的海洋资源资产总量固定，因此 Q 市滨海旅游业占到了全市旅游消费的比例并不会出现明显变化，以此来计算历年 Q 市海洋旅游资源的经济价值，结果如表 19 – 15 所示。

表 19 – 15　　　　历年 Q 市海洋旅游资源的经济价值

年份	Q 市旅游消费总值（亿元）	海洋旅游资源经济价值（亿元）
2017	1 640.10	546.23
2016	1 438.70	474.77
2015	1 270.00	419.10
2014	1 061.10	350.16
2013	937.20	309.28
2012	807.58	266.50
2011	681.39	224.86
2010	580.04	191.41
2009	489.10	161.40
2008	420.28	138.69

19.4 海洋资源资产生态价值评估

19.4.1 固碳价值

固碳释氧是海洋资源资产的重要生态价值。采用替代价格法对海洋资源的固碳价值进行评估，其计算方式为二氧化碳排放折价＝二氧化碳排放量×二氧化碳排放权单价。一般认为海洋吸收了全球二氧化碳的三分之一，因而Q市海洋资源资产的固碳价值结果见表19－16。

表19－16　　Q市二氧化碳排放折价及海洋资源资产固碳价值

年份	二氧化碳排放（亿千克）	二氧化碳排放折价（亿元）	海洋资源资产固碳价值（亿元）
2017	314.79	16.05	5.35
2016	288.10	14.69	4.90
2015	268.47	13.69	4.56
2014	265.17	14.52	4.51
2013	266.35	14.58	4.53
2012	249.63	12.73	4.24
2011	246.05	12.55	4.18
2010	229.98	11.73	3.91
2009	203.63	10.39	4.46
2008	196.33	10.01	4.34

19.4.2　净化价值

海洋废弃物包括排海废水、海洋垃圾、填海造成的泥沙化等，但由于数据的限制，这里主要考虑排海废水，即净化价值，本书采用成本法对海洋资源的净化功能价值进行评估。依据历年Q市海洋环境公报中的数据，Q市排放的废水中无机氮的含量在83%，有机磷含量在7%，石油含量在10%，因此废水中的无机氮、有机磷和石油都需要进行处理。参照我国的《排污费征收标准管理办法》，石油类的去除成本为7 000元每吨，无机氮的去除成本为1 500元每吨，有机磷的去除成本为2 500元每吨，其计算公式为：

$$V = w \cdot s \tag{19-8}$$

其中，w为Q市废水排放的总数目，s为废水中主要污染物质的处理价格。由此按照成本法Q市海洋资源资产的净化价值如表19－17所示。

表 19－17　　Q 市海洋资源资产的净化价值

年份	废水排放（万吨）	Q 市海洋资源资产的净化价值（亿元）
2017	5 613.00	0.62
2016	6 865.08	0.76
2015	10 566.00	1.16
2014	10 989.00	1.21
2013	10 661.00	1.17
2012	11 145.00	1.23
2011	11 229.00	1.24
2010	10 800.00	1.19
2009	10 800.00	1.19
2008	10 402.00	1.14

19.5 海洋资源资产社会价值评估

海洋资源的科研文化功能采用 2018 年以前公开发表的以 Q 市海洋资源资产为调查、研究区域或实验场所的海洋类科技论文数量和围绕海洋资源申报的专利数量表示，论文数量和专利数量通过中国知网和 SooPAT 检索获得。由专利数量和论文数量组成的 Q 市海洋资源资产社会价值以收益还原法和成本法进行评估，计算方式如下：

$$V = \frac{Q_{RC} \times P_{RC}}{r} \times \frac{CPI_1}{CPI_2}$$

其中，V 为 Q 市海洋资源资产的社会价值，Q_{RC} 为海洋类科技论文篇数/海洋专利数目，P_{RC} 为每篇海洋类科技论文/专利的平均投入资金。CPI_1 为待估年份消费价格指数，CPI_2 为比较实际年份消费价格指数，r 为还原率（取 4.48%）①。陈尚在《我国海洋生态系统服务功能及其价值评估研究》中指出，2005 年我国每篇海洋类科技论文的平均投入资金为 35.76 万元，专利

① 田朋．海洋资源价值评估及应用研究［D］．保定：河北大学，2016.

成本为 4 800 每项，以 CPI 计算，2008 ~2017 年海洋科技类论文的平均投入资金如表 19 -18 所示。

表 19 -18　　2008 ~2017 年海洋相关论文专利的文化价值估算

年份	科技类论文的平均投入资金（万元）	论文篇数	论文投入价值（万元）	专利数量	专利投入价值（万元）
2017	49.13	87	122 825.00	16 588	7 962
2016	48.36	91	126 458.62	15 047	7 223
2015	47.41	104	141 685.06	12 757	6 123
2014	46.76	89	119 587.36	11 381	5 463
2013	45.84	99	130 406.90	9 283	4 456
2012	44.68	84	107 848.28	9 117	4 376
2011	44.54	82	102 594.25	7 863	3 774
2010	41.32	55	122 825.00	5 719	2 745
2009	40.00	60	126 458.62	3 418	1 641
2008	40.28	48	141 685.06	2 308	1 108

19.6 基于价值评估的海洋资源资产责任审计评价

19.6.1 责任审计评价的结果分析

基于上文对 Q 市海洋资源资产对价值评估，2008 ~2017 年 Q 市海洋资源资产的基本情况如表 19 -19 所示。

由于 Q 市海洋资产资源不同价值在领导干部离任审计中的权重不同，依据表 19 -11 所示权重，最终领导干部离任审计角度下的 Q 市 2008 ~2017 年海洋资源资产变化如表 19 -20 所示。

表 19－19　　Q 市海洋资源资产情况　　单位：亿元

年份	海洋资源资产的经济价值				海洋资源资产的生态价值			海洋资源资产的社会价值		
	海洋航道资源经济价值	海洋渔业资源经济价值	海洋旅游资源经济价值	合计	海洋资源资产固碳价值	海洋资源资产的净化价值	合计	论文价值	专利价值	合计
2017	5 142.71	6 244.96	546.23	11 933.9	5.35	0.62	5.97	12.28	0.80	13.08
2016	5 167.92	6 300.53	474.77	11 944.22	4.90	0.76	5.66	12.65	0.72	14.37
2015	5 002.33	6 278.17	419.10	11 699.6	4.56	1.16	5.72	14.17	0.61	14.78
2014	4 868.67	3 482.97	350.16	8 701.8	4.51	1.21	5.72	11.96	0.55	12.51
2013	4 559.93	2 972.50	309.28	7 841.71	4.53	1.17	5.7	13.04	0.45	14.49
2012	4 214.48	3 284.14	266.50	7 764.12	4.24	1.23	5.47	10.78	0.44	11.22
2011	3 944.53	3 077.84	224.86	7 247.23	4.18	1.24	5.42	10.26	0.38	10.64
2010	3 536.23	3 550.22	191.41	7 277.86	3.91	1.19	5.1	12.28	0.27	12.55
2009	3 149.54	4 196.12	161.40	7 507.06	4.46	1.19	4.65	12.65	0.16	12.81
2008	3 105.20	4 196.84	138.69	7 440.73	4.34	1.14	4.48	14.17	0.11	14.28

表 19－20　　Q 市 2008～2017 年海洋资源资产变化情况　　单位：亿元

年份	海洋资源资产变化额
2017	4 063.813
2016	4 066.975
2015	3 984.629
2014	2 964.628
2013	2 672.514
2012	2 644.969
2011	2 469.358
2010	2 480.297
2009	2 558.162
2008	2 536.039

19.6.2 案例城市的具体评价

2017 年 Q 市十六届人大常委会第二次会议决定免去 Q 市海洋与渔业局前任局长职务，前任局长调任 Q 市人大常委会研究室主任，同时另外委任他人担任 Q 市海洋与渔业局局长，改组 Q 市海洋与渔业局为 Q 市海洋发展局。本书结合已有数据对 Q 市海洋与渔业局前任局长离任前对海洋资产资源价值进行评估。从表 14 -2 可见，在上一任 Q 市海洋与渔业局局长在任期间，其海洋资源资产从 2 536.039 亿元增加至 4 063.813 亿元，这表明其在任职期间较好地履行了管理海洋资源资产和保护海洋环境的责任，该评价体系评价结果与现实审计结果相符，也与前任 Q 市海洋与渔业局局长擢升理由相符。

在肯定前任 Q 市海洋与渔业局局长管理成绩的同时，2017Q 市海洋资源资产的海洋航道资源经济价值、海洋渔业资源经济价值和科研文化总价值较之于 2016 年有所下降，而海洋资源资产的海洋资源资产固碳价值和海洋资源资产的净化价值继续上升，这说明 Q 市的渔业衰退并没有得到彻底的缓解，而航道资源和科研文化资源也还有进一步提升的空间。

19.6.3 相关结论与建议

本书基于海洋资源资产的经济价值、社会价值和生态价值构建了海洋资产资源的领导干部离任资产审计体系，依据该体系测算，在上任 Q 市海洋与渔业局在任期间，海洋旅游资源经济价值和海洋资源资产固碳价值持续上升，这说明当地滨海旅游业发展势头良好，海洋资源资产的生态价值持续提升，但是与此同时海洋航道资源经济价值、海洋渔业资源经济价值和科研文化总价值有所下降，总体看来，在其任职期间海洋资源资产的总价值呈现出持续上升趋势。但是未来应当进一步利用 Q 市现有的深水良港，提升 Q 市的海洋航道资源价值，同时加大科研投入，提升海洋资源资产的科研文化价值。当然，也需要通过其他途径来寻找缓解渔业衰退的方法。

本书基于价值评估的海洋资源资产领导干部离任审计体系的建立选取的指标较少，因为 Q 市的《海洋环境公报》中公布数据并不全面，有相当多的数据并不连续，这导致本书无法选择更多的指标对领导干部离任审计时海洋资源资产的真实价值进行计算，最终计算得到的海洋资源资产价值可能并不准确。再者，本书主要针对 Q 市海洋资源资产主管部门的主要领导干部进行离任审计。而实际上 Q 市海洋资源资产的管理部门众多，除了上文提到的 Q 市海洋与渔业局，还有生态环境局、自然资源和规划局等多个部门也拥有管理海洋资源资产的职能，因而只将海洋资源资产的价值变动归因于 Q 市海洋与渔业局领导干部可能也不够全面。

20

基于平衡计分卡的海洋资源资产责任审计评价

20.1 基于平衡计分卡的评价指标选取

20.1.1 平衡计分卡的构建思路

1. 平衡计分卡的内涵

1990 年开始，哈佛商学院教授罗伯特·卡普兰（Robert S Kaplan）和复兴全球战略公司总裁大卫·诺顿（David P Norton），在对十几家绩效管理处于领先地位的公司进行分析总结后，提出并推广平衡计分卡管理工具。平衡计分卡（BSC）通过结合财务与非财务指标的方法，将企业的绩效评价与企业的战略目标联系起来，从而建立起一套评价指标体系使得企业高级管理者能够迅速、全方位了解到企业的生产经营状况，用来表明企业为进行战略性发展必须要达到的目标，把任务和决策转化为目标和指标。平衡计分卡的目标及指标来自企业的发展愿景和战略，这些目标和指标从财务、顾客、内部运营以及学习与发展四个方面来考察企业的业绩，并组成了 BSC 的框架。

财务维度是从股东以及投资者角度来看的，其主要考核企业的经营情况是否实现企业价值的最大化、是否最大程度满足投资者的利益，此维度的指标反映企业最终经营成果；顾客维度是从企业的利益相关者角度来看的，其主要考核目的是评价产品的市场表现，企业能否提供让客户满意的产品和服务，此维度的指标主要为客户满意度；内部营运维度是从企业内部生产运营角度来看的，主要考核目标是企业具有的竞争力或者优势，找出企业擅长的地方并继续保持，才能继续创造好的效益；学习与发展维度是从企业内部人员的角度来看的，为了使员工更好地服务顾客，组织员工进行学习与提升，从而对企业员工的管理设计一些学习发展类的考评指标，典型的是员工培训率。平衡计分卡的四个维度之间是相互联系、相互支持的，后三个维度是实现第一个维度的前提条件，最终目标是更好地完成财务维度的目标。

2. 基于平衡计分卡的评价体系构建思路

在平衡记分卡关于海洋资源资产的评价中，可以通过这样的方式进行对比类推，首先，海洋资源资产离任审计工作的总目标是评价地方党政领导干部的资源环境保护相关责任的履行情况，此目标相当于企业的愿景和目标；海洋资源资产离任审计工作的核心是关注海洋资源和环境质和量上发生的变化，其也是评价领导干部履责情况最主要的维度指标，而财务指标是评价企业业绩时的核心指标，企业的一切管理行为均是为了实现企业的财务指标，这相当于领导干部的一切管理行为都是为了保护海洋资源和生态环境，并以其为最主要的“绿色政绩”衡量标准；BSC 中顾客维度可以类比为资源资产离任审计的海洋空间资产资源指标，企业业绩评价中的顾客维度是为了满足客户而设计的，离任审计中同样也有满足公众的需要，且其作为定性指标可以补充评价领导干部履责情况；业绩评价中的内部流程维度是针对企业内部流程优化而设计的维度指标，离任审计中可以从海洋资源资产多样性的角度进行分析可持续发展维度，也是为了衡量领导干部对可持续发展的重视程度。领导干部海洋资源资产离任审计评价工作与企业业绩评价同样具有最终目标，并且可以将其细分成三个维度分别衡量，三个维度之间层层递进、相互关联。

BSC 的平衡性主要体现在：内部与外部指标的平衡、成果评价指标与驱动成果出现的驱动因素指标的平衡、财务与非财务指标的平衡以及短期与长期指标的平衡。

20.1.2 基于平衡计分卡的指标选取

1. 人为影响海洋资源资产质量状况指标（B_1）

在确立这一评价指标时，主要考虑当前海洋资源资产的开发利用主要依赖人类的利用，如果不能妥善利用当前的海洋资源，势必造成较大的不良影响，对领导干部的评价会在一定程度上降低，在进行人为影响海洋资源资产质量状况评价时，主要从海产养殖业（C_1）、工业废水排放量（C_2）、海洋旅游区域面积（C_4）以及海洋生态恢复（C_3）方面进行判断，领导干部在任职期间履行自身职责，会充分利用当前的海洋资源，加快海洋生态恢复。

2. 海洋生物资源资产指标（B_2）

海洋的资产资源中，生物资源也是重要的海洋资源，生物资源充分，说明在这期间领导干部加强了对生物资源的利用，考虑了可持续发展的要求，近年来随着恶性捕捞，海洋生物资源呈现枯竭状态，通过对海洋生物资源现状的分析，可以得出领导干部在任职企业对可持续发展的重视程度。海洋生物资源主要从海产养殖（C_1）、海洋动植物资源（C_2）以及海域水质情况（C_3）进行分析。

3. 海洋空间资源资产指标（B_3）

海洋空间资源体现了对海洋资源的利用程度，将空间资源进行良好的利用可以加大海洋资源资产的利用程度，但是在进行海洋空间资源资产利用时，很多指标需要长期进行追踪调查才可以体现出利用程度，属于较为隐蔽但是很重要的评价指标。在进行海洋空间资源资产指标评价时，主要从海岸线长度（C_1）、岛屿线长度（C_2）以及海洋滩涂面积（C_3）进行评价。

20.2 基于平衡计分卡的评价模型

20.2.1 权重分配

由于每个子指标对于其上一层级指标的影响不同，所起到的作用效果不均等，因此需要对每一层级的指标的作用大小进行量化，即确定每一层次指标的权重。根据层次分析法的分层思想，请有关专家对各指标的重要性程度进行排序打分，并对每一层级指标构造权重判断矩阵，运用 yaahp 软件运算得出各层级指标的权重。以本书构建的评价指标体系为例说明，将维度层的 3 个方面评价指标 A_1、A_2、A_3 分别赋予权重 Wa_1、Wa_2、Wa_3，再对维度层级的下一层次要素层按照 A_1、…、A_7 分别对应的指标确定权重 Wp_1、…、Wp_7；按照同样的方法对最后一层指标层 P_{ij}各指标进行权重分析。此处以维度层为例来说明判断矩阵的构造方法，将维度指标置于问卷中，请资源环境和审计实践领域的专家对各维度对于审计目标（评价领导干部"绿色"政绩）相对重要性程度进行排序、打分，构造判断矩阵。

20.2.2 判断标尺选择

在上述描述当中，评价指标体系的构建需要从定性和定量两个指标加以考量。定量指标主要以期初打分法为基础，具体又可以分为时点数和时期数指标两种类型，前者是对领导干部离任时候的考评指标数值和其上任时的相关表现进行有效对比并形成打分，后者则是针对领导干部在任期当中的指标考核平均分值与其上任时所对应的数值加以对比和打分，具体的分值等级需要依据数值下降或增加的幅度来加以界定。如果领导干部的打分情况表现为正向定量指标数值的增加，或者是负向定量指标数值的减少则可以评定其表现为优秀，得分为 85 分。如果以幅度来进行分数评比的话，正向定量指标数值的减少或负向定量指标数值的增加可以做出如下界定：优秀意味着其表现为 1～5 分，合格意味着其表现为 5～10 分，不称职意味着其表现为 15～20 分。诸如政策的执行状况以及海岸线的长度等指标取值都可以纳入定性指标的范畴，一般可以通过网上调查或调查问卷的方式来予以获得，并根据具体的反应来评定优秀、良好、及格或差等若干等级。通过对各个指标所获得的分数和相应的权重求积，就能够获得领导干部最终的得分。这就意味着领导干部需要从三个维度进行综合评定，从而得出最终的考核得分。

在进行判断标尺选择时，主要根据菲尔德法和专家调查法进行判断，根据不同专家对相关方面的认识，确定当前不同维度的得分，并进行权重确定，具体情况如表 20－1 所示。在进行专家调查时，大部分专家认为在影响海洋资源资产的因素中，旅游面积意义较小，因此，在进行权重判断时，忽略这一指标的确认。

表 20－1　　　　判断矩阵标度定义

标度	含义
1	两个因素相比，同样重要
3	两个因素相比，前者比后者稍微重要
5	两个因素相比，前者比后者明显重要
7	两个因素相比，前者比后者强烈重要
9	两个因素相比，前者比后者极端重要
2、4、6、8	判断中间值
倒数	两个因素比，后者对前者的重要性

20.2.3　重要性程度及一致性检验

经过验证，数据之间的误差小于 0.1（允许误差的最大值），即，当前的数据属于有效数据，可以根据数据情况进行重要度计算，如表 20－2 所示。

表 20-2　　判断矩阵及重要度计算和一致性检验过程及结果

A_1	B_1	B_2	B_3	W_i	W_{i0}	λ_{max}	
B_1	1	1/3	2	0.874	0.230	3.002	$\lambda_{max}=1/3(3.002+3.04+3.005)\approx3.004$ C L=0.002<0.1
B_2	3	1	5	2.466	0.648	3.004	
B_3	1/2	1/5	1	0.464	0.122	3.005	
				(3.804)			
B_1	C_1	C_2	C_3	W_i	W_{i0}	λ_{max}	
C_1	1	1/3	1/5	0.406	0.105	3.036	$\lambda_{max}\approx3.039$ C L=0.02<0.1
C_2	3	1	1/3	1.000	0.258	3.040	
C_3	5	3	1	2.466	0.637	3.040	
				(3.872)			
B_2	C_1	C_2	C_3	W_i	W_{i0}	λ_{max}	
C_1	1	2	7	2.410	0.592	3.015	$\lambda_{max}\approx3.014$ C L=0.007<0.1
C_2	1/2	1	5	1.357	0.333	3.016	
C_3	1/7	1/5	1	0.306	0.075	3.012	
				(4.073)			
B_3	C_1	C_2	C_3	W_i	W_{i0}	λ_{max}	
C_1	1	1/3	1/7	0.754	0.149	3.079	$\lambda_{max}\approx3.08$ C L=0.04<0.1
C_2	3	1	1/9	0.333	0.066	3.082	
C_3	1/7	9	1	3.979	0.785	3.080	
				(5.066)			

各因素总重要度计算过程和结果如表 20-3、表 20-4 所示。

表 20-3　　方案总重要度计算列表

B_i　C_{ij}　C_j	B_1	B_2	B_3	$C_j=\sum^{3} b_jC_{ij}$
	0.230	0.648	0.122	
C_1	0.105	0.592	0.149	0.426
C_2	0.258	0.333	0.066	0.283
C_3	0.637	0.075	0.785	0.291

表 20 - 4　　　　海洋资产资源原始评价表

年份	认为影响海洋资产资源质量状况指标					海洋生物资源指标			海洋空间资源指标		
	海水养殖产业	工业废水排入海洋情况	海洋旅游区面积	海域使用面积	海洋生态系统恢复情况	海洋渔业资源	海洋动植物种类	海域水质情况	海岸线长度	岛屿线长度	滩涂面积
2009	80	82	80	80	81	86	76	86	80	80	83
2010	82	78	80	83	75	88	77	88	81	82	81
2011	82	83	80	84	77	85	81	83	81	84	77
2012	83	81	80	82	79	88	80	84	80	79	79
2013	85	78	81	81	82	83	82	81	80	82	80
2014	92	76	80	79	79	76	79	82	81	81	83
2015	84	80	80	86	83	81	83	72	81	83	83
2016	80	85	82	84	84	83	85	79	80	84	85
2017	79	87	80	88	85	85	86	82	79	82	84
2018	81	82	80	90	82	84	88	81	80	79	87

在进行专家测评并进行调查之后，确定了 N 市海洋资产资源评价指标表，具体如表 20 - 5 所示。

表 20 - 5　　　　海洋资产资源指标评价表

年份	认为影响海洋资产资源质量状况指标			海洋生物资源指标			海洋空间资源指标		
	海水养殖产业	工业废水排入海洋情况	海洋生态系统恢复情况	海洋渔业资源	海洋动植物种类	海域水质情况	海岸线长度	岛屿线长度	滩涂面积
2009	80	82	81	86	76	86	80	80	83
2010	82	78	75	88	77	88	81	82	81
2011	82	83	77	85	81	83	81	84	77
2012	83	81	79	88	80	84	80	79	79
2013	85	78	82	83	82	81	80	82	80

续表

年份	认为影响海洋资产资源质量状况指标			海洋生物资源指标			海洋空间资源指标		
	海水养殖产业	工业废水排入海洋情况	海洋生态系统恢复情况	海洋渔业资源	海洋动植物种类	海域水质情况	海岸线长度	岛屿线长度	滩涂面积
2014	92	76	79	76	79	82	81	81	83
2015	84	80	83	81	83	72	81	83	83
2016	80	85	84	83	85	79	80	84	85
2017	79	87	85	85	86	82	79	82	84
2018	81	82	82	84	88	81	80	79	87

20.3 基于平衡计分卡的审计评价指标在N市的应用

20.3.1 N市社会经济发展状况

在2018年度，N市为了更好地响应国家和省政府的号召，积极按照上级部署对工作进行调整，并以高质量的发展为主要目标，推进“六争”攻坚行动有效落实。在此基础之上，N市的经济结构得到了有效的调整，对于民生也产生了诸多利好影响，在风险防控方面的表现也极其突出。总体上形成了平稳的经济发展状态，突破了区域内生产总值10 745.5亿元的大关，以7%的年增长率成为万亿元城市行列当中的一员。整个年度共取得财政收入2 655.3亿元，较上年增长了9.9个百分点，在一般公共预算收入方面，共取得1 379.7亿元，较上年同期增长了10.8个百分点，如表20－6所示。

表 20－6　　2018 年 N 市财政收入情况

项目	GDP	财政收入	公共预算收入
数额（亿元）	10 745.5	2 655.3	1 379.7
增长率（%）	7	9.9	10.8

N 市在农业生产方面整体的发展趋势比较稳定，第一产业实现了 2.2% 的总产值增长率，其中农林牧渔产业实现了 2.3% 的总产值增长。在全面落实乡村振兴战略的过程中，N 市的农产品质量得到了国家的认可，并积极推进了一个国家级现代农业产业园的建设，在全国农业示范创建名单项目当中占据了 8 个席位。

N 市在工业方面的表现是比较突出的，主要体现在更加完善的结构方面。第二产业实现了 6.2% 的总产值增长率，其中规模以上工业的总增长量达到了 6.3%。战略性新兴产业的增长值达到了 12%，而高端装备制造产业则实现了 10.3% 的增长，如图 20－1 所示。

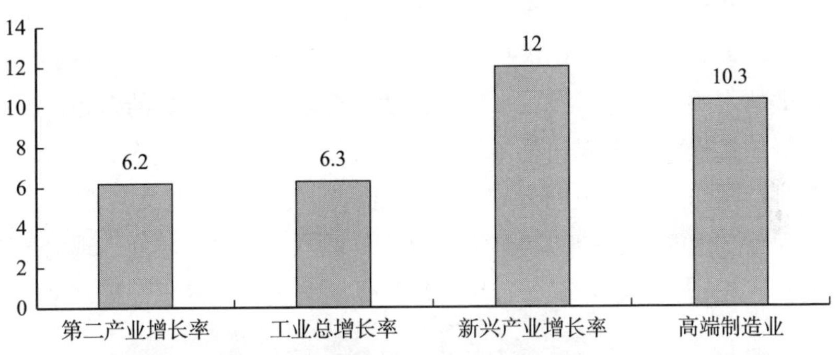

图 20－1　N 市 2018 年不同产业增长率

N 市在工业增加值当中，高新技术产业的增长达到了 50.2% 的占比。随着数字化经济的不断发展和深入，N 市软件园也投入使用，开创了省级集成电路产业基地的建设经验，为 1 871 家企业提供了智能化的诊断。在规模以上工业的企业当中，有 3 524 家实现了技改变革，上云企业也获得了 3.1 万家的新增成就。

服务业的发展为 N 市经济注入了充足的动力。第三产业的增长值达到了8.1%，在区域总生产值当中的比重已经突破到了45.9%，其中商品销售的总额实现了14.1百分点的增长。在N市的S港，货物的输送量已经达到了10.8亿吨，集装箱的输送量实现了2 635.1万标箱的突破，这一成就在全球范围内都名列前三。同时人民币存款余额也实现了6.6%的增长，制造业贷款余额在其中占据了25.2%的比例。商品房销售面积达到了1 624.4万平方米，较上年同期增长了5.2个百分点。

20.3.2 N市海洋资源现状

近年来，N市海域水环境的质量水平保持在稳定状态，在无机氮和活性磷酸盐方面的超标问题是比较常见的。Ⅰ～Ⅳ类和劣Ⅳ类的海域面积在N市的总海域面积当中分别占比2.05%、11.53%、8.94%、9.97%以及67.51%。总体来看，海洋沉积物的质量表现较为良好，Ⅰ类和Ⅱ类观测值的比值为3∶1，N市海域发现7起赤潮现象，没有监测到有毒藻类的出现。

N市重点监测的海域环境功能区共有8个，其中包含一个Ⅰ类环境功能区，三个Ⅱ类环境功能区和4个Ⅳ类环境功能区。在2018年度，N市近岸海域呈现出较高的富营养化水平，其整体水质也比较差，近岸海域的海水都为劣Ⅳ类的水质，和近岸海域水环境的功能要求存在着明显的差距。在对其进行分析的过程中，发现无机氮和活性磷酸盐是主要的污染物。从营养等级的角度对近岸海域水质进行界定，严重富营养的有一个Ⅱ类区和一个Ⅳ类区，表现为重度富营养的有两个近岸海域，剩下的近岸海域均表现为中度富营养水平。相较于上一年度，近岸海域整体的水质富营养化等级水平没有发生明显变化。

进入海洋的总污染物整体表现为减少趋势，从辖区内入海口A入海的污染物同比实现了17.8%的降低，其中包括68 493吨的化学需氧量、1 950吨的氨氮、724吨的磷、22 274吨的氮、12 845吨的有机碳以及177吨的石油类物质。从辖区内入海口B入海的污染物实现了同比12.1个百分点的减少，其中化学需氧量、氮、磷的含量分别为25 749吨，4 655吨以及94吨。在这里所做的保护措施，可以具体分为以下几种情况，如图20－2所示。

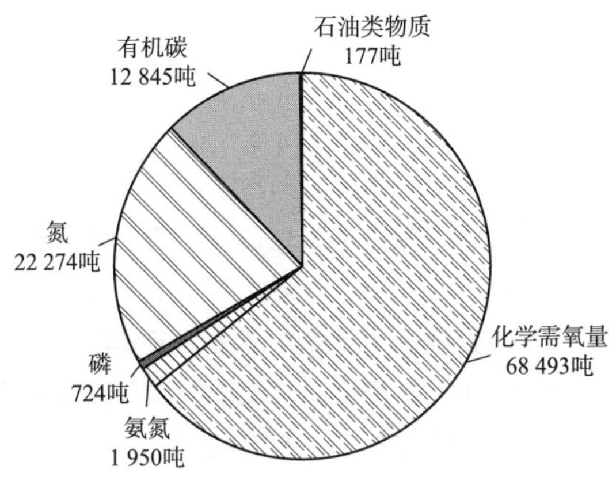

图 20－2　N 市 2018 年海洋总体污染物情况

1. 重视海洋生态管理

近年来，N 市相继出台了一系列的环境治理和修复文件，针对近岸海域的污染防治问题以及水产养殖污水治理问题等做出了应对举措。在此基础之上，N 市不断加强对海洋保护区的基础设施建设推进，针对重点的环境保护区进行改造和查验，推进实验区项目的建设。在海洋生态管理方面，N 市已经取得了一系列的成果，其中 XS 海洋牧场项目正在稳步推进，各种礁类的总投放达到 3. 28 万空方。

2. 加大海洋污染治理

在 N 市下辖的 XS 港近岸海域进行污染物控制的试点工作，随着养殖水污染治理的不断完善，已经完成超过 60 个养殖尾水治理示范点的有效建设。同时在这一地区对表层的废弃物进行全面的清理，利用保洁船清理表层废物，共打捞表层废物超过 81 吨。除此之外，一系列的专项执法行动，包括“海盾”“碧海” 和 “护岛” 等行动相继展开，在全市范围内对海洋违法类案件进行审查，根据情节轻重给予一定的人民币罚款。为了更好地打响生态保护战，N 市还组织了多项严厉打击违法捕鱼的行动，共缴获违禁渔具 4. 15 万件、相关货物 85. 95 万余公斤。为了确保禁渔成果的不断保持，N 市在海洋保护区加强巡查和执法，全年共查获两艘违规渔船，清理了 19 艘“三无”渔船。

3. 展开海洋环境监测

近年来，N 市不断对自身的海洋监测网络给予完善，建设了超过 300 个监测站，针对重点区域进行月度监测，包括 3 个重点排污口、7 个一般排污口以及 25 个入海排污口，对 26 条入海河流给予了完善的监测。对赤潮也进行了常规性的监测和应急监测，全年共发现 7 起赤潮现象，但尚未发现有毒藻类。在下一步的行动当中，N 市将继续推进海洋自动监测系统的完善，计划再次增加三个岸基站和三个浮标站来补充相应监测空白。

4. 重视海洋生物资源恢复

不断加强对海洋保护区的资源管理计划落实，针对多种面临危机的海洋保护鸟类给予有效的人工招引，从而保护当地海洋资源多样性。继续推进渔业的资源增殖项目开展，共投放了 6 823 亿尾海洋动物。全年度所产生的误伤或误捕海洋野生动物 141 头，成功将其中的 90 头予以放生。

20. 3. 3 离任审计评价指标体系在 N 市的应用

根据当前的海洋资源现状在使用上一章分析出的海洋资源指标评价可以得知，根据当前具体情况，进行指标评价，具体情况如下。

由表 20 – 7 可以看出，当前的 N 市领导干部在对海洋资源资产的管理方面较好地履行了责任，从 2009 ~ 2018 年数据得出的结论均为良好。

由表 20 – 7 可以看出，当前的 N 市领导干部在对海洋资源资产的管理方面较好地履行了责任，2009 ~ 2018 年得分均为 80 分以上，结果为良好，虽然在 2013 年、2014 年与之前相比有了一定的回落，但是依然处于较为良好的状态，而 2015 ~ 2018 年对海洋资源的保护力度上升，达到了 87 分，说明在任期对海洋资源资产的管理付出了较多努力。

表 20-7　　N 市领导干部海洋资产资源离任审计量化评价表

项目		2009 年	2010 年	2011 年	2012 年	2013 年	2014 年	2015 年	2016 年	2017 年	2018 年	权重
人为影响海洋资产资源质量状况指标	海水养殖产业	8.793	9.012	9.012	9.122	9.342	10.112	9.232	8.793	8.683	8.903	0.110
	工业废水排入海洋情况	22.252	21.166	22.523	21.980	21.166	20.624	21.709	23.066	23.608	22.252	0.271
	海洋生态系统恢复情况	3.623	3.355	3.444	3.534	3.668	3.534	3.713	3.757	3.802	3.668	0.045
海洋生物资源指标	海洋渔业资源	14.815	15.160	14.643	15.160	14.299	13.093	13.954	14.299	14.643	14.471	0.172
	海洋动植物种类	7.365	7.462	7.849	7.752	7.946	7.655	8.043	8.237	8.334	8.527	0.097
	海域水质情况	1.877	1.921	1.811	1.833	1.768	1.790	1.571	1.724	1.790	1.768	0.022
海洋空间资源指标	海岸线长度	1.494	1.513	1.513	1.494	1.494	1.513	1.513	1.494	1.476	1.494	0.019
	岛屿线长度	3.373	3.458	3.542	3.331	3.458	3.416	3.500	3.542	3.458	3.331	0.042
	滩涂面积	18.439	17.995	17.106	17.550	17.772	18.439	18.439	18.883	18.661	19.327	0.222
合计		82.031	81.041	81.444	81.758	80.913	80.174	81.674	83.795	84.454	83.741	1.000

注：由于四舍五入，各项数值之和可能略大于或略小于合计值。

20.4 基于平衡计分卡的审计评价指标在 SH 市的应用分析

20.4.1 SH 市社会经济及发展状况

SH 市作为国际知名城市，近年来的社会经济发展取得了喜人的成就，经济发展水平趋于稳定。2018 年其生产总值比上年增长了接近 7 个百分点，接近 3.3 万亿元；就业新增岗位全年达到接近 59 万个，失业率在 4% 左右；整体物价水平稳定，居民消费涨幅 1.6 百分点。整个年度共取得财政收入 17 973.57 亿元，较上年增长了 7 个百分点，一般公共预算收入 7 108.1 亿元，较上年同期增长了 7 个百分点（见表 20 - 8）。

表 20 - 8　　2018 年 SH 市财政收入情况

项目	GDP	财政收入	公共预算收入
数额（亿元）	32 679.87	17 973.57	7 108.1
增长率（%）	6.6	7	7

SH 市在工业方面的表现是比较平稳，引入一大批重大产业项目。SH 市作为国内首家开发测试智能互联网汽车城市，新兴产业增速要快于其他的工业 2.4 个百分点。第三产业结构正在加速转型，各项服务业发展势头迅猛，使得第三产业相较于上一年增长了 8.7 个百分点，占整个生产总值的 69.9%。第二产业实现了 6.2% 的总产值增长率，其中规模以上工业的总增长量达到了 6.3%。战略性新兴产业的增长率达到了 12%，而高端装备制造产业则实现了 10.3% 的增长。

20.4.2 SH 市海洋资源现状

SH 市处于黄金海岸和黄金水道交汇处，有着十分优越的地理位置。SH

市沿海有良好的深水岸线，大陆岸线为186千米，其中长江口南岸110千米，杭州湾北岸87千米，崇明、长兴、横沙三岛拥有约306千米。水深在10米以上的深水岸线长达78千米，拥有0米以上潮间带滩涂面积约66平方千米，水深0～5米等深线范围内水下滩涂面积为234.5平方千米。并且滩涂围垦持续时间长、面积大、利用率高、效率好。

从水环境来看，SH市附近海水质量情况十分平稳，但其中存在Ⅳ类标准的海水面积所占比例较大。从沉积环境来看，水中沉积物质量总体上来说处于良好状态，相关监测指标比较平稳。从生物群落来看，水中生物种类逐渐减少，并且群居生物结构单一，生物缺乏多样性。从生物残毒方面来看，自保区附近水质较差，难以达到监测指标要求。从栖息地来看，近岸生物栖息地正在不断减少，受侵蚀程度严重，荒芜草滩有明显减少。从其他的方面来看，海洋中各项监测指标基本满足所在区域功能的基本要求，然而对海域中水质和沉积物影响不大；通往海洋的排污口总数有所下降，但排污比例却有上升，排放至海洋中相关细菌、悬浮物和磷化物还需要控制。由此可见，SH市附近海洋生态系统健康状况不佳，对于SH市未来的海洋经济发展造成了严重的阻碍。

SH市对于河口海洋资源的开发还有待提高，并且这种不合理的开发对SH市海洋经济未来的发展带来严重的危机。SH市河口海岛资源主要集中在崇明区，虽然崇明区有着广袤的土地，并且海洋资源十分充足，但是其发展水平还有待提高，处于整个SH市中倒数位置，与其有着丰富资源条件显得十分不对称，这也逐渐发展成为SH市独特的格局。

20.4.3 离任审计评价指标体系在SH市的应用

在进行SH市领导干部离任审计评价指标体系应用时，首先根据上文中提及的关键指标进行测评，根据SH市海洋局公布的数据以及SH市政府公布的数据，对相关指标进行量化评价，具体情况如表20－9所示。

根据当前的统计数据进行数据计算完成对领导干部离任审计的评价工作，具体情况如表20－10所示。

表 20－9　　海洋资产资源指标评价表　　单位：分

项目		2009 年	2010 年	2011 年	2012 年	2013 年	2014 年	2015 年	2016 年	2017 年	2018 年
认为影响海洋资产资源质量状况指标	海水养殖产业	77	82	82	86	85	92	84	85	79	87
	工业废水排入海洋情况	82	78	83	81	78	76	80	75	87	86
	海域使用面积	80	83	91	86	81	95	86	84	84	82
	海洋生态系统恢复情况	81	75	77	79	82	79	83	84	92	94
海洋生物资源指标	海洋渔业资源	77	88	88	86	83	76	81	83	83	82
	海洋动植物种类	76	77	81	74	82	65	74	81	86	88
	海域水质情况	80	82	79	84	81	72	80	79	82	81
海洋空间资源指标	海岸线长度	80	81	81	80	80	81	83	85	87	80
	岛屿线长度	80	82	84	79	82	81	83	92	92	90
	滩涂面积	83	81	77	79	82	83	84	85	84	87

表 20－10　　SH 市领导干部海洋资产资源离任审计量化评价表　　单位：分

项目		2009 年	2010 年	2011 年	2012 年	2013 年	2014 年	2015 年	2016 年	2017 年	2018 年	权重
人为影响海洋资产资源质量状况指标	海水养殖产业	8. 463	9. 012	9. 012	9. 452	9. 342	10. 112	9. 232	9. 342	8. 683	9. 562	0. 110
	工业废水排入海洋情况	22. 252	21. 166	22. 523	21. 980	21. 166	20. 624	21. 709	20. 352	23. 608	23. 337	0. 271
	海洋生态系统恢复情况	3. 578	3. 713	4. 070	3. 847	3. 623	4. 249	3. 847	3. 757	3. 757	3. 668	0. 045
海洋生物资源指标	海洋渔业资源	13. 954	12. 920	13. 265	13. 609	14. 126	13. 609	14. 299	14. 471	15. 849	16. 194	0. 172
	海洋动植物种类	7. 462	8. 527	8. 527	8. 334	8. 043	7. 365	7. 849	8. 043	8. 043	7. 946	0. 097
	海域水质情况	1. 659	1. 681	1. 768	1. 615	1. 790	1. 419	1. 615	1. 768	1. 877	1. 921	0. 022
海洋空间资源指标	海岸线长度	1. 494	1. 532	1. 476	1. 569	1. 513	1. 345	1. 494	1. 476	1. 532	1. 513	0. 019
	岛屿线长度	3. 373	3. 416	3. 416	3. 373	3. 373	3. 416	3. 500	3. 584	3. 669	3. 373	0. 042
	滩涂面积	17. 772	18. 217	18. 661	17. 550	18. 217	17. 995	18. 439	20. 438	20. 438	19. 994	0. 222
合计		83. 000	81. 000	77. 000	79. 000	82. 000	83. 000	84. 000	85. 000	84. 000	87. 000	1. 000

注：由于四舍五入，各项数值之和可能略大于或略小于合计值。

根据表 20－10 可知，在进行离任评价时，发现在 2011 年以及 2012 年领导干部没有很好地履行责任，低于正常水平，而 2012 年之后领导干部任职情况较好，尤其是 2018 年，达到了 87 分，说明在任期对海洋资源资产的管理付出了较大的努力。

20.5 本章小结与建议

20.5.1 小结

海洋资源资产离任审计这项新型审计实践自党的十八届三中全会提出至今，经过理论探索、个别试点先行、全面铺开进行三个阶段，如今已形成经常性审计制度，并向制度化、规范化、科学化迈进。一套科学、规范的考评体系的建立尤为必要。在进行大量的文献阅读和理论学习之后，本章尝试将平衡计分卡的设计理念融入领导干部海洋资源资产离任审计考评体系的设计之中，将平衡计分卡中常用的用于评价企业绩效的四个维度加以延伸、变化。以评价相关部门领导干部任职情况为总目标，从 3 个维度出发，构建一套包含有 3 个层次 9 个二级指标的多层次评价指标体系，并以 N 市、SH 市某领导离任为例，对建立的评价指标体系的可操作性进行验证。本章建立的评价指标体系有两个特点：（1）各维度之间联系紧密，第一个维度是反映领导干部“绿色政绩”的核心，后三个维度责任的良好履行均对第一个维度责任履行有促进作用，是良好履行第一维度责任的重要基石和有力保障；（2）对各二级指标区分时期指标和时点指标，并采用不同的方法比较打分，时期指标采用任期平均值与基期数比较，时点数则直接采用任期结束的数值与基期比较，使评价更为准确、科学。

该考评体系也存在一些不足之处，一是由于本书资料获取受限，无法取得相关部门对领导海洋资源资产离任审计结果的文件资料，因此该考评体系在实践中运用的准确度无法得到可靠验证；二是评分时未考虑滞后性的影响，即前任领导干部对资源环境责任执行情况对后任干部的政绩影响。本章建立的考评体系可能不完全适用于全国各个地区，不同地区在实际运用评价体系时需要结合当地资源种类和分布对末级指标加以调整适应。我国幅员辽阔，地域差异明显，想要建立一套全国适用的统一评价指标体系，需要理论研究者与实践方面的专家的不懈努力以及相关技术与统计部门人员工作的不断完善。希望本书的研究思路和成果能够为海洋资源资产离任审计制度的不断完善和改进贡献微薄力量，能够为实践工作者提供一些借鉴。

20.5.2 建议

1. 建立各部门协调机制

海洋资源资产离任审计这项工作虽然是由政府审计部门发起并开展，由于该项审计工作涉及的海洋资源资产分布在不同的政府职能部门，如统计局、水利局、环保局以及渔业局等，需要从各部门取证，因而需要各部门之间加强协作、共同探讨、相互补充，努力为审计部门以及审计工作人员提供所需的文件资料或者统计数据，以便审计评价工作顺利有效进行。

2. 加强专业人才培养

针对海洋资源资产进行离任审计是一项新型审计工作，相对于普通的审计工作来说它具有一定的特殊性，要求审计人员兼具专业审计知识和环境资源相关知识，因此需要培养复合型的人才。对于高校来说，应当从自身的优势出发，对财会专业学生提供一定的环保类选修课程，帮助学生更好地把握财会专业知识和环保知识的相关内容，使其在今后参加审计项目的过程时能够更好地胜任。只有以理论来指导实践，才能够让财会专业人才在审计评价活动当中真正发挥效用，不断推进我国领导干部海洋资源资产离任审计工作高效运行，为我国审计制度的完善提供积极的推动力量。

3. 加强责任追究制度

海洋资源资产离任审计的目的是考核领导干部“绿色政绩”执行情况，依据考评结果对没有履行好资源环境受托责任的地方领导干部进行责任追究，促使其及时修复受损害的生态环境以及树立正确的政绩观。责任追究也是领导干部责任考评的重要部分，没有严格有效的责任追究制度，考评便失去了意义、流于形式。因此，完善落实责任追究制度尤其重要。落实责任追究制度首先要建立海洋资源资产产权管理制度，明确海洋资源资产产权以及使用权的归属情况，确定海洋资源资产离任审计和环境损害责任追究的对象，坚持谁破坏谁治理的原则。然后审计相关人员保持独立性，公平客观地评价领导干部的责任履行情况，并将结果反馈给相关部门，相关执法部门及人员也应当保持独立性，按照相关规章制度的要求对领导干部进行责任追究。最后要完善现有法律法规，由于此项审计是一项新型审计，此前并没有专门针对此项审计及其结果出台相应的文件来对责任落实不到位的领导干部进行惩处和责任追究。

4. 完善领导干部离任审计的问责程序

海洋资源资产离任审计工作的问责机制需要对其主体开展问责活动，其程序需要依据一定的方式、步骤和顺序来展开。问责程序是对问责对象进行认定和追究责任的过程，对海洋资源资产进行问责会直接影响问责对象的权利和义务。为了保证该项程序的顺利进行，需要针对海洋资源资产离任审计的问责行为做出明确的法定程序规定，通过完善的程序规定，才能最大化地保证问责对象的合法权益。与此同时，需要明确海洋资源资产离任审计和一般的审计工作有着较大的差异性，在具体程序的设置方面也应当加以区别。从整体上来看，海洋资源资产离任审计制度的问责程序构建成一个相互衔接的系列过程，主要包括审计、建议、决定、申辩、执行、申诉等环节。

首先，审计机关负责监督、引导和组织相关部门共同参与审计工作，对海洋资源资产的具体状况加以清理和统计，并利用信息技术保障统计数据的准确性和科学性。在此过程当中，审计机关需要对全局予以统筹把握，并监督相关机构提供准确数据，各机构应当对自身所提供的资产核对情况负责。

其次，问责程序必须重视环境责任审计的成果，审计成果必须由审计机关交由相关部门跟进，保证纪检委以及其他组织部门对海洋资源资产离任审计问责成果可以继续跟进，明确相关责任人。对于严重的违规或违法行为，审计部门也可以提出相应的问责建议。基于具体的审计结果，审计机关可以通过各种信息平台向社会进行通报，使审计结果的问责机制更加透明。

再次，纪委监察机关和相关处理部门在接收到审计结果的反馈之后，需要按照法律法规的规定对违规违法行为予以处置。与此同时，相关机构可以将审计结果纳入被审计领导干部的人事档案当中，这些资料和数据会为后续的奖惩任免活动提供重要参考。

纪委监察机关应当充分行使自身的权利，针对以下几种违规违纪情况对党员干部加以问责。第一，由于自身决策失误而给自然资源资产造成损失或给环境带来破坏；第二，由于工作中的失职，使得区域内发生严重资源浪费现象或其他环境污染事故，并给环境造成恶劣影响；第三，由于没有实行有力的监管和监督，使自身的职责范围内出现严重资源浪费或环境污染情况；第四，没有正确使用职权，纵容相关违法行为或者面对违规违法行为不作为而引发重大环境损失；第五，面对突发事件时没有做出正确处置，由此而致使事件进一步恶化；第六，没有按照既定程序选拔干部，导致用人不当并给环境造成危害；第七，其行为直接给资源造成浪费或给环境造成破坏，甚至还可能给集体资源带来损失。不管问题是在审计过程中发现的，还是纪委监察机关在后续跟进过程当中检查出来的，都应当进行有效的问责。问责决定需要充分听取被问责的党员干部自己的陈述和申辩，并将其形成文字记录归入档案当中。在对某一领导干部进行离任审计问责的时候，应当按照法定程序予以推进。一般情况下，海洋资源资产离任审计问责主要包括责令公开道歉、责令辞职和任免，以及停止检查和引咎辞职等多种方式。

最后，当做出问责决定之后，应当由专门的人员和被问责的领导干部进行谈话，谈话的内容也要及时形成记录并向上反馈。与此同时，问责决定还需要通过一定的途径向社会公开，新闻媒体需要发挥自身的监督力量，定期对问责结果进行公布，从而扩大问责过程的透明度。如果领导干部对于问责决定有异议，则在问责决定书到达自己手中之日起的 15 天之内可以通过书面的形式提出申诉。问责机关在收到党员干部的申诉之后，需要在 30 日之内予以处理，并将处理结果通过书面形式告知申诉人及其所在单位。

21

基于 PSR 框架的海洋资源资产责任审计评价

21.1 基于 PSR 框架的指标选取

21.1.1 PSR 模型的说明

对加拿大统计学家（David Rapport and Tony Friend，1979）提出的“压力—状态—响应”（pressure-state-response，PSR）模型，联合国环境规划署（UNEP）和经济合作与发展组织（OECD）进行了发展完善，并运用在对资源环境审计的研究中。其中，压力（P）是指一些不利于环境可持续发展的因素，例如人口增长、工业化等，它将产生一定的负面影响，例如环境污染、资源浪费等。状态（S）是指各系统的状态，包括资源环境状态和经济状态，是资源环境问题的核心。状态的变化与各种因素有关，不同因素及因素之间的相互作用都会造成状态的改变。响应（R）是指人类收到不良状态所传递的信息后而采取的相应对策，其目的在于减少环境污染和资源浪费，从而改善资源环境状态。

海洋资源环境和人类活动息息相关，PSR 模型的应用可以相对科学地体现领导干部与海洋资源环境之间的影响关系。人类社会利用海洋资源发展经济的同时不断地对海洋资源环境造成污染，不良的海洋资源环境进而影响当地社会。政府通过实行一系列的资源环境及经济政策来改善海洋资源环境。

该系统不断循环，形成领导干部与海洋资源环境之间的压力—状态—响应关系。具体模型结构如图21-1所示。

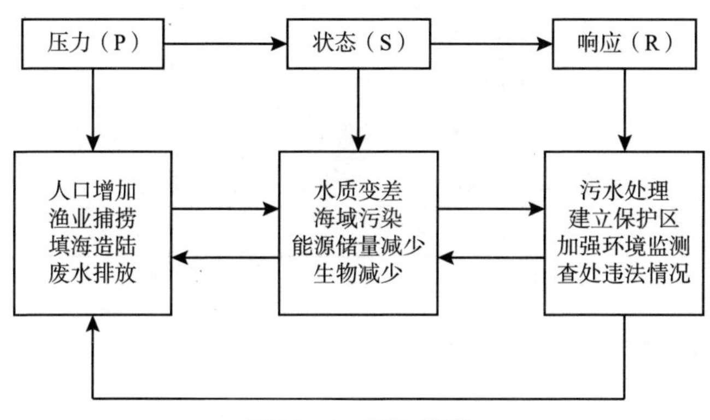

图21-1 PSR模型

21.1.2 指标选取

指标选取以领导干部海洋资源资产离任审计评价体系为目标层，以压力、状态、响应指标为准则层，从资源和环境两要素层分别选取重要性相对较大的具体评价指标来构建评价体系。

1. 压力指标选取说明及列示

压力指标（pressure indicators）指各种人类活动、经济系统等因素的产生对海洋资源环境造成的压力因素，例如人口增长，虽然促进了人类社会的发展，为社会带来了充足的劳动力，但同时也加大了海洋的压力，主要表现在资源消耗和环境污染上。

在本书所构建的评价指标体系中，将其具体细分为海洋资源消耗和海洋环境污染两类，分别包括人口数量、海洋用水量、海洋渔业捕捞量和工业废水直排入海量、陆源入海排污口全年达标排放率、倾倒量，如表21-1所示，进而对海洋资源资产相关的压力及其影响因素进行研究。

表 21 - 1　　压力指标选取

准则层	要素层	具体评价指标	单位
海洋资源压力指标	海洋资源消耗	人口数量	万人
		海洋用水量	亿立方米
		海洋渔业捕捞量	万吨
	海洋环境污染	工业废水直排入海量	万吨
		陆源入海排污口全年达标排放率	%
		倾倒量	万立方米

2. 状态指标选取说明及列示

状态指标（state indicators）指海洋资源环境面对人类活动等一系列因素直接或间接、单一或系统的影响而表现出的相关状态。

在本书所构建的评价指标体系中，将其具体细分为海洋环境状况和海洋资源储藏两类，分别包括清洁海域面积占比、污染海域面积占比、海滩垃圾密度和海洋石油储量、海洋矿业产量、海洋盐业产量，如表 21 - 2 所示，进而对海洋资源资产相关的状态及其影响因素进行研究。

表 21 - 2　　状态指标选取

准则层	要素层	具体评价指标	单位
海洋资源状态指标	海洋环境状况	清洁海域面积占比	%
		污染海域面积占比	%
		海滩垃圾密度	个/百平方米
	海洋资源储藏	海洋石油储量	万吨
		海洋矿业产量	万吨
		海洋盐业产量	万吨

3. 响应指标选取说明及列示

响应指标（response indicators）指由于人类各种不恰当的社会经济行为，对海洋资源环境造成了许多压力和各种资源问题，海洋资源资产管理者面对海洋资源环境因压力而呈现出的状态所采取的有效措施。

在本书所构建的评价指标体系中，将其具体细分为海洋环境监管和海洋资源保护两类，分别包括海监渔政执法次数、海岛检查数量、海域海岛海岸带整治修复项目实施数量和国家级海洋保护区生物多样性、增殖放流海洋生物苗种数量、救助处理水生野生动物数量，如表21－3所示，进而对海洋资源资产相关的响应及其影响因素进行研究。

表21－3　　响应指标选取

准则层	要素层	具体评价指标	单位
海洋资源响应指标	海洋环境监管	海监渔政执法次数	次
		海岛检查数量	个
		海域海岛海岸带整治修复项目实施数量	个
	海洋资源保护	国家级海洋保护区生物多样性	种
		增殖放流海洋生物苗种数量	亿尾（颗）
		救助处理水生野生动物数量	头（尾）

21.2　权重分配后的指标体系

21.2.1　指标权重处理

层次分析法（AHP）是20世纪70年代中期，美国运筹学家萨迪（T. L. Saaty）提出的一种定性和定量方式相结合、系统化和层次化的分析方法，其主要特点是能够简化分析与计算，具备处理复杂决策问题的实用性和有效性。本书将运用层次分析法进行指标权重确定，见表21－4至表21－7。

表 21 -4　　领导干部海洋资源资产离任审计评价体系指标判断矩阵

一致性比例：0.0000；λ_{max}：3.0000

	海洋资源压力指标（P）	海洋资源状态指标（S）	海洋资源响应指标（R）	W_i
海洋资源压力指标（P）	1	1	1	0.3333
海洋资源状态指标（S）	1	1	1	0.3333
海洋资源响应指标（R）	1	1	1	0.3333

表 21 -5　　海洋资源压力指标判断矩阵

一致性比例：0.0055；λ_{max}：6.0343

海洋资源压力指标（P）	人口数量（P_1）	海洋用水量（P_2）	海洋渔业捕捞量（P_3）	工业废水直排入海量（P_4）	陆源入海排污口全年达标排放率（P_5）	倾倒量（P_6）	W_i
人口数量（P_1）	1.0000	1.0000	0.5000	0.5000	0.2500	0.1667	0.0612
海洋用水量（P_2）	1.0000	1.0000	0.5000	0.5000	0.2500	0.1667	0.0612
海洋渔业捕捞量（P_3）	2.0000	2.0000	1.0000	1.0000	0.5000	0.3333	0.1225
工业废水直排入海量（P_4）	2.0000	2.0000	1.0000	1.0000	0.3333	0.3333	0.1161
陆源入海排污口全年达标排放率（P_5）	4.0000	4.0000	2.0000	3.0000	1.0000	0.5000	0.2524
倾倒量 P_6	6.0000	6.0000	3.0000	3.0000	2.0000	1.0000	0.3866

表 21 -6　　海洋资源状态指标判断矩阵

一致性比例：0.0398；λ_{max}：6.2510

海洋资源状态指标（S）	清洁海域面积占比（S_1）	污染海域面积占比（S_2）	海滩垃圾密度（S_3）	海洋石油储量（S_4）	海洋矿业产量（S_5）	海洋盐业产量（S_6）	W_i
清洁海域面积占比（S_1）	1.0000	0.2500	0.2500	0.5000	0.5000	0.5000	0.0620
污染海域面积占比（S_2）	4.0000	1.0000	3.0000	2.0000	2.0000	2.0000	0.3114
海滩垃圾密度（S_3）	4.0000	0.3333	1.0000	3.0000	3.0000	3.0000	0.2707

续表

一致性比例：0.0398；λ_{max}：6.2510							
海洋资源状态指标（S）	清洁海域面积占比（S_1）	污染海域面积占比（S_2）	海滩垃圾密度（S_3）	海洋石油储量（S_4）	海洋矿业产量（S_5）	海洋盐业产量（S_6）	W_i
海洋石油储量（S_4）	2.0000	0.5000	0.3333	1.0000	1.0000	1.0000	0.1187
海洋矿业产量（S_5）	2.0000	0.5000	0.3333	1.0000	1.0000	1.0000	0.1187
海洋盐业产量（S_6）	2.0000	0.5000	0.3333	1.0000	1.0000	1.0000	0.1187

表21-7　　海洋资源响应指标判断矩阵

一致性比例：0.0547；λ_{max}：6.3448							
海洋资源响应指标（R）	海监渔政执法次数（R_1）	海岛检查数量（R_2）	海域海岛海岸带整治修复项目实施数量（R_3）	国家级海洋保护区生物多样性（R_4）	增殖放流海洋生物苗种数量（R_5）	救助处理水生野生动物（R_6）	W_i
海监渔政执法次数（R_1）	1.0000	1.0000	0.2500	0.3333	0.5000	0.5000	0.0802
海岛检查数量（R_2）	1.0000	1.0000	0.5000	1.0000	2.0000	2.0000	0.1576
海域海岛海岸带整治修复项目实施数量（R_3）	4.0000	2.0000	1.0000	3.0000	4.0000	4.0000	0.3686
国家级海洋保护区生物多样性（R_4）	3.0000	1.0000	0.3333	1.0000	3.0000	3.0000	0.2010
增殖放流海洋生物苗种数量（R_5）	2.0000	0.5000	0.2500	0.3333	1.0000	2.0000	0.1067
救助处理水生野生动物（R_6）	2.0000	0.5000	0.2500	0.3333	0.5000	1.0000	0.0858

21.2.2　指标权重列示

根据各指标的相对重要性进行比较，考虑我国各区域海洋资源现状和领导干部职责，结合相关专家学者的意见后，运用yaahp软件得出最终的指标权重分配表，见表21-8。

表 21-8　　指标权重分配表

指标	权重
海洋资源压力指标（P）：0.3332	
人口数量（P_1）	0.0612
海洋用水量（P_2）	0.0612
海洋渔业捕捞量（P_3）	0.1225
工业废水直排入海量（P_4）	0.1161
陆源入海排污口全年达标排放率（P_5）	0.2524
倾倒量（P_6）	0.3866
合计	1.0000
海洋资源状态指标（S）：0.3334	
清洁海域面积占比（S_1）	0.0620
污染海域面积占比（S_2）	0.3114
海滩垃圾密度（S_3）	0.2707
海洋石油储量（S_4）	0.1187
海洋矿业产量（S_5）	0.1187
海洋盐业产量（S_6）	0.1187
合计	1.0000
海洋资源响应指标（R）：0.3334	
海监渔政执法次数（R_1）	0.0802
海岛检查数量（R_2）	0.1576
海域海岛海岸带整治修复项目实施数量（R_3）	0.3686
国家级海洋保护区生物多样性（R_4）	0.2010
增殖放流海洋生物苗种数量（R_5）	0.1067
救助处理水生野生动物（R_6）	0.0858
合计	1.0000

21.2.3　指标评分

1. 指标评分标准说明

由于各指标的评价标准不一致，指标难以统一，评分存在一定难度，所以本书通过对每项指标的实际值和基准年数值进行比较，以领导干部上任前一年为基准年，根据两者的差异程度，并结合相关文献资料、专家意见、当地实际情况，采用指标评分标准进行评分。进而利用指标权重得到加权分数，根据领导干部海洋资源资产离任审计评价等级标准得出最终评价。

2. 指标评分标准列示

指标评分标准及评价等级标准如表21－9、表21－10所示。

表21－9　指标评分标准

评分	说明
100	明显好于基准年
90	稍好于基准年
80	基本同于基准年
70	稍差于基准年
60	明显差于基准年

表21－10　领导干部海洋资源资产离任审计评价等级标准

评分	等级	说明
90分及以上	一级	海洋资源资产离任审计结果处于领先水平，海洋资源环境治理效果很明显
80分及以上90分以下	二级	海洋资源资产离任审计结果处于先进水平，海洋资源环境治理效果较明显
70分及以上80分以下	三级	海洋资源资产离任审计结果处于平均水平，海洋资源环境治理效果一般
60分及以上70分以下	四级	海洋资源资产离任审计结果处于中下水平，海洋资源环境治理效果较弱
60分以下	五级	海洋资源资产离任审计结果处于淘汰水平，海洋资源环境治理效果很弱

21.3　基于PSR模型的审计评价体系在N市的应用

21.3.1　应用背景和应用说明

1. 应用背景

采用上述领导干部海洋资源资产离任审计评价体系，对N市领导所辖区域海洋资源资产的利用及防护情况进行应用。本书以N市领导上任前一年即2013年为基准年、2016年为离任年，通过对N市领导在2014~2016年履职期间的历年年度或年末各项指标数据与基准年的年度或年末各项指标数据进行比较，结合当地情况对相应年度的指标情况进行打分，再应用各指标权重计算加权分，进而得到N市领导对有关海洋资源环境履责情况的综合评价得分，并依据综合评分标准最终得出N市领导在任期内的海洋资源资产离任审计评价等级，以此进行审计评价，在一定程度上分析和解决当地海洋资源环境存在的问题，进而为政府更有效率地管理海洋资源提出建议。

2. 应用说明

本书使用数据来源于历年中国海洋统计年鉴、N市的统计年鉴、N市人民政府的N市国民经济和社会发展统计公报、N市环境状况公报、N市海洋环境公报、N市自然资源和规划局、N市海洋与渔业局等的相关文献资料。

21.3.2　总体评价和具体评价

1. 总体评价

表21-11和表21-12反映了领导干部海洋资源资产离任审计评价指标体系在N市的应用。本书获取了N市2013~2016年各项指标的具体数值并进行处理，反映出各项指标在2013年至2016年间海洋资源环境某一年的状况或某一期间的变化趋势。

表21－11 领导干部海洋资源资产离任审计评价指标体系的应用

指标	单位	权重	得分均值	2016年	得分	2015年	得分	2014年	得分	2013年（基准年）	得分
海洋资源压力指标（P）											
人口数量（P_1）	万人	0.0612	80	590.96	80	586.57	80	583.78	80	580.15	80
海洋用水量（P_2）	亿立方米	0.0612	87	20.31	80	20.66	100	22.97	80	22.32	80
海洋渔业捕捞量（P_3）	万吨	0.1225	77	64.04	80	63.62	70	60.97	80	60.16	80
工业废水直排入海量（P_4）	万吨	0.1161	77	6 653.12	80	6 698.90	70	6 458.63	80	6 471.88	80
陆源入海排污口全年达标排放率（P_5）	%	0.2524	93	61	100	36	90	25	90	15	80
倾倒量（P_6）	万立方米	0.3866	80	391.94	60	300.40	90	343	90	376	80
海洋资源状态指标（S）											
清洁海域面积占比（S_1）	%	0.062	70	29	90	17	60	29	60	46	80
污染海域面积占比（S_2）	%	0.3114	77	50	80	48	90	53	60	36	80
海滩垃圾密度（S_3）	个/百平方米	0.2707	83	24	90	33	80	34	80	36	80
海洋石油储量（S_4）	万吨	0.1187	90	365.61	100	270.82	90	230.70	80	227.06	80
海洋矿业产量（S_5）	万吨	0.1187	90	168.42	100	129.56	90	114.65	80	111.31	80
海洋盐业产量（S_6）	万吨	0.1187	90	1.98	100	1.52	90	1.35	80	1.31	80

续表

指标	单位	权重	得分均值	2016 年	得分	2015 年	得分	2014 年	得分	2013 年（基准年）	得分
海洋资源响应指标（R）											
海监渔政执法次数（R_1）	次	0. 0802	87	2 705	80	2 614	80	2 958	100	2 176	80
海岛检查数量（R_2）	个	0. 1576	93	1 089	80	1 559	100	306	100	15	80
海域海岛海岸带整治修复项目实施数量（R_3）	个	0. 3686	90	12	90	10	90	8	90	6	80
国家级海洋保护区生物多样性（R_4）	种	0. 2010	93	762	100	508	100	359	80	372	80
增殖放流海洋生物苗种数量（R_5）	亿尾（颗）	0. 1067	87	11	90	7	80	6	90	3	80
救助处理水生野生动物（R_6）	头（尾）	0. 0858	80	111	70	205	100	61	70	102	80
综合评分	86. 13										

表 21－12　领导干部海洋资源资产离任审计评价指标体系的应用结果

年份	综合评分	等级
2016	86.23	二级
2015	87.75	二级
2014	82.53	二级
均值	86.17	二级

经过评价分析，N 市领导干部于任期内在海洋资源压力指标层次表现平稳，在海洋资源状态指标层次表现平稳，在海洋资源响应指标层次表现优秀，说明总体上海洋资源资产离任审计结果处于先进水平，海洋资源环境治理效果较明显。

2. 具体评价

第一，压力指标评价。表 21－13 反映了 N 市在海洋资源压力指标层次总体表现平稳。

表 21－13　压力指标评价的应用

海洋资源压力指标（P）	权重	2016 年	2015 年	2014 年
人口数量（P_1）	0.0612	80	80	80
海洋用水量（P_2）	0.0612	80	100	80
海洋渔业捕捞量（P_3）	0.1225	80	70	80
工业废水直排入海量（P_4）	0.1161	80	70	80
陆源入海排污口全年达标排放率（P_5）	0.2524	100	90	90
倾倒量（P_6）	0.3866	60	90	90
期间加权得分		77.32	86.23	86.39
加权得分	82.98			

第二，状态指标评价。表 21－14 反映了 N 市在海洋资源状态指标层次总体表现平稳。

表 21－14　　状态指标评价的应用

海洋资源状态指标（S）	权重	2016 年	2015 年	2014 年
清洁海域面积占比（S_1）	0.0620	90	60	60
污染海域面积占比（S_2）	0.3114	80	90	60
海滩垃圾密度（S_3）	0.2707	90	80	80
海洋石油储量（S_4）	0.1187	100	90	80
海洋矿业产量（S_5）	0.1187	100	90	80
海洋盐业产量（S_6）	0.1187	100	90	80
期间加权得分		90.47	86.45	72.55
加权得分	82.82			

在海洋环境状况方面，清洁海域面积占比指标和污染海域面积占比指标表现突出，在 2014 年即任期第一年指标水平较低，但在 2015 年、2016 年改善速度加快，说明在海洋水质状况管理上非常优秀。海滩垃圾密度指标稳中有进。

在海洋资源储藏方面，海洋石油储量、海洋矿业产量、海洋盐业产量三个指标均表现优秀，说明在任前状况的基础上不断优化管理，并且取得较大成效。

第三，响应指标评价。表 21－15 反映了 N 市在海洋资源响应指标层次总体表现优秀。

表 21－15　　响应指标评价的应用

海洋资源响应指标（R）	权重	2016 年	2015 年	2014 年
海监渔政执法次数（R_1）	0.0802	80	80	100
海岛检查数量（R_2）	0.1576	80	100	100
海域海岛海岸带整治修复项目实施数量（R_3）	0.3686	90	90	90
国家级海洋保护区生物多样性（R_4）	0.2010	100	100	80
增殖放流海洋生物苗种数量（R_5）	0.1067	90	80	90
救助处理水生野生动物（R_6）	0.0858	70	100	70
期间加权得分		87.91	92.57	88.64
加权得分	89.71			

在海洋环境监管方面，海监渔政执法次数、海岛检查数量和海域海岛海岸带整治修复项目实施数量三个指标在任期内均基本优秀，说明对于海洋资源环境进行防护的主动性非常强，并且执行力度大、执行效果好。

在海洋资源保护方面，国家级海洋保护区生物多样性指标和增殖放流海洋生物苗种数量指标均表现优秀，说明在海洋保护区建设以及海洋生物保护方面的成效突出，并且在一定程度上减少了出动专业人员救助处理水生野生动物的次数。

21.3.3 不足之处和改进对策

1. 不足之处

N市在海洋资源环境管理和保护的水平虽然总体向好，但是仍存在着一些不足。

在海洋环境污染与海洋资源消耗方面，主要是工业废物倾倒量、海洋渔业捕捞量控制不足。具体表现在一是港口入海污染物通量总量较大且趋势增减不定。海洋垃圾以海滩垃圾为主，种类以聚苯乙烯塑料类和塑料类居多。二是海洋生态系统不断退化，由于大肆捕捞、陆源排污等因素，N市海域生态系统承载力下降，海洋生态系统整体处于亚健康状态。

在海洋环境状况与海洋资源储藏方面，主要是海洋水质状况管理不够。具体表现一是N市近岸和近海海域海洋污染程度一直比较严重，虽然得到一定程度的缓解，但近年来海水水质符合Ⅳ类和劣于Ⅳ类海水水质标准的海域面积在海域总面积占比仍然较高，主要超标因子仍为无机氮和活性磷酸盐。二是海洋生态灾害较为频繁，N市海域基本上每年都会发生不同程度的海洋赤潮、风暴潮等现象，受影响海域范围较大，造成一定的经济损失。

2. 改进对策

针对N市海洋资源环境管理和保护的现状，结合当地实际，提出如下改进对策。

对于海洋渔业捕捞情况，要控制捕捞量的扩大规模和扩大速度。切实执行渔船管理的规定，加强对干部、职工、渔民群众的宣传教育。渔政渔港监督管理部门要加强对渔船管理的监督检查工作。对从事近海生产的捕捞渔船进行严格控制，未批准证明的渔船不得发放渔业许可证，淘汰的非捕捞渔船不得更新为捕捞渔船。如违反规定，擅自批准建造、引进、购买捕捞渔船或允许无捕捞渔业许可证的渔船捕鱼，要追究有关人员的责任。

对于工业废物倾倒情况，要改善倾倒物的倾倒量和倾倒质量。加强海洋倾废活动的指导、协调、监督和管理。相关部门负责对管辖海域或本行政区毗邻海域的海洋倾废活动和其签发的废弃物海洋倾倒普通许可证的倾倒活动实施监督检查。废弃物装载时应当进行核实，必要时可以派员随航监督。对农渔业区、港口航运区、工业与城镇用海区的重点排污口加大管控力度，综合控制倾倒物的排放量、超标情况、污染程度和毒性程度。

对于海洋水质情况，要扩大清洁海域面积，提升污染海域海水质量。完善海洋资源环境监测网络体系，统一海洋监测标准，加强对重点陆源直排污染口、重点港口海湾、重点海洋功能区的监测。系统地开展海水中有机污染物、营养盐、重金属等指标的检测方法和改善对策研究。另外，通过各类舆论工具及教育手段向社会大力宣传和普及海洋生态建设的科学知识，以此增强国民海洋生态建设的观念与意识。

22

基于 PSR 框架的海洋环境责任审计评价体系

22.1 PSR 框架与海洋环境责任审计评价

22.1.1 海洋环境责任审计的概念

海洋环境责任审计侧重考察海洋环境政策是否合理落实、检查相关法律法规的执行情况、调研海洋环境项目的建设情况及资金是否按预定计划使用等方面的问题。核心是对政府海洋环境保护和治理等责任的履行情况进行考核评价。其目标是通过政府环境审计深度挖掘海洋领域的重点问题，并提出建设性审计建议，发挥审计工作“免疫系统”的作用，维护生态环境。具体而言，是指对拥有海洋环境处置权的政府官员进行海洋环境的配置、保护、开发利用等行为是否遵循法律法规审计和评估，包括以下三个方面的内容。

（1）法律法规执行情况。政府受公众所托对海洋环境进行管理，应严格落实相关政策。只有在满足法律法规和规章制度的基础上，才能保证审计水平。有些地方政府为了短期的发展制定与国家政策相违背的制度，导致海洋环境无序开发和利用。

（2）项目建设情况。政府对海洋环境责任审计的项目运行状况不仅包括资本投入还要求反映环境治理效果。其重点关注各时间段建设情况是否达标，检查各种指标是否在正常范围之内。

(3) 资金使用情况。政府海洋环境的保护与治理需要的资金投入应从预算开始进行审计，对之后资金的筹集、划拨及管控情况进行跟踪、全面评估，以提高资金使用率，确保把资金用在实处，完成海洋环境的改善。

22.1.2 海洋环境责任审计的PSR指标

PSR概念框架由压力、状态和响应三个要素组成。人们要通过提高资源利用率和减少污染物的排放以减轻环境压力（P），也要加大环境保护力度，即做出积极响应（R），最终实现环境状态（S）的改善。反之，若资源利用率低、污染排放量大，环境压力（P）会随之增大，若不积极治理（R），资源环境状态（S）就会恶化，如图22-1所示。

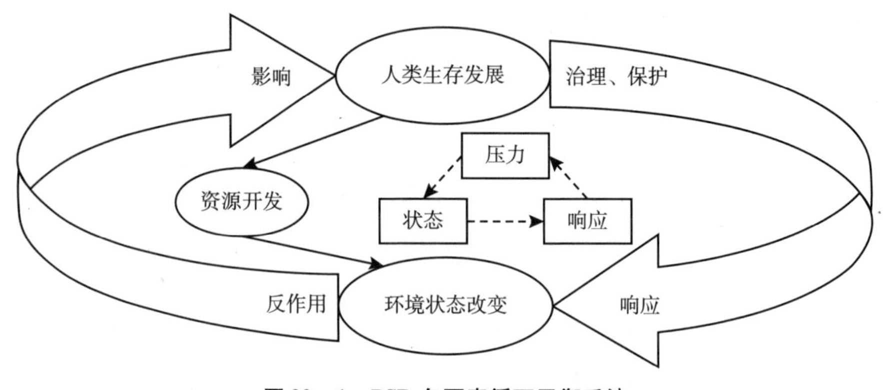

图22-1 PSR各要素循环平衡系统

1. 海洋环境责任审计的压力指标（P）

压力指标是指人类行为给海洋环境带来了压力。随着人口的增长，对环境资源的需求量增加，同时人们的一些活动也对海洋环境造成了巨大的影响。本书将压力指标细分为社会活动指标、工业活动指标和海洋经济活动指标，探究对海洋环境造成压力的具体因素及其影响程度。

2. 海洋环境责任审计的状态指标（S）

状态指标是指在压力下的资源利用率低、环境污染、生态恶化等框架状态。就海洋环境而言，状态指标反映社会、经济与海洋资源在压力下所呈现的状态，在本书指海洋环境发生的变化。本书将状态指标细分为海洋生态生物状态指标、海洋污染指标和海洋损失指标，进而明确呈现当下海洋环境所存在的问题。

3. 海洋环境责任审计的响应指标（R）

响应指标是指人类为了提高资源利用率与改善环境质量，加大对海洋环境的保护和治理力度所采取的一系列措施和行动，包括出台相关政策、开展相关治理项目消除污染及加强对企业排污的监管等。本书将响应指标细分为海洋可持续发展指标、污染治理指标和环境管理指标，研究海洋环境治理措施和行动的有效程度，推动海洋环境状态的改善。

22.2 基于PSR框架的海洋环境责任审计评价指标

本书将海洋环境责任审计评价指标体系分为四个层次，分别是目标层、准则层、要素层和具体评价指标层。目标层是海洋环境责任审计，由压力指标、状态指标、响应指标作为准则层，同时选取方法结合定量与定性分析确定要素层，最后选取绝对数指标和相对数指标构成具体评价指标层。

22.2.1 指标选取的原则

本书认为，基于PSR概念框架，指标的选取要遵守以下几个准则。

第一，科学性原则。评价指标体系在选取指标时，要避免重叠，有机地联系各指标间的关系，使最终结果具有科学性。

第二，可操作性原则。选取指标的过程中要充分衡量数据获取的难易程度，登录地方政官方网站查取公开资料，考核并优化原有指标，以便于应用。

第三，可比性原则。应当选取统一的、典型的指标，使评价结果在时间上和空间上可比，进而通过比较反映问题。

22.2.2 定量指标

定量指标选取能反映三大准则层指标的项目作为要素层，在此基础上细化指标选取，组成具体评价指标层，形成海洋环境责任审计评价定量指标体系，如表22-1所示。

表22-1 海洋环境责任审计评价的指标体系（定量）

目标层	准则层	要素层	具体评价指标层
政府海洋环境责任审计评价的定量指标体系	压力指标（P）	社会活动压力指标（P_1）	人口自然增长率（P_{11}）
			生活垃圾排放总量（P_{12}）
			生活污水排放总量（P_{13}）
		工业活动压力指标（P_2）	工业污水未达标排放率（P_{21}）
			工业废水排放总量（P_{22}）
		经济活动压力指标（P_3）	渔业捕捞总量（P_{31}）
			海产养殖密度（P_{32}）
	状态指标（S）	海洋生物生态状态指标（S_1）	海洋生物多样性（S_{11}）
			海岸侵蚀比重（S_{12}）
		海洋污染状态指标（S_2）	主要污染物的超标程度（S_{21}）
			海洋污染面积比重（S_{22}）
			水质污染质量指数（S_{23}）
			单位海域面积固体废弃物（S_{24}）
		海洋损失状态指标（S_3）	海洋污染直接损失占比（S_{31}）
			海洋环境灾害损失占比（S_{32}）
	响应指标（R）	海洋可持续发展响应指标（R_1）	人均海洋环保费用（R_{11}）
			海洋科研支出占GDP比重（R_{12}）
			海洋科研人员占海洋从业人员的比重（R_{13}）

续表

目标层	准则层	要素层	具体评价指标层
政府海洋环境责任审计评价的定量指标体系	响应指标（R）	海洋环境治理响应指标（R_2）	工业废水排放达标率（R_{21}）
			污水处理率（R_{22}）
			单位海域面积污染治理费（R_{23}）
		海洋环境管理响应指标（R_3）	污染治理投资占GDP比重（R_{31}）
			减灾防灾投入（R_{32}）
			污染治理设施数（R_{33}）

22.2.3 定性指标

海洋环境责任审计评价指标体系主要以定量指标作为主体指标，但同时应该辅以非定量指标，即定性指标，使整个指标体系更加完善。定性指标体系将准则层分为政府、企业、居民，再细化选取指标组成要素层，形成海洋环境责任审计评价定性指标体系，如表22-2所示。

表22-2　海洋环境责任审计评价的指标体系（定性）

目标层	准则层	要素层
政府海洋环境责任审计评价的定性指标体系	政府（I_1）	自定政策制度是否符合海洋环境保护宗旨（I_{11}）
		关于海洋环境保护法律法规是否完善（I_{12}）
		海洋环境保护项目资金走向是否公开透明（I_{13}）
		是否定期开展环境监管和排查（I_{14}）
	企业（I_2）	是否存在无证排污现象（I_{21}）
		污水处理设施是否存在闲置（I_{22}）
		是否严格按照排污限额排放污水（I_{23}）
		是否遵循污染物排放标准（I_{24}）
	居民（I_3）	生活垃圾处理设施是否完善（I_{31}）
		居民对海洋环境是否满意（I_{32}）
		是否具有海洋环境保护的意识（I_{33}）

22.3 海洋环境责任审计评价体系的权重确定

本书将海洋环境责任审计评价指标体系分为四个层次，分别是目标层、准则层、要素层和具体评价指标层。目标层是海洋环境责任审计，由压力指标、状态指标、响应指标作为准则层，同时选取方法结合定量与定性分析确定要素层，最后选取绝对数指标和相对数指标构成具体评价指标层。

22.3.1 构造判断矩阵

通过对同一层次上不同元素的两两比较，量化两者的相对重要程度（见表22-3），计算出该矩阵的最大特征值，以进行一致性检验。

表22-3　　判断矩阵的数量标度

标度	含义
1	表示两个因素相比，具有同样重要性
3	表示两个因素相比，一个因素比另一个因素稍微重要
5	表示两个因素相比，一个因素比另一个因素明显重要
7	表示两个因素相比，一个因素比另一个因素强烈重要
9	表示两个因素相比，一个因素比另一个因素极端重要
2，4，6，8	上述两相邻判断的中值
倒数	表示两个元素相比，将其反向比较时的判断

22.3.2 一致性检验

（1）计算一致性指标CI。$CI=(\lambda_{max}-n)/(n-1)$。$\lambda_{max}$为判断矩阵的最大特征值。

（2）平均随机一致性指标RI的值可通过查询平均随机一致性指标表（见表22－4）得到。

表22－4　　常见RI取值

阶数（n）	1	2	3	4	5	6	7	8	9
RI	0	0	0.58	0.9	1.12	1.24	1.32	1.41	1.45

（3）计算一致性比例CR。CR＝CI/RI。通过最大的特征值λ_{max}，并按照层次分析法对判断矩阵的一致性进行检验，若CR＜0.1，则表示比较矩阵具有一致性。否则就需要调整判断矩阵，并使之具有满意的一致性。一致性比例结果，如表22－5至表22－16所示。

表22－5　　社会活动压力指标判断矩阵

社会活动压力指标（P_1）	P_{11}	P_{12}	P_{13}
人口自然增长率（P_{11}）	1.0000	0.5000	0.3333
生活垃圾排放总量（P_{12}）	2.0000	1.0000	0.5000
生活污水排放总量（P_{13}）	3.0000	2.0000	1.0000

CR＝0.0088＜0.1，表明比较矩阵具有一致性。

表22－6　　工业活动压力指标判断矩阵

工业活动压力指标（P_2）	P_{21}	P_{22}
工业污水未达标排放率（P_{21}）	1.0000	0.5000
工业废水排放总量（P_{22}）	2.0000	1.0000

CR＝0＜0.1，表明比较矩阵具有一致性。

表 22－7　　经济活动压力指标判断矩阵

经济活动压力指标（P_3）	P_{31}	P_{32}
渔业捕捞总量（P_{31}）	1.0000	2.0000
海产养殖密度（P_{32}）	0.5000	1.0000

CR＝0＜0.1，表明比较矩阵具有一致性。

表 22－8　　海洋生物生态状态指标判断矩阵

海洋生物生态状态指标（S_1）	S_{11}	S_{12}
海洋生物多样性（S_{11}）	1.0000	2.0000
海岸侵蚀比重（S_{12}）	0.5000	1.0000

CR＝0＜0.1，表明比较矩阵具有一致性。

表 22－9　　海洋污染状态指标判断矩阵

海洋污染状态指标（S_2）	S_{21}	S_{22}	S_{23}	S_{24}
主要污染物的超标程度（S_{21}）	1.0000	0.5000	0.3333	0.5000
海洋污染面积比重（S_{22}）	2.0000	1.0000	0.3333	2.0000
水质质量指数（S_{23}）	3.0000	3.0000	1.0000	2.0000
单位海域面积固体废弃物（S_{24}）	2.0000	0.5000	0.5000	1.0000

CR＝0.0536＜0.1，表明比较矩阵具有一致性。

表 22－10　　海洋损失状态指标判断矩阵

海洋损失状态指标（S_3）	S_{31}	S_{32}
海洋污染直接损失（S_{31}）	1.0000	2.0000
海洋环境灾害损失（S_{32}）	0.5000	1.0000

CR＝0＜0.1，表明比较矩阵具有一致性。

表 22-11　　海洋可持续发展响应指标判断矩阵

海洋可持续发展响应指标（R_1）	R_{11}	R_{12}	R_{13}
人均海洋环保费用（R_{11}）	1.0000	3.0000	5.0000
海洋科研支出占 GDP 比重（R_{12}）	0.3333	1.0000	2.0000
海洋科研人员占海洋从业人员的比重（R_{13}）	0.2000	0.5000	1.0000

$CR = 0.0036 < 0.1$，表明比较矩阵具有一致性。

表 22-12　　海洋环境治理响应指标判断矩阵

海洋环境治理响应指标（R_2）	R_{21}	R_{22}	R_{23}
工业废水排放达标率（R_{21}）	1.0000	2.0000	0.5000
污水处理率（R_{22}）	0.5000	1.0000	0.2500
单位海域面积污染治理费（R_{23}）	2.0000	4.0000	1.0000

$CR = 0 < 0.1$，表明比较矩阵具有一致性。

表 22-13　　海洋环境管理响应指标判断矩阵

海洋环境管理响应指标（R_3）	R_{31}	R_{32}	R_{33}
污染治理投资占 GDP 比重（R_{31}）	1.0000	3.0000	2.0000
减灾防灾投入（R_{32}）	0.3333	1.0000	0.5000
污染治理设施数（R_{33}）	0.5000	2.0000	1.0000

$CR = 0.0088 < 0.1$，表明比较矩阵具有一致性。

表 22-14　　关于政府的定性指标判断矩阵

政府（I_1）	I_{11}	I_{12}	I_{13}	I_{14}
自定政策制度是否符合海洋环境保护宗旨（I_{11}）	1.0000	0.2500	0.5000	0.3333
关于海洋环境保护法律法规是否完善（I_{12}）	4.0000	1.0000	3.0000	1.3333
海洋环境保护项目资金走向是否公开透明（I_{13}）	2.0000	0.5000	1.0000	0.6667
是否定期开展环境监管和排查（I_{14}）	3.0000	0.7500	1.5000	1.0000

CR =0.0709 <0.1，表明比较矩阵具有一致性。

表 22 – 15　　关于企业的定性指标判断矩阵

企业（I_2）	I_{21}	I_{22}	I_{23}	I_{24}
是否存在无证排污现象（I_{21}）	1.0000	3.0000	0.2000	0.2000
污水处理设施是否存在闲置（I_{22}）	0.3333	1.0000	0.2000	0.2000
是否严格按照排污限额排放污水（I_{23}）	5.0000	5.0000	1.0000	1.0000
是否遵循污染物排放标准（I_{24}）	5.0000	5.0000	1.0000	1.0000

CR =0.0497 <0.1，表明比较矩阵具有一致性。

表 22 – 16　　关于公众的定性指标判断矩阵

居民（I_3）	I_{31}	I_{32}	I_{33}
生活垃圾处理设施是否完善（I_{31}）	1.0000	1.0000	2.0000
居民对海洋环境是否满意（I_{32}）	1.0000	1.0000	2.0000
是否具有海洋环境保护的意识（I_{33}）	0.5000	0.5000	1.0000

CR =0.0053 <0.1，表明比较矩阵具有一致性。

22.3.3　权重分配

通过对海洋环境责任审计评价指标的矩阵分析，对指标进行两两比较无法完全排除主观因素，一定程度上影响了各要素比重分配的客观性。因此，综合衡量各准则层的重要性，确定定量指标和定性指标权重分配，如表 22 – 17、表 22 – 18 所示。

表 22-17 定量指标权重分配

指标	权重
压力指标（P）：0.1111	
社会活动压力指标（P_1）：0.0371	
人口自然增长率（P_{11}）	0.0061
生活垃圾排放总量（P_{12}）	0.0110
生活污水排放总量（P_{13}）	0.0200
工业活动压力指标（P_2）：0.0370	
工业污水未达标排放率（P_{21}）	0.0123
工业废水排放总量（P_{22}）	0.0247
经济活动压力指标（P_3）：0.0370	
渔业捕捞总量（P_{31}）	0.0247
海产养殖密度（P_{32}）	0.0123
状态指标（S）：0.2223	
海洋生物生态状态指标（S_1）：0.0318	
海洋生物多样性（S_{11}）	0.0212
海岸侵蚀比重（S_{12}）	0.0106
海洋污染状态指标（S_2）：0.1270	
主要污染物的超标程度（S_{21}）	0.0148
海洋污染面积比重（S_{22}）	0.0305
水质质量指数（S_{23}）	0.0582
单位海域面积固体废弃物（S_{24}）	0.0235
海洋损失状态指标（S_3）：0.0635	
海洋污染直接损失（S_{31}）	0.0423
海洋环境灾害损失（S_{32}）	0.0212
响应指标（R）：0.6666	
海洋可持续发展响应指标（R_1）：0.0813	
人均海洋环保费用（R_{11}）	0.0527
海洋科研支出占 GDP 比重（R_{12}）	0.0187
海洋科研人员占海洋从业人员的比重（R_{13}）	0.0099

续表

指标	权重
海洋环境治理响应指标（R_2）：0.4322	
工业废水排放达标率（R_{21}）	0.1235
污水处理率（R_{22}）	0.0617
单位海域面积污染治理费（R_{23}）	0.247
海洋环境管理响应指标（R_3）：0.1531	
污染治理投资占 GDP 比重（R_{31}）	0.0826
减灾防灾投入（R_{32}）	0.025
污染治理设施数（R_{33}）	0.0455

表 22－18　　定性指标权重分配

指标	权重
政府（I_1）：0.3334	
自定政策制度是否符合海洋环境保护宗旨（I_{11}）	0.0230
关于海洋环境保护法律法规是否完善（I_{12}）	0.1690
海洋环境保护项目资金走向是否公开透明（I_{13}）	0.0489
是否定期开展环境监管和排查（I_{14}）	0.0925
企业（I_2）：0.3334	
是否存在无证排污现象（I_{21}）	0.0369
污水处理设施是否存在闲置（I_{22}）	0.0201
是否严格按照排污限额排放污水（I_{23}）	0.1358
是否遵循水污染物排放标准（I_{24}）	
居民（I_3）：0.3333	
生活垃圾处理设施是否完善（I_{31}）	0.0496
居民对海洋环境是否满意（I_{32}）	0.0534
是否具有海洋环境保护的意识（I_{33}）	0.2303

22.3.4 确定评分标准及指标计算

1. 评分标准

海洋环境评价的各项指标标准来源于各项国家法律法规、地方制定的海洋环境治理法规条例和行业颁布的各项规范。比如《海洋水质标准》按照海域的不同使用功能和保护目标，将海水水质分为Ⅰ、Ⅱ、Ⅲ、Ⅳ四类。其中，Ⅰ类水质对生化需氧量（BOD5）的要求是小于 1 毫克/升。将指标的实际值与既定的标准值进行比较，进而判断指标实际的优劣情况，对指标结果进行评分。

2. 指标计算

鉴于各个定量指标的计量单位不一致且合格标准和数量级存在较大的差异，往往导致指标之间缺乏可比性。因此，本书选取实际值与标准值离差打分法统一了标准，即对每项指标的实际值和标准值进行详细比较，计算两者的离差，针对离差结果打分，最后通过简单加权得到对应的绝对数。

对于定性指标，本书采用专家调查法，选取一些专家学者按照标准对各个定性指标评分，计算求得最终值。按照综合评价指数将海洋环境责任审计评价划分为五大等级，如表 22 - 19 所示。

表 22 - 19　　海洋环境责任审计评价等级

综合评价指数	等级	说明
90 ~ 100	一级	海洋环境责任审计处于领先水平，治理切实有效
80 ~ 90	二级	海洋环境责任审计处于先进水平，治理效果较明显
60 ~ 80	三级	海洋环境责任审计处于平均水平，治理有一定成效
40 ~ 60	四级	海洋环境责任审计处于中下水平，治理成效微弱
0 ~ 40	五级	海洋环境责任审计处于淘汰水平，治理没有效果

22.3.5 海洋环境责任审计评价体系的N市概况

1. N市的海洋环境状况

全市近海海域共划分8个环境功能区，其中Ⅰ类环境功能区1个；Ⅱ类环境功能区3个；四类环境功能区4个。N市近海海域富营养程度有所减轻，但所有海域海水均为劣四类水质，无法满足近岸海域水环境功能要求，主要污染物是活性磷酸盐和无机氮。两处海域水质严重富营养，其余为中度富营养水质。

2. N市海洋环境存在的问题

（1）近海海域水质进一步恶化。根据N市海洋环境公报数据调查，2006～2016年，海水水质符合Ⅳ类和劣于Ⅴ类海水水质标准的海域面积大多数年份都超过50%，个别年份甚至超过70%。

（2）海洋生态系统不断退化。高密度养殖、无节制捕捞及肆意排污等使海洋生态净化超负荷，食物链断裂，整体处于亚健康状态。

（3）海洋灾害频发。N市海域近乎每年都会发生不同程度的赤潮。N市历年的海洋环境公报显示，2006～2016年，每年均有5起以上的赤潮发生。而且，海上溢油事故和渔业污染事故频繁。

22.4 N市案例中的定量评价指标分析

本书通过查阅大量的资料，包括N市环保局、财政局、海洋与渔业局、发改委、海关海事、公安边防等政府部门规划、公报、环境质量标准以及N市统计年鉴，得到海洋环境责任审计评价定量指标的标准值和实际值，再依据各指标这两个数据间的差异计算出离差得分。最后，根据权重分配表的指标权重加权求和得到定量指标综合评价指数。

22.4.1 N市的总体数据分析

N市位于我国长江三角洲，近邻亚太国际主航道要冲，有着先天的地理优势，且N市港口岸线总长度为1 562千米，是经济社会发展的战略性资源。随着N市与邻市港口一体化的推进，N市海洋环境得到了进一步利用。所以，本书首先运用N市总体海洋环境责任审计评价指标体系，通过数据分析得出整个大市的海洋环境保护与治理情况（见表22－20）。

表22－20　2016年N市总体海洋环境责任审计评价的评分——定量指标

定量指标	权重	标准值	实际值	离差得分	加权分数
人口自然增长率（P_{11}）	0.0061	3‰	3.59‰	85	0.5185
生活垃圾排放总量（P_{12}）	0.011	<300	324.72	92	1.012
生活污水排放总量（P_{13}）	0.02	<30 000	39 245.86	76	1.52
工业污水未达标排放率（P_{21}）	0.0123	0～5%	15%	85	1.0455
工业废水排放总量（P_{22}）	0.0247	<30 000	417 631.17	72	1.7784
渔业捕捞总量（P_{31}）	0.0247	1 000 000	835 692	100	2.47
海产养殖密度（P_{32}）	0.0123	<40	52	77	0.9471
海洋生物多样性（S_{11}）	0.0212	20 178	20 278	100	2.12
海岸侵蚀比重（S_{12}）	0.0106	0～2‰	2.5‰	80	0.848
主要污染物的超标程度（S_{21}）	0.0148	<10%	15%	67	0.9916
海洋污染面积比重（S_{22}）	0.0305	<35%	66.8%	52	1.586
水质污染质量指数（S_{23}）	0.0582	≤0.2	0.34	59	3.4338
单位海域面积固体废弃物（S_{24}）	0.0235	0～2.5	3.15	79	1.8565
海洋污染直接损失占比（S_{31}）	0.0423	0～10%	14%	71	3.0033
海洋环境灾害损失占比（S_{32}）	0.0212	<20%	8%	100	2.12
人均海洋环保费用（R_{11}）	0.0527	15	11.76	78	4.1106
海洋科研支出占GDP比重（R_{12}）	0.0187	>2%	1.7%	85	1.5895
海洋科研人员占海洋从业人员的比重（R_{13}）	0.0099	>1.5‰	1.1‰	73	0.7227

续表

定量指标	权重	标准值	实际值	离差得分	加权分数
工业废水排放达标率（R_{21}）	0.1235	95～100	85%	85	10.4975
污水处理率（R_{22}）	0.0617	50～100	89.95%	90	5.553
单位海域面积污染治理费（R_{23}）	0.247	>1 000	801.52	80	19.76
污染治理投资占 GDP 比重（R_{31}）	0.0826	>0	0.48%	80	6.608
减灾防灾投入（R_{32}）	0.025	2	1.8	90	2.25
污染治理设施数（R_{33}）	0.0455	7	7	100	4.55
定量指标综合评价指数	80.8920				

表 22－20 显示定量指标综合评价指数是 80.8920，在海洋环境责任审计评价等级中属于二级，但跟本级的下限相比仅多了 0.8920 分。从定量指标分析可见 N 市的海洋环境责任审计处于先进水平，海洋环境治理效果较明显。离差得分低于 60 的项目有海洋污染面积和水质污染质量指数两项。N 市海洋环境问题具体体现在海洋污染面积占比较大，且 I 类清水面积占比极小、水污染质量指数也较大地偏离标准值，这要求 N 市政府及时针对该两项指标采取应对措施和行动。同时，N 市应该对生活污水排放、工业废水排放、海产养殖、主要污染物的超标程度严格把关，并积极培养海洋科研人才，壮大专业人员的队伍。

同理得出 2006～2016 年 N 市海洋环境责任审计评价得分，并将每年数据输入到 Excel 表中，绘制出这 11 年间评分的变化情况，以此来衡量海洋环境的保护和治理情况，如图 22－2 所示。

根据 2006～2016 年共 11 年的数据计算发现，定量指标综合评价指数起步平缓，在 2010 年开始下降，到 2015 年又呈现出上升的趋势。原因可能是 2006～2010 年海洋环境未受到人类活动过多的影响，不过 2010 年之后经济的快速增长，无论是人的生活还是工业活动都大幅恶化了海洋环境。近年来保护环境政策的出台与落实的确改善了海洋环境，但效果一般，需要继续努力。

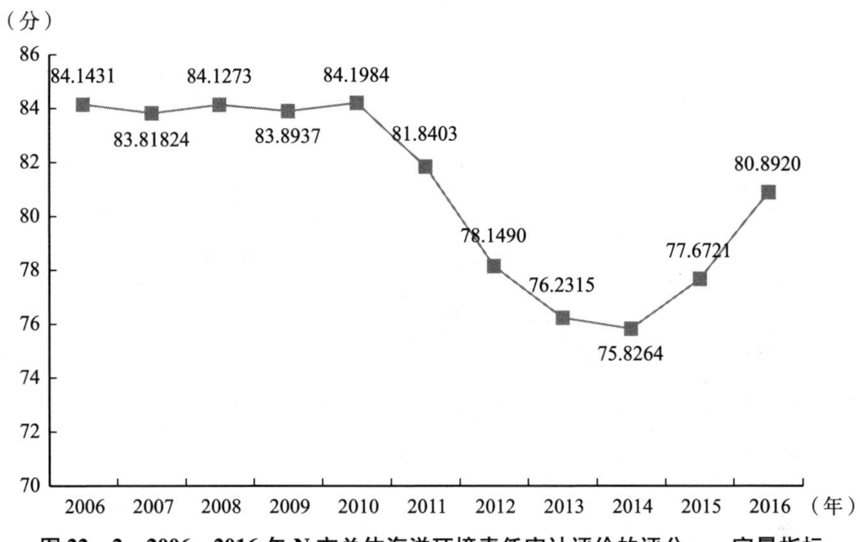

图22－2　2006～2016年N市总体海洋环境责任审计评价的评分——定量指标

22.4.2　YH海域的数据分析

YH海域是N市的重点海域，故本书运用海洋环境责任审计评价指标体系对YH海域进行评分（见表22－21），分析结果发现并提出建议解决问题。

表22－21　2016年YH海域海洋环境责任审计评价加权分数——定量指标

定量指标	权重	标准值	实际值	离差得分	加权分数
人口自然增长率（P_{11}）	0.0061	3‰	2.95‰	100	0.61
生活垃圾排放总量（P_{12}）	0.011	<300	311.71	96	1.056
生活污水排放总量（P_{13}）	0.02	<30 000	32 245.86	93	1.86
工业污水未达标排放率（P_{21}）	0.0123	0～5%	20%	80%	0.00984
工业废水排放总量（P_{22}）	0.0247	<30 000	447 631.17	67	1.6549
渔业捕捞总量（P_{31}）	0.0247	1 000 000	941 960	100	2.47
海产养殖密度（P_{32}）	0.0123	<40	42	95	1.1685
海洋生物多样性（S_{11}）	0.0212	20 178	2 006	100	2.12

续表

定量指标	权重	标准值	实际值	离差得分	加权分数
海岸侵蚀比重（S_{12}）	0.0106	0～2‰	3‰	67	0.7102
主要污染物的超标程度（S_{21}）	0.0148	<10%	16%	63	0.9324
海洋污染面积比重（S_{22}）	0.0305	<35%	70.80%	50	1.525
水质污染质量指数（S_{23}）	0.0582	≤0.2	0.37	54	3.1428
单位海域面积固体废弃物（S_{24}）	0.0235	0～2.5	3.35	75	1.7625
海洋污染直接损失占比（S_{31}）	0.0423	0～10%	16%	63	2.6649
海洋环境灾害损失占比（S_{32}）	0.0212	<20%	9%	100	2.12
人均海洋环保费用（R_{11}）	0.0527	15	12.79	85	4.4795
海洋科研支出占 GDP 比重（R_{12}）	0.0187	>2%	1.80%	90	1.683
海洋科研人员占海洋从业人员的比重（R_{13}）	0.0099	>1.5‰	1.2‰	80	0.792
工业废水排放达标率（R_{21}）	0.1235	95～100	83%	83	10.2505
污水处理率（R_{22}）	0.0617	50～100	88.95%	89	5.4913
单位海域面积污染治理费（R_{23}）	0.247	>1 000	821.52	82	20.254
污染治理投资占 GDP 比重（R_{31}）	0.0826	>0	0.52%	85	7.021
减灾防灾投入（R_{32}）	0.025	2	1.9	95	2.375
污染治理设施数（R_{33}）	0.0455	2	3	67	3.0485
定量指标综合评价指数	79.2018				

表 22－21 显示定量指标综合评价指数是 79.2018，在海洋环境责任审计评价等级中属于三级，但跟上级的下限相比仅少了 0.7982 分。从定量指标分析可见，YH 海域的海洋环境责任审计处于平均水平，但离先进水平仅一步之遥。离差得分低于 60 分的项目有海洋污染面积和水质污染质量指数两项。这与政府经济粗放型的发展方式有关，缺乏有效的制约法规进一步加重了不良的海洋环境状态，这要求政府及时建立起治污长效机制。同时，当地政府应该对工业废水排放、海岸侵蚀、主要污染物的超标程度严格把关，增加必要的治污设施，降低直接污染损失。

同理，计算2006~2016年YH海域区域海洋环境责任审计评价综合得分，运用Excel绘制11年来的评分变化趋势图（见图22-3），进而衡量该地区海洋环境的保护和治理情况。

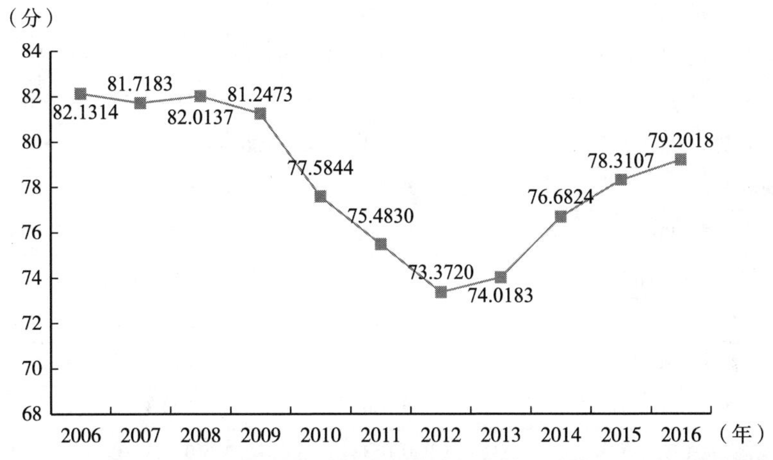

图22-3 2006~2016年YH海域海洋环境责任审计评价的评分——定量指标

2006~2016年的定量指标综合评价指数先降后升，在2009年下降，到2013年又开始上升。分析可知2009年之后人类大力发展经济造成了海洋环境的恶化。但YH海域快速觉察到环境状态的变化进而展开了治理保护行动，指标体系评分在2013年慢慢地回升。

22.4.3 XS海域的数据分析

XS海域位于N市东南部，是一个由东北向西南深入内陆的狭长形半封闭型海湾，是理想的深水避风港。XS海域渔业资源非常丰富，是当地居民收入的主要来源。因此，本书针对XS海域，应用海洋环境责任审计评价指标体系展开评分（见表22-22），得到相应的结果，以说明问题并探索方案。

表 22 - 22　2016 年 XS 海洋环境责任审计评价加权分数——定量指标

定量指标	权重	标准值	实际值	离差得分	加权分数
人口自然增长率（P_{11}）	0.0061	3‰	3.58%	83	0.5063
生活垃圾排放总量（P_{12}）	0.011	<300	330.42	91	1.001
生活污水排放总量（P_{13}）	0.02	<30 000	35 817.22	84	1.68
工业污水未达标排放率（P_{21}）	0.0123	0~5%	15%	85%	0.010455
工业废水排放总量（P_{22}）	0.0247	<30 000	401 649.36	75	1.8525
渔业捕捞总量（P_{31}）	0.0247	1 000 000	1 287 239	78	1.9266
海产养殖密度（P_{32}）	0.0123	<40	55	73	0.8979
海洋生物多样性（S_{11}）	0.0212	20 178	2017	100	2.12
海岸侵蚀比重（S_{12}）	0.0106	0~2‰	2.6‰	77	0.8162
主要污染物的超标程度（S_{21}）	0.0148	<10%	15%	67	0.9916
海洋污染面积比重（S_{22}）	0.0305	<35%	65.17%	54	1.647
水质污染质量指数（S_{23}）	0.0582	≤0.2	0.31	65	3.783
单位海域面积固体废弃物（S_{24}）	0.0235	0~2.5	3.13	80	1.88
海洋污染直接损失占比（S_{31}）	0.0423	0~10%	14%	71	3.0033
海洋环境灾害损失占比（S_{32}）	0.0212	<20%	8%	100	2.12
人均海洋环保费用（R_{11}）	0.0527	15	11.86	78	4.1106
海洋科研支出占 GDP 比重（R_{12}）	0.0187	>2%	1.70%	85	1.5895
海洋科研人员占海洋从业人员的比重（R_{13}）	0.0099	>1.5‰	1.1‰	73	0.7227
工业废水排放达标率（R_{21}）	0.1235	95~100	85%	85	10.4975
污水处理率（R_{22}）	0.0617	50~100	90.01%	90	5.553
单位海域面积污染治理费（R_{23}）	0.247	>1 000	802.87	80	19.76
污染治理投资占 GDP 比重（R_{31}）	0.0826	>0	0.49%	81	6.6906
减灾防灾投入（R_{32}）	0.025	2	1.8	90	2.25
污染治理设施数（R_{33}）	0.0455	2	2	100	4.55
定量指标综合评价指数	79.9598				

注：由于四舍五入，各项数值之和可能略大于或略小于合计值。

表 22 - 22 显示定量指标综合评价指数是 79.9598，在海洋环境责任审计评价等级中属于三级，但跟上级的下限相比仅少了 0.0412 分。从定量指

标分析可见XS的海洋环境责任审计几乎处于先进水平，海洋环境治理效果较明显。离差得分低于60分的项目有海洋污染面积一项，XS县政府应针对该项指标采取应对措施和行动。同时，当地政府应该对工业废水排放、海产捕捞和养殖、海岸侵蚀、水质污染、主要污染物的超标程度严格把关，适当提高科研支出。

类似地，得到2006～2016年XS海洋环境责任审计评价综合评价指数，再通过Excel绘制出这11年的得分趋势图（见图22－4），以此来衡量该地区海洋环境的保护和治理情况。

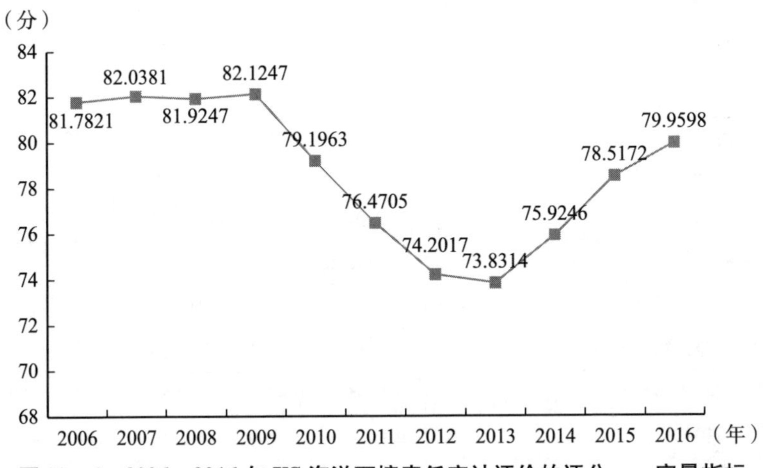

图22－4　2006～2016年XS海洋环境责任审计评价的评分——定量指标

从2006年到2016年，定量指标综合评价指数变化情况同样是先降后升，在2010年开始下降，到2014年呈现出上升趋势。可能的原因是2010年之后海洋环境受到人类活动的影响开始表露出不良状态，但XS政府也积极采取治理与保护措施遏制了海洋环境状况继续恶化。

22.4.4　三门湾区域的数据分析

三门湾是宽浅型多汊港湾，岸线曲折，潮流岔道众多，水道稳定，海域和滩涂辽阔。与一般半封闭型港湾相比，三门湾内外水体交换速度与自净能力超群，水体交换周期仅为一天，区域环境承载力较强。本书运用海洋环境责任审计评价指标体系对宁海三门湾区域进行评分（见表22－23），分析得到结论。

表22－23　2016年三门湾海洋环境责任审计评价加权分数——定量指标

定量指标	权重	标准值	实际值	离差得分	加权分数
人口自然增长率（P_{11}）	0.0061	3‰	3.76%	78	0.4758
生活垃圾排放总量（P_{12}）	0.011	<300	361.5	83	0.913
生活污水排放总量（P_{13}）	0.02	<30 000	37 512.38	80	1.6
工业污水未达标排放率（P_{21}）	0.0123	0～5%	14%	86	1.0578
工业废水排放总量（P_{22}）	0.0247	<30 000	399 912.81	75	1.8525
渔业捕捞总量（P_{31}）	0.0247	1 000 000	895 692	100	2.47
海产养殖密度（P_{32}）	0.0123	<40	39	100	1.23
海洋生物多样性（S_{11}）	0.0212	20 178	1 987	99	2.0988
海岸侵蚀比重（S_{12}）	0.0106	0～2‰	2.2‰	91	0.9646
主要污染物的超标程度（S_{21}）	0.0148	<10%	14%	71	1.0508
海洋污染面积比重（S_{22}）	0.0305	<35%	59.51%	60	1.7995
水质污染质量指数（S_{23}）	0.0582	≤0.2	0.28	71	4.1322
单位海域面积固体废弃物（S_{24}）	0.0235	0～2.5	2.82	89	2.0915
海洋污染直接损失占比（S_{31}）	0.0423	0～10%	12%	83	3.5109
海洋环境灾害损失占比（S_{32}）	0.0212	<20%	7%	100	2.12
人均海洋环保费用（R_{11}）	0.0527	15	10.44	70	3.689
海洋科研支出占GDP比重（R_{12}）	0.0187	>2%	1.60%	80	1.496
海洋科研人员占海洋从业人员的比重（R_{13}）	0.0099	>1.5‰	1.0‰	67	0.6633
工业废水排放达标率（R_{21}）	0.1235	95～100	88%	88	10.868
污水处理率（R_{22}）	0.0617	50～100	91.12%	91	5.6147
单位海域面积污染治理费（R_{23}）	0.247	>1 000	792.56	79	19.513
污染治理投资占GDP比重（R_{31}）	0.0826	>0	0.47%	77	7.3602
减灾防灾投入（R_{32}）	0.025	2	1.7	85	2.125
污染治理设施数（R_{33}）	0.0455	2	2	100	4.55
定量指标综合评价指数	82.2466				

注：由于四舍五入，各项数值之和可能略大于或略小于合计值。

表22-23显示定量指标综合评价指数是82.2466，在海洋环境责任审计评价等级中属于二级，与本级的下限相比多了2.2466分，说明三门湾的海洋环境责任审计处于先进水平，海洋环境治理效果较显著。离差得分低于60分的项目未出现，但当地政府仍应该对海洋污染面积比重和科研支出严格把关，使海洋环境状况进一步优化。

同按照相同指标体系计算得到2006～2016年三门湾区域海洋环境责任审计评价综合评价指数，接着运用Excel绘制11年来的评分变化趋势图（见图22-5），以衡量该区域海洋环境的保护和治理情况。

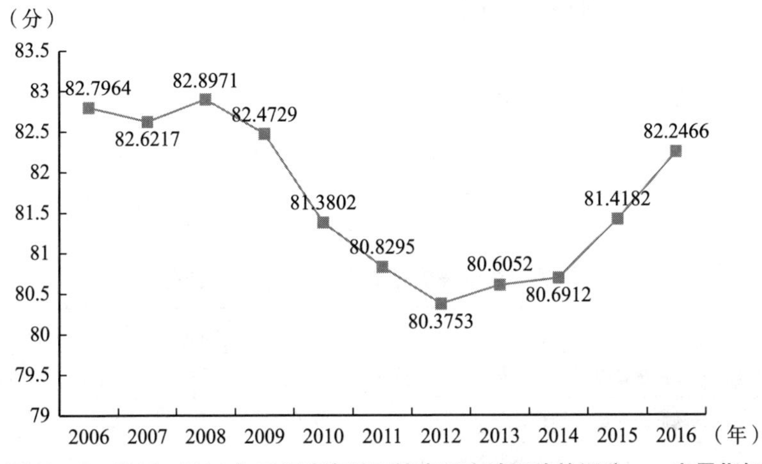

图22-5　2006～2016年三门湾海洋环境责任审计评价的评分——定量指标

观察2006～2016年定量指标综合评价指数的变化趋势，整体走势平缓。这得益于该海域强大的自净能力，但我们不应就此忽略海洋环境的治理。不难发现，在2009～2016年还是出现了“U”型曲线，这启示我们要在尊重自然的基础上保护海洋环境。

22.4.5　区域间的比较分析

YH海域和XS海域规划建设了一批海洋自然保护区、生态湿地保护区，有效地维护了海洋物种的多样性，但三门湾在海洋生物多样性方面是有缺陷的，地方政府需针对该项指标做出改善；XS海域在渔业捕捞和养殖方面相较于其他两大海域得分偏低，政府应就此项平衡当地 GDP 增长与海洋环境保护之间的关系；XS 海域与三门湾整体状况稍优于 YH 海域较大一部分原因是后者的工业污染物与工业废水排放率严重影响了海洋环境状况，政府应该紧抓该项指标，深入贯彻落实政策，长期行动以降低海洋污染程度。

22.5 定性指标评价和案例应用结果

22.5.1 定性评价评价结果

N 市海洋环境责任审计评价的定性指标通过调查一些专家学者，让其根据表 22 – 24 海洋环境责任审计评价等级对各个指标进行评分，接着依据各自的权重加权求和得到最终的定性指标综合评价指数，具体如下。

表 22 – 24　2016 年 N 市海洋环境责任审计评价得分——定性指标

要素层	权重	标准	评分	加权分数
自定政策制度是否符合海洋环境保护宗旨（I_{11}）	0.023	是	75.2	1.7296
关于海洋环境保护法律法规是否完善（I_{12}）	0.169	是	69.5	11.7455
海洋环境保护项目资金走向是否公开透明（I_{13}）	0.0489	是	68.9	3.3692
是否定期开展环境监管和排查（I_{14}）	0.0925	是	77.1	7.0393
是否存在无证排污现象（I_{21}）	0.0369	否	74.6	2.7527
污水处理设施是否存在闲置（I_{22}）	0.0201	否	74.2	1.4914
是否严格按照排污限额排放污水（I_{23}）	0.1358	是	78.6	10.6739
是否遵循污染物排放标准（I_{24}）	0.1406	是	78.1	10.9809
生活垃圾处理设施是否完善（I_{31}）	0.0496	是	79.6	3.9482
居民对海洋环境是否满意（I_{32}）	0.0534	是	72.8	3.8875
是否具有海洋环境保护的意识（I_{33}）	0.2303	是	73.6	16.9501
定性指标综合评价指数	74.5682			

注：由于四舍五入，各项数值之和可能略大于或略小于合计值。

表22-24的定性指标的得分都在60~80分的区间内，主要集中于70~80分。从表中可以看出，N市在严格按照排污限额排放污水、遵循污染物排放标准、完善生活垃圾处理设施等方面做得较好，然而不难看出在完善海洋环境保护法律法规、海洋环境保护项目资金走向公开透明等方面得分较低，有待强化补缺。

通过加权运算，最终得到定性指标综合评价指数是74.5682，在政府水环境绩效审计评价等级中属于三级，与二级的下限80分相比，差距较大，低了5.4318分，可见N市海洋环境责任审计处于平均水平，治理有一定成效。之后应当进一步优化措施、完善行动，发挥优势项目、查缺补漏，距离先进水平还是有很长一段路要走。

22.5.2 N市海洋环境治理的现存不足

海洋环境管理立法待完善、执法待加强。目前，我国还未建立一套完整的海洋环境法律法规，也就导致执法力度不足。虽然海洋环境法律数量不少，但它们彼此之间缺少联系，整体性差。例如，《中国环境保护法》与《中国海洋环境保护法》，看似后者是对前者的细化，但它的出台却将海洋与大陆分离开来。这一做法不利于海洋环境的保护，因为陆源污染物是占比很大的一类海洋污染物。所以，我们要治理海洋环境，必须打破海陆分离的立法，依据现实情况自下而上提出立法建议，以完善我国的海洋环境治理法律法规。

海洋执法体制不够完善。N市海洋管理实行分散管理体制，由渔业局、发改委、国土资源局、环保局、海关海事、公安边防等多部门共同管理。但各组织之间互不隶属，缺乏协作，踢皮球现象经常出现，导致行政效率低下，影响事件处理的速度，海洋环境保护等问题无法及时解决。

公民海洋环境保护意识有待增强。随着对海洋生态的不断索取和任意利用，海洋环境问题愈发凸显，甚至开始影响人们的身体健康。但大多数公民依旧过分重视开发海洋资源带来的经济效益，忽略了这一切都建立在海洋环境本身的基础上，增大了政府落实海洋环境治理的难度。

22.5.3 N市海洋环境治理的改进方向

（1）完善法律法规，严格海洋环境执法。我国的海洋环境治理法律体系发展起步较晚，可以借鉴国外发达国家已出台的海洋环境保护法律，并结合地方实际情况，不断修正当下的法规。同时，各个执法部门要加强合作，明确自身的职责，形成全面高效的执法队伍，积极应对各种海洋环境治理状况。

（2）扩大海洋环境监测范围，优化监测技术。投入资金开展海洋环境科研项目，壮大科研人员队伍；扩大海洋污染监测系统覆盖的海域面积，将各主要河流排污口纳入监测范围内；加强海洋污染物排放清单和分类系统建设，使得治理效果更加显著。

（3）加强公众的海洋环境保护意识。通过加强海洋环境治理的宣传力度，拓宽宣传教育渠道，以讲座、课堂、签名活动等形式增强公民的海洋环境保护意识。例如，构建海洋环境保护网站、开展海洋环境的重要性课堂、设立保护荣誉奖不断鼓励人们参与到海洋环境的治理中来。

22.5.4 案例应用结论

本书基于PSR概念框架选定了海洋环境责任审计评价指标，通过层次分析法确定了各个指标的权重，再根据评分标准对指标打分，最终求出综合指标得分。在理论基础上结合N市海洋环境责任审计的实例，给出N市海洋环境的评价，得出N市海洋环境治理取得一定的成效，但环境问题仍然严重，亟须针对完善海洋环境保护法律法规、公开透明海洋环境保护项目资金走向等方面做出进一步行动的结论。总体而言，该指标体系能够评价海洋环境责任审计的有效性，发现问题与缺陷，有一定的现实意义。

一是各个部门协同独立地开展工作。海洋环境由多部门共同负责，人多力量大，但这也容易造成推诿现象，反而不利于工作的开展。因此，相关部门要积极协作配合，加强沟通，互相配合完成任务。同时，政府部门应加强人才建设，成立专家小组部署行动，使各评价指标实际值达到标准值，提高海洋环境责任审计评价的效率。

二是尽可能地确保数据的准确性。数据的准确性直接决定了最终得出的海洋环境保护与治理效果情况及问题成因，进而影响之后采取的措施与行动。提高数据的准确性能够更好地发挥审计评价指标体系的实用性。精确的测量仪器人员和方法的确能够提高数据的准确性，但理论基础的完善和经验的积累也是采集数据不可缺少的。

三是灵活变更各层级的审计评价指标。海洋环境是一个动态的平衡系统，这也决定了海洋环境责任审计评价指标体系不该是静止的。针对不同地区的海洋环境，应该依据当地区域特点灵活变更各层级的审计评价指标，适应不同地域海洋环境责任审计评价，为保护与治理海洋环境提供有价值的参考标准。

23

基于PSR框架的海洋资源环境责任审计评价

23.1 基于PSR框架的海洋资源环境责任审计评价指标

23.1.1 PSR框架与海洋资源环境

PSR模型主要反映人类与环境的相互作用关系，并强调了系统生态变化过程的因果逻辑关系：一方面，大量的自然资源在人类发展过程中被耗用，同时生态环境开始承载大量废弃物，对生态环境构成了压力（P），进而改变了自然资源储量和生态环境质量状况（S）；另一方面，人类也遭到了生态环境变化的反作用，为应对这一反作用，实现社会的可持续性发展，人类又要通过有意识的行为对其做出相应的反应（R）。海洋资源具有海洋空间立体性、海水流动性等特征，海洋生态环境也具有复杂多样性的特征，应用单一参照标准相对比模式不具有科学性。因此，运用PSR理论模型（见图23-1）构建领导干部海洋资源资产审计指标体系，可以动态地、系统地研究海洋资源资产和海洋生态环境。

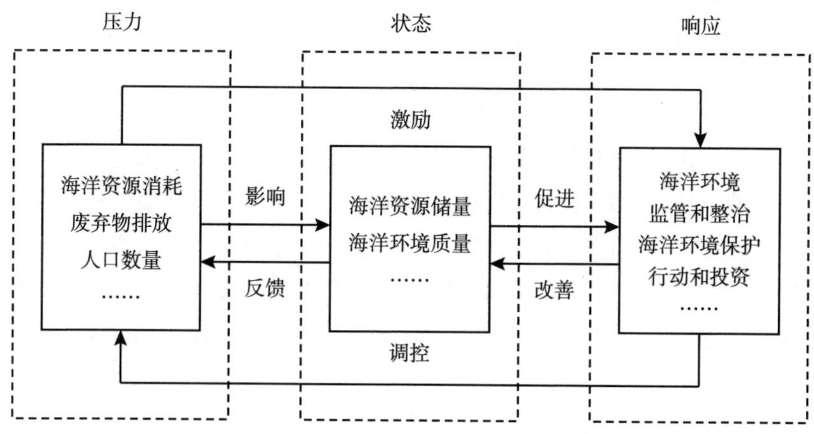

图 23－1　海洋资源环境的 PSR 理论模型

23.1.2　压力指标的选取和解释

在人类与环境的相互作用关系中，人类生产活动消耗大量自然资源，并向生态环境中排放废弃物，对其造成一定的压力。因此，选取压力指标，主要考虑人类社会活动向海洋生态环境施加的压力，表现在海洋资源资产消耗和海洋生态环境污染两方面。在海洋资源资产消耗方面，直接影响体现在人类生产活动向海洋索取资源，故选取海洋渔业捕捞产量、海岛资源开发、海洋石油开采等指标作为表征值。此外，人口快速增长产生的资源需求也将间接增加海洋资源资产的消耗量，故选取人口数量指标作为海洋资源资产消耗的间接表征值。在海洋生态环境污染方面，废水、废弃物的不当排放是影响海洋生态环境的重要污染源，故选取废水直排入海量、船舶垃圾排放量等指标作为表征值。另外，港口贸易的繁荣除了带来经济增长，也较易发生船舶燃油、化学物质及其他有害物质的泄漏，造成停泊海域污染，故选取海洋机动船舶拥有量、港口货物吞吐量等指标作为海洋生态环境污染的间接表征指标。

23.1.3 状态指标的选取和解释

在人类活动与环境间“动因 - 现状 - 反应”的相互作用机理下，环境压力会进一步作用于环境状态，对其产生正向或负向影响。因此，选取状态指标时，除了考虑海洋生态环境自身呈现或存在的状态，还要考虑海洋压力对海洋资源资产状态的影响，这种影响主要表现在海洋资源资产储藏和海洋生态环境状况两个方面。在海洋资源资产储藏方面，海洋化学、生物等资源是重要储藏资源，也是海洋状态的重要体现，故选取海洋石油储量、海洋矿业产量、海洋生物药业产量等指标作为表征值。在海洋生态环境状况方面，重要体现即海水质量状况，故选取近岸海域水质、清洁海域面积占比等正向指标，以及污染海域面积、劣Ⅳ类海水占比等负向指标作为表征值。此外，近岸海域整体环境质量也影响着海洋生态环境状况，故也选取Ⅱ类以上近岸环境功能区数量指标作为另一表征值。

23.1.4 响应指标的选取和解释

人类活动向环境施加压力，影响或改变环境状态，自然环境也将反作用于人类。为应对这一反作用，人类做出相应的行为或活动响应环境变化。因此，选取响应指标时，应考虑人类应对海洋资源资产和海洋生态环境变化的响应行为或活动，主要表现在海洋生态环境监管和海洋资源资产保护两方面。在海洋生态环境监管方面，主要监管的是海洋环境污染情况、海洋环境破坏行为或事件、海洋工程项目合法合规情况等，故选取海水环境监测站数量、整治或拆除违规渔船数量、海洋工程项目三同时制度检查等指标作为表征值。同时，海洋生态环境监管力度也是重要影响因素，因此还选取海监执法次数、海上巡航次数等指标作为表征值。在海洋资源资产保护方面，主要分为海洋自然资源和海洋生物资源资产保护，故选取保护类无人岛数量、海洋自然保护区面积等自然资源指标，以及增加投放海洋生物苗种数量、妥善处理海洋野生水生动物事件等生物资源指标作为表征值。此外，海洋资源资产保护除了投入人力还需要大量资金助力，因此也选取海洋生态环境修复投资额指标作为资金投入的表征值。

23.2 指标体系及评价模型

23.2.1 权重的确定

指标权重的确定明显影响评价结果的形成。为准确运用指标权重得出客观评价结果，对确定权重的方法进行了多种特征的分类，定性确定法和定量确定法是较为普遍的分类方式。定量确定法多以数学方法支撑，相较于定性确定法的主观判断和经验断定更具有准确性和客观性。因此本书选取定量确定法中的熵值法向各指标赋权，方法如下：

首先，构建指标体系的判断矩阵：$A=\begin{pmatrix} y_{11} & \cdots & y_{1m} \\ \vdots & \ddots & \vdots \\ y_{n1} & \cdots & y_{nm} \end{pmatrix}$，计算 y_{ij} 为第 j 个指标下第 i 个评价单元占该指标的比重：$P_{ij} = \dfrac{y_{ij}}{\sum\limits_{i=1}^{n} y_{ij}}$，$j=1，2，\cdots，m$；则第 j 项指标的熵值可计算为：$e_j = \left(-\dfrac{1}{\ln m}\right)\sum\limits_{i=1}^{m} p_{ij}\ln(p_{ij})$；其中 $0<e_{ij}<1$。其次，确定指标权重为：$w_j = \dfrac{1-e_j}{\sum\limits_{j=1}^{m}(1-e_j)}$。可见，运用熵值法向各评价指标赋权需结合具体指标数据实现。

23.2.2 构建的指标体系

基于构建原则、依据以及选取的评价指标，本书初步构建了领导干部海洋资源资产离任审计指标体系（见表 23－1）。由于领导干部海洋资源资产离任审计的审计对象是领导干部在任期间的海洋资源资产管理和海洋生态环境保护责任，因此在指标体系构建中将压力、状态、响应三个一级指标分别综合表述为海洋资源环境压力指标、海洋资源环境状态指标和海洋资源环境响应指标。

表 23-1　　领导干部海洋资源资产离任审计指标体系

一级指标	二级指标	三级指标
海洋资源环境压力指标（P）	海洋资源资产消耗（P_1）	人口数量（P_{11}）
		海水利用量（P_{12}）
		海洋渔业捕捞产量（P_{13}）
		海岛资源开发（P_{14}）
		海洋石油开采（P_{15}）
	海洋生态环境污染（P_2）	废水直排入海量（P_{21}）
		船舶垃圾排放量（P_{22}）
		近海养殖废水排放量（P_{23}）
		海洋机动船舶拥有量（P_{24}）
		港口货物吞吐量（P_{25}）
海洋资源环境状态指标（S）	海洋资源资产储藏（S_1）	海洋电力年发电量（S_{11}）
		海洋石油储量（S_{12}）
		海洋矿业产量（S_{13}）
		海洋盐业产量（S_{14}）
		海洋生物药业产量（S_{15}）
		海洋养殖产量（S_{16}）
	海洋生态环境状况（S_2）	污染海域面积（S_{21}）
		劣Ⅳ类海水占比（S_{22}）
		清洁海域面积占比（S_{23}）
		近岸环境功能区数量（Ⅱ类及以上）（S_{24}）
		近岸海域水质（S_{25}）

续表

一级指标	二级指标	三级指标
海洋资源环境响应指标（R）	海洋资源资产保护（R_1）	保护类无人岛数量（R_{11}）
		海洋自然保护区数量（国家级）（R_{12}）
		海洋自然保护区面积（R_{13}）
		增殖投放海洋生物苗种数量（R_{14}）
		妥善处理海洋野生水生动物事件（R_{15}）
		海洋生态环境修复投资额（R_{16}）
	海洋生态环境监管（R_2）	海监执法次数（R_{21}）
		海上巡航次数（R_{22}）
		查处违法案件数量（R_{23}）
		整治或拆除违规渔船数量（R_{24}）
		海水环境监测站数量（R_{25}）
		以前年度发现问题后续整改（R_{26}）
		海洋工程项目三同时制度检查（R_{27}）
		专项资金征管用情况（R_{28}）

23.2.3 综合评价模型

灰色系统理论由邓聚龙教授在 20 世纪 80 年代提出，被认为是基于数学理论的系统工程科学，后来被广泛应用于社会各领域。在灰色系统理论下，事物之间的不确定关联或系统因子间对主行为之间的不确定关联，被称为灰色关联。在此基础上诞生了灰色关联综合评判法，用于评定待评价对象集中各项指标与理想对象之间的关联程度，并进行优劣排序（范芹，2018）。因此，灰色关联模型与领导干部海洋资源资产离任审计指标体系结合起来，可以通过对各项赋权后的指标数据寻找理想指标样本，形成区域内海洋资源环境综合评价值，从而能够评价区域内海洋资源环境的优劣并排序。

在构建灰色关联模型前，首先要考虑原始数据每个指标值存在量纲不同的问题对原始数据进行标准化处理。常见的数据标准化处理方法有极差变换、初值化变换和均值化变换等，本书在此选用极差变换法，对正向指标进行正向标准化处理，对负向指标进行负向标准化处理，公式如下：

当 x_{ik} 为正向指标时：$y_{ik}=\dfrac{x_{ik}-\min x_{ik}}{\max x_{ik}-\min x_{ik}}$；

当 x_{ik} 为负向指标时：$y_{ik}=\dfrac{\max x_{ik}-x_{ik}}{\max x_{ik}-\min x_{ik}}$。

其中，y_{ik} 为标准化后的指标值，x_{ik} 为原始数据。

标准化处理后的各指标值组成评价样本，记 y_{ik}（$i=1, 2, \cdots, n$；$k=1, 2, \cdots, m$）为第 i 个待评对象的第 k 个指标值。选取所有评价样本中各项指标的最优值，建立理想样本，记 y_{0k}（$j=1, 2, \cdots, m$）为理想样本集。最优值的选取原则在于：如果某项指标属正效指标，则数值越大越好；若为负效指标，则数值越小越佳。在此已对各指标值进行了标准化处理，因此选取原则均为数值越大越好。

以评价样本的无量纲化值构成参考数列 $y_i=[y_{i1}, y_{i2}, \cdots, y_{im}]$，以理想样本的无量纲化值构成比较数列 $y_o=[y_{o1}, y_{o2}, \cdots, y_{om}]$。

关联系数的公式如下：

$$\Delta_{ik}=|y_{ok}-y_{ik}| \quad (i=1, 2, \cdots, n;\ k=1, 2, \cdots, m) \qquad (23-1)$$

二级最小差：$\Delta\min=\min\limits_{t}\min\limits_{k}|y_{ok}-y_{ik}|$

二级最大差：$\Delta\max=\max\limits_{t}\max\limits_{k}|y_{ok}-y_{ik}|$

关联系数：$r_{ik}=\dfrac{\Delta\min+\rho\Delta\max}{\Delta ik+\rho\Delta\max}$

其中，ρ 为分辨系数，一般取值为 0.5，$i=1, 2, \cdots, n$；$k=1, 2, \cdots, m$。

最终可构建出关联系数矩阵：$E=\begin{pmatrix} r_{11} & \cdots & r_{1k} \\ \vdots & \ddots & \vdots \\ r_{i1} & \cdots & r_{ik} \end{pmatrix}$。

根据关联系数矩阵和指标权重，构建领导干部海洋资源资产离任审计的灰色关联评价模型：

$$R_{ik}=E\times W_j=\begin{pmatrix} r_{11} & \cdots & r_{1k} \\ \vdots & \ddots & \vdots \\ r_{i1} & \cdots & r_{ik} \end{pmatrix}\times\frac{1-e_j}{\sum\limits_{j=1}^{m}(1-e_j)} \qquad (23-2)$$

其中，$i=1, 2, \cdots, n$；$k=1, 2, \cdots, m$。R_{ik} 表示第 i 个样本在第 j 个评价指标下相对于理想样本在第 j 个评价指标下最优值的关联度，即领导干部海洋资源资产离任审计指标体系下某地或某年的评价样本 i 在第 j 个评价指标下相对于理想样本最优值的关联度，关联度越高则某地或某年的评价样本在此评价指标上评价结果越优秀。在此基础上，可进一步求得 $R_i = \sum_{k=1}^{m} R_{ik}$，即领导干部海洋资源资产离任审计指标体系下某地或某年的评价样本 i 相对于理想样本最优值的总体关联度，关联度越高则某地或某年的评价结果越优秀。

综上，本书将结合领导干部海洋资源资产离任审计指标体系和灰色关联综合评价模型，计算各项指标评价值与理想样本的关联度，得出地区海洋资源环境的综合评价值，用于评价地方政府主要领导干部在海洋资源资产管理和海洋生态环境保护方面的履责行为，也用于反映地区海洋资源资产和海洋生态环境的变化趋势。

以上基于科学性、全面性、适用性等多项原则和 PSR 理论模型，选取反映海洋资源压力、状态、响应的各项指标，构建了领导干部海洋资源资产离任审计的指标体系。并结合灰色关联模型，构建了领导干部海洋资源资产离任审计的综合评价模型，将以评价指标值与理想样本的关联度反映领导干部在海洋资源资产管理和海洋生态环境保护方面的履责情况。下一步，本书将基于 N 市海洋资源状况应用上述领导干部海洋资源资产离任审计的指标体系，既评价 N 市主要领导干部的履责情况，也将进一步检验上述指标体系的适用性。

23.3 海洋资源环境责任审计评价指标体系在 N 市的应用

23.3.1 N 市的指标选取和灰色关联模型

1. 数据说明

考虑 N 市丰富的海洋资源及其领导干部海洋资源资产离任审计的实践经验，在此选取 N 市作为样本地区。相关指标数据主要来源于案例所在地自然资源与环境统计年鉴、统计年鉴及环境状况公报。

2. 指标选取和权重确定

在初步构建领导干部海洋资源资产离任审计评价指标体系基础上，结合数据的可获得性和合理性，本书选取表23－2中6个指标P(P_{11}，P_{12}，P_{13}，P_{21}，P_{22}，P_{23}）评价海洋资源环境压力，8个指标S(S_{11}，S_{12}，S_{13}，S_{14}，S_{21}，S_{22}，S_{23}，S_{24}）评价海洋资源环境状态，9个指标R(R_{11}，R_{12}，R_{13}，R_{14}，R_{21}，R_{22}，R_{23}，R_{24}，R_{25}）评价海洋资源环境响应。同时，选取熵值法确定上述各项指标的权重，从而形成了PSR评价指标体系的分析基础。

表23－2　领导干部海洋资源资产离任审计评价指标体系及指标权重

<table>
<tr><th>一级指标</th><th>二级指标</th><th>三级指标</th><th>指标权重</th></tr>
<tr><td rowspan="6">海洋资源环境压力指标（P）0.2046</td><td rowspan="3">海洋资源资产消耗（P_1）0.0996</td><td>人口数量（P_{11}）</td><td>0.0374</td></tr>
<tr><td>海水利用量（P_{12}）</td><td>0.0312</td></tr>
<tr><td>海洋渔业捕捞产量（P_{13}）</td><td>0.0310</td></tr>
<tr><td rowspan="3">海洋生态环境污染（P_2）0.1050</td><td>废水直排入海量（P_{21}）</td><td>0.0320</td></tr>
<tr><td>海洋机动船舶拥有量（P_{22}）</td><td>0.0345</td></tr>
<tr><td>港口货物吞吐量（P_{23}）</td><td>0.0386</td></tr>
<tr><td rowspan="8">海洋资源环境状态指标（S）0.3119</td><td rowspan="4">海洋资源资产储藏（S_1）0.1486</td><td>海洋电力年发电量（S_{11}）</td><td>0.0409</td></tr>
<tr><td>海洋盐业产量（S_{12}）</td><td>0.0330</td></tr>
<tr><td>海洋生物药业产量（S_{13}）</td><td>0.0407</td></tr>
<tr><td>海洋养殖产量（S_{14}）</td><td>0.0340</td></tr>
<tr><td rowspan="4">海洋生态环境状况（S_2）0.1633</td><td>污染海域面积（中度污染及以上）（S_{21}）</td><td>0.0404</td></tr>
<tr><td>劣Ⅳ类海水占比（S_{22}）</td><td>0.0327</td></tr>
<tr><td>清洁海域面积占比（S_{23}）</td><td>0.0593</td></tr>
<tr><td>近岸环境功能区数量（Ⅱ类及以上）（S_{24}）</td><td>0.0309</td></tr>
</table>

续表

一级指标	二级指标	三级指标	指标权重
海洋资源环境响应指标（R）0.3941	海洋资源资产保护（R_1）0.1917	海洋自然保护区数量（国家级）（R_{11}）	0.0382
		海洋自然保护区面积（R_{12}）	0.0382
		增殖投放海洋生物苗种数量（R_{13}）	0.0375
		妥善处理海洋野生水生动物事件（R_{14}）	0.0380
	海洋生态环境监管（R_2）0.2024	海监执法次数（R_{21}）	0.0634
		海上巡航次数（R_{22}）	0.0698
		查处违法案件数量（R_{23}）	0.0360
		整治或拆除违规渔船数量（R_{24}）	0.0333
		海水环境监测站数量（R_{25}）	0.0397

23.3.2 构建灰色关联模型

（1）对上述 23 个评价指标数据进行正向和负向标准化处理，构成样本矩阵 Y：

$$Y_{8\times 23}=\begin{pmatrix} 0.0001 & 0.8699 & \cdots & 0.1875 \\ \vdots & \vdots & \ddots & \vdots \\ 1 & 1 & \cdots & 1 \end{pmatrix}$$

其中，Y_{ik}（$i=1, 2, \cdots, 8$；$k=1, 2, \cdots, 23$）为第 i 个待评价对象的第 k 个指标值。

（2）将 N 市 2010～2017 年的各项评价指标数据构成比较数列，$Y_i=(Y_{i1}, Y_{i2}, \cdots, Y_{i23})$。选取各项评价指标中的最优值，建立理想样本，构成参考数列，$Y_o=(Y_{o1}, Y_{o2}, \cdots, Y_{o23})$。

（3）根据式（23－1）和式（23－2）计算得出 $\Delta\min=0$；$\Delta\max=0.9999$；各评价指标数据的关联系数 $r_{ik}=\dfrac{\Delta\min+\rho\Delta\max}{\Delta ik+\rho\Delta\max}=\dfrac{0+\rho\times 0.9999}{\Delta ik+\rho\times 0.9999}$（$\rho$ 一般取 0.5；$i=1, 2, \cdots, 8$；$k=1, 2, \cdots, 23$），可构建灰色关联系数矩阵 E：

$$E_{8\times 23}=\begin{pmatrix}1 & 1 & \cdots & 0.3809\\ \vdots & \vdots & \ddots & \vdots\\ 0.3333 & 0.7935 & \cdots & 1\end{pmatrix}$$

(4) 选取熵值法确定各项评价指标的权重，计算得到各项评价指标的权重 W_j = (0.0374, 0.0312, 0.0310, 0.0320, 0.0345, 0.0386, 0.0409, 0.0330, 0.0407, 0.0340, 0.0404, 0.0327, 0.0593, 0.0309, 0.0382, 0.0382, 0.0375, 0.0380, 0.0634, 0.0698, 0.0360, 0.0333, 0.0397)。

(5) 根据构建的灰色关联评价模型：

$$R_{ik}=E\times W_j=\begin{pmatrix}r_{11} & \cdots & r_{1k}\\ \vdots & \ddots & \vdots\\ r_{i1} & \cdots & r_{ik}\end{pmatrix}\times\frac{1-e_j}{\sum_{j=1}^{m}(1-e_j)}$$

$$(i=1,2,\cdots,7;\ k=1,2,\cdots,23) \qquad (23-3)$$

根据上述灰色关联评价模型，可以计算得出综合评价值，即关联度（见表23－3）。其中，R_{ik}表示第 i 个样本在第 j 个评价指标下相对于理想样本在第 j 个评价指标下最优值的关联度。在此基础上，可进一步求得 $R_i=\sum_{k=1}^{23}R_{ik}$，即第 i 个样本相对于理想样本的关联度。不论是 R_{ik} 还是 R_i，均是关联度越高，评价结果越优秀。

表23－3　N市2010～2017年领导干部海洋资源资产离任审计的综合评价值

指标	2010年	2011年	2012年	2013年	2014年	2015年	2016年	2017年
人口（P_{11}）	0.0374	0.0367	0.0363	0.0355	0.0345	0.0337	0.0130	0.0125
海水利用量（P_{12}）	0.0312	0.0104	0.0179	0.0209	0.0209	0.0209	0.0267	0.0247
海洋捕捞产业产量（P_{13}）	0.0279	0.0103	0.0269	0.0269	0.0247	0.0224	0.0217	0.0310
废水直排入海量（P_{21}）	0.0107	0.0213	0.0158	0.0240	0.0320	0.0223	0.0161	0.0150
海洋机动渔船数量（P_{24}）	0.0129	0.0129	0.0147	0.0158	0.0165	0.0217	0.0209	0.0386
港口货物吞吐量（P_{25}）	0.0345	0.0264	0.0217	0.0156	0.0130	0.0143	0.0156	0.0115
海洋电力发电量（S_{11}）	0.0136	0.0139	0.0140	0.0159	0.0182	0.0252	0.0394	0.0409
海洋盐业产量（S_{14}）	0.0407	0.0271	0.0203	0.0305	0.0152	0.0144	0.0136	0.0136

续表

指标	2010年	2011年	2012年	2013年	2014年	2015年	2016年	2017年
海洋生物药业产量（S_{15}）	0.0176	0.0126	0.0113	0.0161	0.0167	0.0340	0.0328	0.0248
海洋养殖产业产量（S_{16}）	0.0110	0.0151	0.0134	0.0165	0.0165	0.0151	0.0213	0.0330
污染海域面积（中度污染及以上）（S_{21}）	0.0168	0.0136	0.0164	0.0327	0.0296	0.0250	0.0297	0.0109
劣Ⅳ类海水面积占比（S_{22}）	0.0198	0.0198	0.0205	0.0205	0.0205	0.0205	0.0205	0.0593
清洁海域面积占比（S_{23}）	0.0139	0.0146	0.0135	0.0404	0.0268	0.0183	0.0258	0.0141
近岸环境功能区（Ⅱ类及以上）数量（S_{24}）	0.0103	0.0309	0.0309	0.0309	0.0309	0.0309	0.0309	0.0309
海洋自然保护区数量（国家级）（R_{12}）	0.0211	0.0211	0.0211	0.0211	0.0211	0.0211	0.0634	0.0634
海洋自然保护区面积（R_{13}）	0.0698	0.0233	0.0233	0.0233	0.0233	0.0233	0.0243	0.0244
增殖投放海洋生物苗种（亿）（R_{14}）	0.0135	0.0136	0.0120	0.0144	0.0206	0.0198	0.0338	0.0360
妥善处理水生野生动物事件（R_{15}）	0.0127	0.0181	0.0232	0.0194	0.0111	0.0148	0.0217	0.0333
海监执法次数（R_{21}）	0.0265	0.0287	0.0309	0.0229	0.0382	0.0127	0.0130	0.0130
海上巡航次数（R_{22}）	0.0328	0.0375	0.0256	0.0232	0.0284	0.0134	0.0126	0.0125
查处海洋违法案件（R_{23}）	0.0207	0.0207	0.0315	0.0269	0.0382	0.0137	0.0127	0.0127
整治或拆除违规渔船数量（R_{24}）	0.0166	0.0168	0.0158	0.0154	0.0140	0.0132	0.0127	0.0380
海水环境检测站数量（R_{25}）	0.0132	0.0132	0.0144	0.0150	0.0221	0.0256	0.0284	0.0397
综合评价值	0.5250	0.4586	0.4716	0.5237	0.5331	0.4765	0.5507	0.6338

注：由于四舍五入，各项数值之和可能略大于或略小于合计值。

23.4　N市应用的综合评价结果分析

23.4.1　静态分析

根据表23-2，对N市2010~2017年任职的领导干部进行海洋资源资产离任审计评价，综合评价值 R_i（i=1，2，…，8）依次分别为0.5250、

0.4586、0.4716、0.5237、0.5331、0.4765、0.5507、0.6338，如表23-4所示。由于R_i代表各年度各项指标数值相对于最优值的关联度，将2010~2017年的综合评价值R_i进行排序，可得$R_8>R_7>R_5>R_1>R_4>R_6>R_3>R_2$。可理解为，2017年和2016年N市任期内领导干部的海洋资源资产离任审计评价结果相对而言最优，即领导干部积极执行和实施了海洋资源资产管理和海洋生态环境保护工作，并取得了较明显的效果；而2012年和2013年N市任期内领导干部的海洋资源资产离任审计评价结果则较差，即领导干部在海洋资源资产管理和海洋生态环境保护方面履行工作职责不是特别积极，或是积极开展了相关工作但并未取得较为明显的效果。

基于综合评价值R_i，可以将审计评价结果分为Ⅰ（优）、Ⅱ（中）、Ⅲ（差）三个等级，其中，Ⅰ级≥0.60，0.50≤Ⅱ级<0.60，Ⅲ级<0.50。根据等级评定后的审计评价结果，2010~2017年的八年期间，仅有2017年一年的审计评价结果为Ⅰ级，其他大多数年份的审计评价结果为Ⅱ级或Ⅲ级。可见，N市近几年在海洋资源资产管理和海洋生态环境保护方面进行的投入和治理仍不够，整体效果较一般，地区主要领导干部应该负主要责任。

表23-4　N市2010~2017年领导干部海洋资源资产离任审计综合评价情况

年份	综合评价值	等级	年份	综合评价值	等级
2017	0.6338	Ⅰ级	2013	0.5237	Ⅱ级
2016	0.5507	Ⅱ级	2012	0.4716	Ⅲ级
2015	0.4765	Ⅲ级	2011	0.4586	Ⅲ级
2014	0.5331	Ⅱ级	2010	0.5250	Ⅱ级

23.4.2　动态分析

为进一步分析N市2010~2017年的审计结果，根据综合评价值R_i我们又构建了领导干部海洋资源资产离任审计的综合评价值折线图（见图23-2）。该折线图中横轴表示年份，纵轴表示综合评价值R_i。通过折线图反映出来综合评价值在2010~2017年的变化，可以概括为以下几条：第一，综合而言，前几年综合评价值变化幅度较小，趋势较为平稳，近两年综合评价值变化较大，保持上升趋势；第二，具体而言，2015 年的综合评价值处于一个较明显折线图的波谷，2015 年之后出现了涨幅较大的综合评价值波动情况。

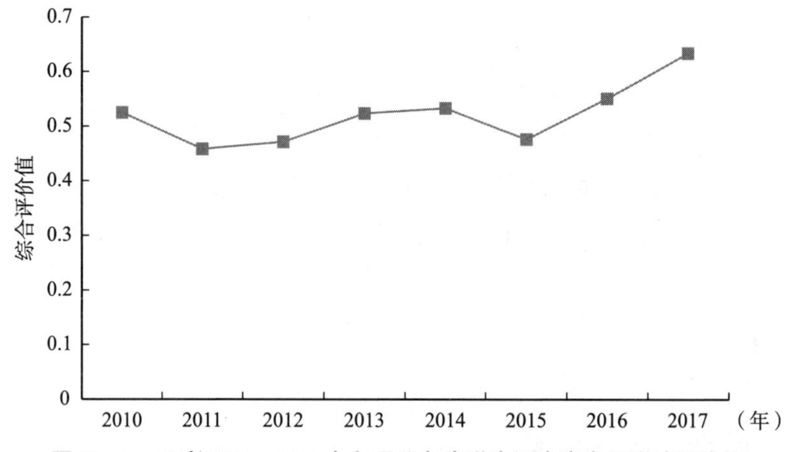

图 23-2 N 市 2010~2017 年领导干部海洋资源资产离任审计评价值

从上述变化情况来看，N 市领导干部在海洋资源资产管理和海洋生态环境保护方面的重视程度日趋上升，近年来也逐渐加大了管理和环保上的各方面投入，因此出现了综合评价值较为平稳的上升的状态。尤其是 2016 年和 2017 年，由于自 2015 年开始领导干部自然资源资产离任审计正式进入试点阶段，对地方政府在自然资源资产管理和环境保护方面敲响了警钟，海洋资源丰富的 N 市也对海洋资源加大了投入与治理，实现了最终效果的明显优化。

同时，据公开信息，N 市在 2016 年发生了主要领导干部任期内职位调动的情况。2015 年较低的综合评价值发生在上述年限的前一年，2016 年及之后综合评价值的迅速爬升，体现了新任领导干部面对较为严峻的海洋环境现象进行了积极的管理和整治，也有可能是上一任领导干部在发现下滑趋势后进行了大力挽救，由于环境变化的滞后性，最终在下一年及之后年份才体现出治理效果。

总而言之，从领导干部海洋资源资产离任审计的综合评价结果来看，N 市在海洋资源资产管理和海洋生态环境保护上具有一定的重视度，并取得了一定的效果。虽然整体效果一般，但存在向好的趋势。

23.5 N 市应用的 PSR 指标评价结果分析

23.5.1 海洋资源环境压力指标分析

在本书构建的领导干部海洋资源资产离任审计评价指标体系下，海洋资源环境压力指标主要包括海洋资源资产消耗和海洋生态环境污染两个大类。在此，通过计算得出海洋资源资产消耗评价值和海洋生态环境污染评价值，将进一步细分评价指标对评价值进行分析。

通过表 23－5，计算可得海洋资源资产消耗指标的评价值，自 2010～2017 年依次分别为 0.0965、0.0574、0.0811、0.0833、0.0801、0.0770、0.0615、0.0682，对其进行排序可发现 2010 年 >2013 年 >2012 年 >2014 年 >2015 年 >2017 年 >2016 年 >2011 年。其中，2010～2013 年的海洋资源资产消耗指标评价值与最优值最接近，关联度更高；而 2016～2017 年及 2011 年的海洋资源资产消耗指标评价值则离最优值较远，关联度较低。这说明人们逐渐重视对海洋资源保护，过度攫取行为在减少。

表 23－5　　N 市 2010～2017 年海洋资源环境压力指标评价值

评价指标	2010 年	2011 年	2012 年	2013 年	2014 年	2015 年	2016 年	2017 年
人口（P_{11}）	0.0374	0.0367	0.0363	0.0355	0.0345	0.0337	0.013	0.0125
海水利用量（P_{12}）	0.0312	0.0104	0.0179	0.0209	0.0209	0.0209	0.0267	0.0247
海洋捕捞产业产量（P_{13}）	0.0279	0.0103	0.0269	0.0269	0.0247	0.0224	0.0217	0.031
废水直排入海量（P_{21}）	0.0107	0.0213	0.0158	0.024	0.032	0.0223	0.0161	0.015
港口货物吞吐量（P_{22}）	0.0345	0.0264	0.0217	0.0156	0.013	0.0143	0.0156	0.0115
海洋机动渔船数量（P_{23}）	0.0129	0.0129	0.0147	0.0158	0.0165	0.0217	0.0209	0.0386
海洋资源资产消耗（P_1）	0.0965	0.0574	0.0811	0.0833	0.0801	0.077	0.0615	0.0682
海洋生态环境污染（P_2）	0.0580	0.0606	0.0522	0.0554	0.0615	0.0584	0.0526	0.0651
海洋资源环境压力（P）	0.1545	0.1180	0.1333	0.1387	0.1416	0.1354	0.1141	0.1333

同理，计算可得海洋生态环境污染指标的评价值，自2010～2017年分别为0.0580、0.0606、0.0522、0.0554、0.0615、0.0584、0.0526、0.0651，对其进行排序可发现2017年>2014年>2011年>2015年>2010年>2013年>2016年>2012年。其中，2017年和2014年的海洋生态环境污染指标评价值与最优值最为接近，关联度更高；而2012年和2016年的海洋生态环境污染指标评价值则离最优值较远，关联度较低。从不同年份而言，海洋环境污染指标评价值变动情况暂时未体现时间规律，不同年份都出现过污染较大的问题。

为进一步考察海洋资源资产消耗、海洋生态环境污染对海洋资源环境压力造成的影响，在此将两类二级指标的评价值和一级指标的评价值构建了折线图（见图23－3）。该折线图反映出海洋压力具体评价值在2010～2017年的变动情况，可总结为以下两点。

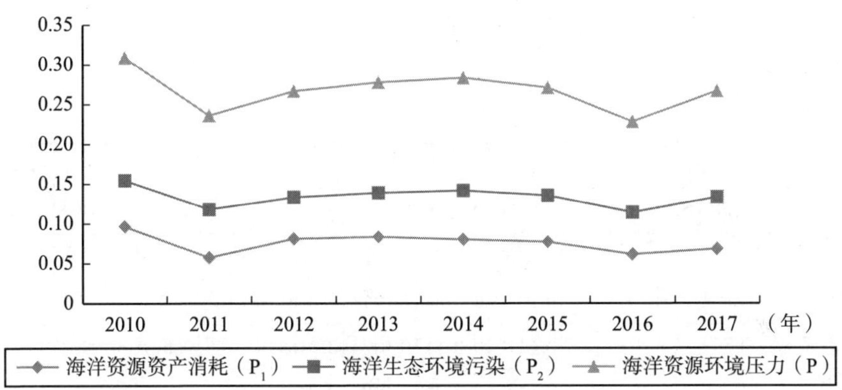

图23－3　N市2010～2017年海洋资源压力指标评价值

（1）海洋生态环境污染指标评价值变动幅度较小，在指标权重占比更大的情况下，其大部分年限的评价值均低于海洋资源资产消耗指标评价值，即海洋生态环境污染指标数值与最优值差值较大，污染情况对海洋造成了较大压力。

（2）海洋资源资产消耗指标评价值的变动情况与海洋资源环境压力指标评价值基本一致，相比2010年，近几年的评价值出现了一定程度的降低，可见近几年的海洋资源需求还是较大的，但2016年以后又出现明显上升，可理解为响应相关政策更加重视海洋资源合理利用的重要性，尽量避免资源过度利用，减轻海洋压力。

23.5.2 海洋资源环境状态指标分析

在构建的领导干部海洋资源资产离任审计评价指标体系下，海洋状态指标主要包括海洋资源资产储量和海洋生态环境状况两大类。在此，将进一步分析海洋状态指标评价值以及两项二级指标评价值。

通过表23-6，可计算得到N市海洋资源资产储量指标的评价值，自2010~2017年依次分别为0.0829、0.0686、0.0591、0.0790、0.0666、0.0887、0.1071、0.1123，对其进行排序可以发现2017年>2016年>2015年>2010年>2013年>2011年>2014年>2012年。其中，2015~2017年的海洋资源资产储量评价值较高，即与最优值的关联度较大，说明2015~2017年N市海洋资源资产储量状况较好，相关海洋资源资产得到了合理开发利用。

表23-6　N市2010~2017年海洋资源环境状态指标评价值

评价指标	2010年	2011年	2012年	2013年	2014年	2015年	2016年	2017年
海洋电力发电量（S_{11}）	0.0136	0.0139	0.0140	0.0159	0.0182	0.0252	0.0394	0.0409
海洋盐业产量（S_{12}）	0.0407	0.0271	0.0203	0.0305	0.0152	0.0144	0.0136	0.0136
海洋生物药业产量（S_{13}）	0.0176	0.0126	0.0113	0.0161	0.0167	0.034	0.0328	0.0248
海洋养殖产业产量（S_{14}）	0.0110	0.0151	0.0134	0.0165	0.0165	0.0151	0.0213	0.033
清洁海域面积占比（S_{21}）	0.0139	0.0146	0.0135	0.0404	0.0268	0.0183	0.0258	0.0141
污染海域面积（中度污染及以上）（S_{22}）	0.0168	0.0136	0.0164	0.0327	0.0296	0.0250	0.0297	0.0109
劣Ⅳ类海水面积占比（S_{23}）	0.0198	0.0198	0.0205	0.0205	0.0205	0.0205	0.0205	0.0593
近岸环境功能区（Ⅱ类及以上）数量（S_{24}）	0.0103	0.0309	0.0309	0.0309	0.0309	0.0309	0.0309	0.0309
海洋资源资产储量（S_1）	0.0829	0.0686	0.0591	0.0790	0.0666	0.0887	0.1071	0.1123
海洋生态环境状况（S_2）	0.0608	0.0789	0.0813	0.1245	0.1078	0.0947	0.1069	0.1152
海洋资源环境状态（S）	0.1436	0.1475	0.1404	0.2035	0.1745	0.1834	0.2140	0.2275

同理，可计算得到 N 市海洋生态环境状况指标的评价值，自 2010 年至 2017 年依次分别是 0.0680、0.0789、0.0813、0.1245、0.1078、0.0947、0.1069、0.1152，对其进行排序可发现 2013 年 >2017 年 >2016 年 >2014 年 >2015 年 >2012 年 >2011 年 >2010 年。其中，2013 年的海洋生态环境状况评价值最大，即与最优值的关联度最大，海洋生态环境状况最好；而其他年份大致遵循从 2010 年至 2017 年海洋生态环境状况评价值越来越大，即与最优值的关联度越来越大，反映出海洋生态环境状况呈现越来越好的趋势，这可能得益于地方政府对于海洋生态环境保护的投入与治理。

为进一步考察海洋资源资产储量和海洋生态环境状况对海洋资源环境状态产生的影响，在此构建了反映一级指标评价值和两项二级指标评价变动及数值情况的折线图（见图 23 -4）。对海洋资源环境状态指标具体评价值的变动情况总结如下。

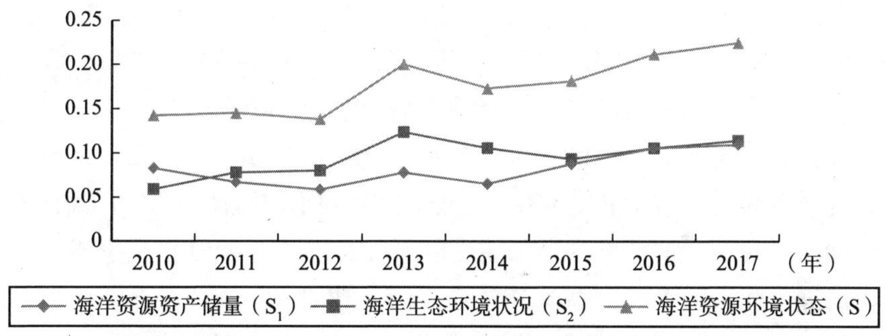

图 23 -4　N 市 2010 ~2017 年海洋资源环境状态指标评价值

（1）海洋资源资产储量指标评价值在 2011 ~2015 年明显低于海洋环境状况的评价值，可见海洋资源资产储量情况在上述期间表现较差，可能由于前期过度开发利用。而自 2016 年开始评价值开始保持近似的上升幅度，则可能是近年来海洋资源资产合理开发利用的意识和行动带来的改变。

（2）海洋生态环境状况指标的评价值波动幅度与海洋资源环境状态指标的评价值基本一致，其权重占比高于海洋资源资产储量指标，可见海洋生态环境状况对海洋资源的整体状态影响更大。保持向好趋势的海洋生态环境状况，也极大地优化了海洋资源环境的整体状态。

23.6 本书的结论与建议

23.6.1 研究结论

本书从政策基础、理论基础和现实基础三个方面对领导干部海洋资源资产离任审计的实施基础进行了分析。然后，对海洋资源、海洋资源资产、海洋生态环境以及领导干部海洋资源资产离任审计四个重要概念进行概念界定。基于分析基础和概念界定，本书进一步从审计要素、审计方法、审计步骤三个方面构建了领导干部海洋资源资产离任审计的理论框架，为后续领导干部海洋资源资产离任审计实践提供理论依据。同时，本书还基于多项基本原则和 PSR 理论模型，构建了领导干部海洋资源资产离任审计的指标体系，并结合灰色关联模型，构建了领导干部海洋资源资产离任审计的综合评价模型，反映领导干部在海洋资源资产管理和海洋生态环境保护方面的履责情况。

为检验上述理论框架和指标体系的适用性，本书将其应用于 N 市领导干部海洋资源资产离任审计实践。通过研究领导干部海洋资源资产离任审计理论框架下的 N 市实践，本书总结出以下可借鉴经验：（1）从思想和行动层面高度重视，加强部门协调与沟通；（2）建设专业化审计队伍，探索编制审计操作指引；（3）强化审计监督作用，积极运用审计结果。同时，N 市实践对于领导干部海洋资源资产离任审计理论框架的构建而言也具有一定启示：（1）审计要素的构建应进一步细化，以具有更高适应度；（2）审计方法的构建应具有一定的前瞻性，并考虑不同方法间的交叉运用关系；（3）审计程序的构建对于审计规范性和专业性尤为重要，应特别注意审计理论与审计实施相符性。

而本书基于领导干部海洋资源资产离任审计的指标体系，对 N 市海洋资源环境状况进行的审计评价结果表明，N 市海洋资源环境状况虽然整体表现一般，但总体上具有积极向好的趋势。同时，N 市领导干部环境意识较为强烈，较为重视海洋环境保护与治理，在加强监管力度的前提下也倡导和实行合理科学进行海洋资源开发和利用。就指标体系的应用效果而言，N 市的应用中能够基于PSR模型动态反映地区海洋资源的压力、状态和响应现状，也能通过综合评价模型下的综合评价值，反映地区海洋资源环境状况的相对优劣排序和在时间序列上的变化趋势，效果和优势明显。

23.6.2 优化建议

1. 强化海洋资源资产管理与海洋环境保护

当前海洋经济贡献度日益增加，海洋资源资产管理及海洋生态环境保护的重要性也日益凸显，对于海洋经济可持续发展意义重大。一方面，沿海地区地方政府领导干部及工作人员，应加强思想宣传教育和理论政策学习，从思想层面高度重视海洋资源资产管理与环境保护，提升海洋环境保护意识，积极落实相关环境政策。另一方面，只保护不开发也是对资源的浪费，因此要在保护的基础上合理开发与利用海洋资源资产，做到取之有度，用之有道，发挥出海洋资源资产的最大效用。此外，海洋资源资产合理开发与利用离不开海洋环境监管，海洋执法部门和海洋环境监管部门不论何时都应重视海洋项目开发、海洋资源开采等活动的监督与管理，充分发挥前、中、后期严格监管的约束作用，同时密切监测海洋环境状况变化。

2. 全面推进领导干部海洋资源资产离任审计

全面推进领导干部海洋资源资产离任审计实施，是从制度层面倒逼海洋环境保护意识提升的一种方式，也是拓展离任审计实践的要求。从海洋资源资产离任审计涉及的领域和数据资料而言，全面推进实施离不开地区各部门间的配合。因此，沿海地区各相关部门也应提升对领导干部海洋资源资产离任审计的重视程度，促进部门内部及部门间的沟通协作，实现内部资源的有效利用和合理转化，为领导干部海洋资源资产离任审计的全面推进提供部门协作基础。同时，配备海洋资源环境领域和离任审计领域的大量专业人才，组建和扩大专业化审计队伍也必不可少。此外，领导干部海洋资源资产离任审计实施不能只审不用，走形式化审计，而应强化审计的监督作用。针对基于审计结果出具的审计意见书、审计决定书、审计报告等，督促进行项目和工程整改，移交相关资料及负责人进一步检查，全力杜绝审而不用的现象，让审计意见落地。

领导干部海洋资源资产离任审计的全面实施和规范运行，离不开审计理论的支撑。因此，相应审计理论框架的构建与完善也弥足重要。首先，应基于不同层级的审计要求和审计目的，将审计主体、客体等具体审计理论进行地区和层级细分，使其更加全面和完备、能适应不同层级地区的审计需求；其次，应持续创新审计方法，在传统审计方法上积极推陈出新，或是在海洋资源资产离任审计的探索中创造新方法，使其具有前瞻性和实用性，服务于领导干部海洋资源资产离任审计的实施；最后，海洋资源资产离任审计作为新的审计领域，为促进海洋资源资产离任审计日趋成熟，还应重视理论框架下审计程序的规范和完善，为审计实施提供流程规范依据。

3. 加快完善领导干部海洋资源资产离任审计评价

在全面推进领导干部海洋资源资产离任审计实施的基础上，加快完善领导干部海洋资源资产离任审计评价是丰富审计结果的需求，也是反映审计效果的一种方式。考虑海洋资源资产的流动性、空间性、交叉性，以及海洋生态环境的复杂性和系统性，实施领导干部海洋资源资产离任审计评价可借鉴基于PSR模型构建的指标体系，动态地反映地区海洋资源资产和海洋生态环境现状。该指标体系将从压力、状态、响应指标数据值上，反映海洋资源资产和海洋生态环境动态变化下的相互影响、促进、激励和改善等效果。同时，为体现领导干部任期内海洋资源资产和海洋生态环境的变化，还应结合综合评价模型的构建，利用海洋资源环境综合评价值反映海洋资源资产和海洋生态环境在时间序列上的不同状态。

为进一步完善领导干部海洋资源资产离任审计指标体系的评价功能，还可以从以下两个方面进行拓展：一是拓展指标体系的构建形式，尝试与具体审计内容紧密结合，探索实现定性审计评价内容的量化评估，融合定性指标和定量指标的评价优势，使得领导干部海洋资源资产离任审计评价更加全面、科学；二是积极探索海洋资源环境绩效评价机制，促进海洋资源环境状况评价指标体系与领导干部绩效评价相结合，有效反映领导干部在海洋资源资产管理和海洋生态环境保护上的责任。

参考文献

[1] 安徽省审计厅课题组，戴克柱．对自然资源资产离任审计的几点认识 [J]. 审计研究，2014 (06)：3 –9.

[2] 蔡春，毕铭悦．关于自然资源资产离任审计的理论思考 [J]. 审计研究，2014 (05)：3 –9.

[3] 陈红蕊，黄卫果．编制自然资源资产负债表的意义及探索 [J]. 环境与可持续发展，2014，39 (01)：46 –48.

[4] 陈金良．我国海洋经济的环境评价指标体系研究 [J]. 中南财经政法大学学报，2013 (01)：18 –23.

[5] 陈献东．开展领导干部自然资源资产离任审计的若干思考 [J]. 审计研究，2014 (05)：15 –19.

[6] 方春洪，吴姗姗，齐连明，刘容子，汪迪．海洋资源价值货币化及对经济发展支撑作用研究——以辽东湾、渤海湾、莱州湾为例 [J]. 海洋技术，2013，32 (01)：87 –89，96.

[7] 房巧玲，李登辉．基于 PSR 模型的领导干部资源环境离任审计评价研究——以中国 31 个省区市的经验数据为例 [J]. 南京审计大学学报，2018，15 (02)：87 –99.

[8] 封志明，杨艳昭，陈玥．国家资产负债表研究进展及其对自然资源资产负债表编制的启示 [J]. 资源科学，2015，37 (09)：1685 –1691.

[9] 封志明，杨艳昭，李鹏．从自然资源核算到自然资源资产负债表编制 [J]. 中国科学院院刊，2014，29 (04)：449 –456.

[10] 冯俊，孙东川．资源环境价值研究探析 [J]. 生产力研究，2009 (18)：88 –90.

[11] 付秀梅，苏丽荣，李晓燕，鹿守本．海洋生物资源资产负债表基本概念内涵解析 [J]. 海洋通报，2018，37 (04)：370 –377.

[12] 付秀梅，苏丽荣，王晓瑜．海洋生物资源资产负债表编制技术框

架研究［J］. 太平洋学报，2017，25（08）：94－104.

［13］高敏雪．扩展的自然资源核算——以自然资源资产负债表为重点［J］. 统计研究，2016，33（01）：4－12.

［14］高阳，高江波，潘韬，冯喆．海洋资源资产负债表编制探索［J］. 国土资源科技管理，2017，34（02）：86－94.

［15］耿建新，王晓琪．自然资源资产负债表下土地账户编制探索——基于领导干部离任审计的角度［J］. 审计研究，2014（05）：20－25.

［16］辜寄蓉，朱明仓，赵苑迪，文学虎．绿色发展空间划分方法研究［J］. 中国农业资源与区划，2018，39（04）：125－132.

［17］谷树忠．自然资源资产及其负债表编制与审计［J］. 中国环境管理，2016，8（01）：30－33.

［18］郭旭．领导干部自然资源资产离任审计研究综述［J］. 审计研究，2017（04）：25－30.

［19］贺义雄，勾维民．海洋资源资产价格评估研究［M］. 北京：海洋出版社，2015：1－4，67－77.

［20］贺义雄，岳晓菲，杨铭，胡佳卉，李一平．我国国家海洋资源资产负债表编制研究［J］. 海洋开发与管理，2017，34（10）：72－76.

［21］胡文龙，史丹．中国自然资源资产负债表框架体系研究——以SEEA2012、SNA2008和国家资产负债表为基础的一种思路［J］. 中国人口·资源与环境，2015，25（08）：1－9.

［22］华文英．领导干部自然资源资产离任审计的内容及路径研究［J］. 湖南社会科学，2018（05）：138－144.

［23］黄溶冰．基于PSR模型的自然资源资产离任审计研究［J］. 会计研究，2016（07）：89－95，97.

［24］黄溶冰，赵谦．自然资源核算——从账户到资产负债表：演进与启示［J］. 财经理论与实践，2015，36（01）：74－77.

［25］姜文来．关于自然资源资产化管理的几个问题［J］. 资源科学，2000（01）：5－8.

［26］姜旭朝，张灵育．海洋可再生资源权益资产负债表研究——以山东省海洋捕捞为例［J］. 海洋开发与管理，2017，34（10）：77－84.

［27］李博英，尹海涛．领导干部自然资源资产离任审计方法研究——基

于模糊综合评价理论的分析［J］. 审计与经济研究，2016，31（06）：28－34.

［28］李宪翔，高强，丁鼎．我国海洋资源资产负债表构建研究——基于自然资源产权制度改革的视角［J］. 山东大学学报（哲学社会科学版），2019（06）：135－142.

［29］李晓光，孙志毅，张丰奇．海洋产权及其交易［J］. 东岳论丛，2011，32（09）：139－142.

［30］李孝纯．习近平生态文明思想的深刻内涵与理论渊源［J］. 江淮论坛，2019（01）：94－100，135.

［31］梁曼莉，王铭．地理信息技术在自然资源资产离任审计中的应用［J］. 现代审计与经济，2018（02）：35－37.

［32］林忠华．领导干部自然资源资产离任审计探讨［J］. 审计研究，2014（05）：10－14.

［33］刘凡，刘允斌．产权经济学［M］. 武汉：湖北人民出版社，2002：4－8.

［34］刘明辉，孙冀萍．领导干部自然资源资产离任审计要素研究［J］. 审计与经济研究，2016，31（04）：12－20.

［35］刘明．中国海洋经济发展潜力分析［J］. 中国人口·资源与环境，2010，20（06）：151－154.

［36］刘尚睿，耿建新，吕晓敏．自然资源资产核算与管理——以A县土地资源核算实践为例［J］. 复旦学报（社会科学版），2020，62（06）：165－173.

［37］刘西友．对开展领导干部海洋资源资产离任审计的一点思考［N］. 中国审计报，2014－09－10（005）.

［38］刘妍．基于实物期权的海域使用权定价研究［J］. 价格理论与实践，2013（08）：85－86.

［39］栾维新，李佩瑾．海域使用分类定级与定价的实证研究［J］. 资源科学，2008（01）：9－17.

［40］马仁锋，李加林，杨晓平．浙江沿海市域海洋资源环境评价及对海洋产业优化启示［J］. 浙江海洋学院学报（自然科学版），2012，31（06）：536－541.

［41］马志娟，廖飞，戴欣妤．新时代资源环境审计发展现状与展

望——2017年资源环境审计暨领导干部自然资源资产离任审计理论与实践研讨会综述［J］. 会计之友，2018（08）：137－140.

［42］内蒙古自治区审计学会课题组，郭少华，郝光荣，等．领导干部水资源资产离任审计研究［J］. 审计研究，2017（01）：12－22

［43］潘旺明，丁美玲，于军，等．领导干部自然资源资产离任审计实务模型初构——基于绍兴市的试点探索［J］. 审计研究，2018：53－62.

［44］钱水祥．领导干部自然资源资产离任审计研究［J］. 浙江社会科学，2016（03）：151－155.

［45］乔晓楠，崔琳，何一清．自然资源资产负债表研究：理论基础与编制思路［J］. 中共杭州市委党校学报，2015（02）：73－83.

［46］全国海洋功能区划（2011年~2020年）［N］. 中国海洋报，2012－04－18（005）.

［47］全进，刘文军，谢帮生．领导干部自然资源资产离任审计、政治关联与权益资本成本［J］. 审计研究，2018（03）：46－54.

［48］《陕西省审计学会》课题组，戴鹏赞，井晓娟，等．领导干部自然资源资产离任审计研究［J］. 现代审计与经济，2018（06）：20－22.

［49］商思争．大数据背景下自然资源资产离任审计问题探讨——以海洋自然资源资产离任审计为例［J］. 财会通讯，2018（22）：106－110.

［50］商思争，杨兴兵，庄晓萌，薛淑娟．领导干部海洋自然资源资产离任审计评价指标研究及相关表格设计——以连云港海域为例［J］. 中国审计评论，2017（01）：46－56.

［51］商思争．自然资源资产负债表编制中负债认定问题思考——以江苏连云港市海洋自然资源负债为例［J］. 财会月刊，2016（19）：7－11.

［52］审计署上海特派办理论研究会课题组，杨建荣，高振鹏，等．领导干部自然资源资产离任审计实现路径研究——以A市水资源为例［J］. 审计研究，2017（01）：23－28.

［53］陶建格，吕媛琦，何利，沈镭．基于复式记账的土地资源资产核算与报表编制研究［J］. 中国人口·资源与环境，2020，30（01）：22－29.

［54］汪丹，蔡先凤．浙江海洋经济发展与海洋环境法治［M］. 杭州：浙江工商大学出版社，2016：23，46－54.

［55］王斌，朱炜，王乐锦．双重目标的生物资源资产负债表编报：要

素范畴与框架体系［J］. 会计研究，2017（10）：3－10，96.

［56］王江涛. 我国海洋空间规划的“多规合一”对策［J］. 城市规划，2018，42（04）：24－27.

［57］闻德美，姜旭朝，刘铁鹰. 海域资源价值评估方法综述［J］. 资源科学，2014，36（04）：670－681.

［58］闻德美，姜旭朝，孟科学. 基于实物期权法的海域使用权定价研究［J］. 资源科学，2016，38（05）：858－870.

［59］吴姗姗，刘容子. 渤海海洋资源价值量核算的研究［J］. 中国人口·资源与环境，2008（02）：70－75.

［60］肖序，王玉，周志方. 自然资源资产负债表编制框架研究［J］. 会计之友，2015（19）：21－29.

［61］徐泓，曲婧. 自然资源绩效审计的目标、内容和评价指标体系初探［J］. 审计研究，2012（02）：14－19，51.

［62］薛芬，李欣. 自然资源资产离任审计实施框架研究——以创新驱动发展为导向［J］. 审计与经济研究，2016，31（06）：20－27.

［63］闫慧敏，杜文鹏，封志明，杨艳昭，宋晓谕. 自然资源资产负债的界定及其核算思路［J］. 资源科学，2018，40（05）：888－898.

［64］于英卓，戴桂林，高金田. 基于可持续发展观的海洋经营新模式——海洋资源资产化管理［J］. 海洋科学，2002（10）：70－73.

［65］张宏亮，刘长翠，曹丽娟. 地方领导人自然资源资产离任审计探讨——框架构建及案例运用［J］. 审计研究，2015（02）：14－20.

［66］张宏亮，刘恋，曹丽娟. 自然资源资产离任审计专题研讨会综述［J］. 审计研究，2014（04）：58－62.

［67］张庆龙，沈征. 政府审计学［M］. 北京：中国人民大学出版社，2015.

［68］郑石桥. 审计理论研究［M］. 北京：中国人民大学出版社，2016.

［69］庄晓萌. 海洋资源资产离任审计内容和指标探析［C］. 江西省审计厅、江苏省审计学会. 江苏省审计机关第六届青年审计论坛论文集，2015：9.

［70］邹黄曜. 3S技术在自然资源资产离任审计中的应用研究［J］. 现代审计与经济，2018（03）：22－25.

[71] Akerman M, Peltola T. How does natural resource accounting become powerful in policymaking? A case study of changing calculative frames in local energy policy in Finland [J]. Ecological Economics, 2012, 80 (80): 63 -69.

[72] Alfsen K H, Greaker M. From natural resources and environmental accounting to construction of indicators for sustainable development [J]. Ecological Economics, 2007, 61 (04): 600 -601.

[73] Alvarez Larrauri R. Environmental Audits as a policy of state: 10 years of experience inMexico [J]. Journal of Cleaner Production, 2014 (01).

[74] Barrington D J, Prior A, HO G. The role of water auditing in achieving water conservation in the process industry [J]. Journal of Cleaner Production, 2013, 52: 356 -361.

[75] Bram Edens, Lars Hein. Towards a consistent approach for ecosystem accounting [J]. Ecological Economics, 2013 (90): 41 -52.

[76] Brown K et al. Trade-off analysis for marine protected area management [J]. Ecological Economics, 2001 (37): 417 -434.

[77] Burritt R L, Saka C. Environmental management accounting applications and eco-efficiency: case studies from Japan [J]. Journal of Cleaner Production, 2006, 14 (14): 1262 -1275.

[78] Carl Obst, Michael Vardon. Recording environmental assets in the national accounts [J]. Oxford Review of Economic Policy, 2014, 30 (01): 126 -144.

[79] Choida Jamtsho. Environmental Auditing and Sustainable Development from the Perspective of a Government Auditing [J]. Internal Auditor, 2012 (10).

[80] Development UNDFS. Environmental management accounting procedures and principles [J]. United Nations Publication, 2001.

[81] Edens B, Graveland C. Experimental valuation of Dutch water resources according to SNA and SEEA [J]. Water Resources & Economics, 2014, 7: 66 -81.

[82] Global Reporting Initiative, Sustainabilitily Reporting Guidelines [R]. Amster-dam: GRI , 2006.

[83] Haripriya Gundimeda, Pavan Sukhdev, Rajiv K. Sinha, Sanjeev Sanyal.

Natural resource accounting for Indian states—Illustrating the case of forest resources [J]. Ecological Economicals, 2007 (61): 635 - 649.

[84] Hryciuk R B. Environmental auditing in transition Yesterday, today, and tumorrow [J]. Cim Bulletin, 1996, 89 (1005): 101 - 104.

[85] Hugh Barton, Noel Bruder. The Nature of Environmental Auditing [J]. A Guide to Local Environmental Auditing, 2014, 1 (02): 7 - 11.

[86] Knut H. Alfsen, Mads Greaker. From natural resources and environmental accounting to construction of indicators for sustainable development [J]. Ecological Economics, 2006, 61 (04): 600 - 610.

[87] Kontogianni A, Skourtos M S, Langford I H, et al. Integrating stakeholder analysis in non-market valuation of environmental assets [J]. Ecological Economics, 2001 (37): 123 - 138.

[88] Lawrence Buell. The Future of Environment Criticism [M]. Malden: Blackwell Publishing, 2005.

[89] Lightbody M. Environmental auditing: the audit theory gap [J]. Accounting Forum, 2000, 4 (02): 151 - 169.

[90] Ljubisavljevi Snežana, Ljubisavljevi Luka, Jovanovi Dejan. Environmental Audit for Environmental Improvement and Protection [J]. Economic Theme, 2017 (29): 521 - 538.

[91] Marika Arena, Antonio Conte, Marco Melacini. Linking environmental accounting to reward systems: the case of the Environmental Profit and Loss Account [J]. Journal of Cleaner Production, 2015 (108): 625 - 636.

[92] Martionv-Bennie N, Hecimovic A. Assurance of Australian Natu Management [J]. Public Management Review, 2010, 12 (04): 549 - 565.

[93] Measuring Sustainability in the UN System of Environmental-Economic Accounting [J]. Environmental and Resource Economics, 2016, 64 (01): 25 - 36.

[94] Peter Bartelmus, Carsten Stahmer, Jan van Tongeren. Integrated Environmental and Economic Accounting: Framework For a SNA Satellite System [J]. Review of Income and Wealth, 1991, 37 (02): 111 - 148.

[95] Ravi K. Jain, Jeremy K. Domen, Zengdi Cindy Cui. Environmental

Impact of Mining and Mineral Processing [J]. Management, Monitoring, and Auditing Strategies, 2016.

[96] Robert Costanza. The value of the world's ecosystem services and natural capital [J]. Natural, 1997, 387: 253.

[97] Salah El Serafy. Green accounting and economic policy [J]. Ecological Economics, 1997, 21 (03): 217 – 229.

[98] Stefanie Linser, Bernhard Wolfslehner et al. 25 Years of Criteria and Indicators for Sustainable Forest Management: Why Some Intergovernmental C&I Processes Flourished While Others Faded [J]. Forests, 2018 (09): 515 – 538.

[99] Sylvia van Leeuwen. Developments in Environmental Auditing by Supreme Audit Institutions [J]. Environmental Management, 2004 (12): 17 – 25.

[100] The Canadian Institute of Chartered Accountants. Reporting on Environmental Performance [R]. Toronto: CICA, 1994.

[101] Thompson D, Wilson M J. Environmental auditing: Theory and applications [J]. Environ-mental Managemeng, 1994, 18 (04): 601 – 615.

[102] Tomas Havranek, Roman Horvath, Ayaz Zeynalov. Natural Resources and Economic Growth: A Meta-Analysis [J]. World Development, 2016, 88: 134 – 151.

[103] Walker B H, Pearson L. A resilience perspective of the SEEA [J]. Ecological Economics, 2007, 61 (04): 708 – 715.

后　　记

本书是我学术生涯中的第五本专著，是继博士学位论文、两个国家社会科学基金后期资助项目及一个浙江省哲学社会科学后期资助课题成果后的出版成果。本书是本人聚焦于资源环境管理研究后的第三本学术专著，亦是在“环境审计”和“水资源责任审计”研究的基础上，进一步聚焦海洋资源资产责任审计的研究成果。

本书的付梓，首先感谢对本专著形成实质性支持的相关部门，感谢它们的课题立项和经费支持，同时感谢团队成员在海洋资源资产领域的研究成果为本专著夯实基础。

诚挚感谢给我支持、予我关心、助我力量的老师、同学，感谢一路相伴的益友和亲人，感谢各位一直以来的理解、包容和接纳。爱出者爱返，福往者福来；我也会将自己感受到的力量及滋生出的温暖，绵延至身边更多的人。

感谢宁波大学和宁波大学商学院对我一直以来的关心和关爱、支持和帮助。

感谢经济科学出版社各位老师的辛苦付出。尤其是胡成洁老师，出版过程中胡老师的耐心交流和高效编辑，促成了本专著如期出版。

撰写本书时笔者参考了大量的文献资料和数据信息等，已尽量在相应的位置注明出处，在此对研究与本论文相关的专家学者表示崇高的敬意和衷心的感谢。但本书中可能还存在没有一一注明的学者及其成果，在此一并表示感谢。

感谢生我养我的父母，感谢我亲爱的儿子。向所有帮助我的人表示最深切的感谢和最诚挚的祝福。

最后，本书完稿于2020年，书中涉及的数据和资料是在撰写时采集的。本书于今年出版，相关数据和资料的原分析年限未予更新。

俞雅乖

2023年9月26日